أسرار التنمية الاقتصادية الصينية

破解中国经济发展之谜

中国的民主道路
作者：房宁

(著名和作者名 阿文)

Copyright ⓒChina Social Sciences Press, Beijing, China, 2014
All rights reserved.

Sponsored by B & R Book Program
本书获得国家新闻出版广电总局"丝路书香工程"重点翻译资助项目

تمت الترجمة بشركة بيت الحكمة للترجمة

هيئة تحرير سلسلة "فهم الصين"

رئيس هيئة التحرير: وانغ وي جوانغ

مساعدو رئيس هيئة التحرير: لي جيه - لي يانغ - لي باي لين - تساي فانغ.

أعضاء هيئة التحرير: تساي فانغ - قاو باي يولغ - هاو سي يوان - هوائغ بينغ - جين باو بينغ - جين باي- لي جيه - لي لين - لي باي لين - لي يانغ - وانغ ووي جوانغ - وانغ ووي- وانغ لاي - يانغ إي - تشاو هونغ - تشاو جيان ينغ- تشو شين بينغ.

أسرار التنمية الاقتصادية الصينية

破解中国经济发展之谜

تأليف:

تساي فانغ

ترجمة:

آية عبد الله

مراجعة:

د. أحمد ظريف القاضي

دار جامعة حمد بن خليفة للنشر

HAMAD BIN KHALIFA UNIVERSITY PRESS

الطبعة العربية الأولى عام ٢٠١٨

دار جامعة حمد بن خليفة للنشر
صندوق بريد ٥٨٢٥
الدوحة، دولة قطر

www.hbkupress.com

أسرار التنمية الاقتصادية الصينية

حقوق النشر © China Social Sciences Press, Beijing, China, 2014
الحقوق الفكرية للمؤلف محفوظة

جميع الحقوق محفوظة.
لا يجوز استخدام أو إعادة طباعة أي جزء من هذا الكتاب بأي طريقة بدون الحصول على الموافقة الخطية من الناشر باستثناء في حالة الاقتباسات المختصرة التي تتجسد في الدراسات النقدية أو المراجعات.

الترقيم الدولي: ٩٧٨٩٩٢٧١١٩٩٧٢

مكتبة قطر الوطنية بيانات الفهرسة- أثناء- النشر (فان)

فانغ، تساي، 1956- مؤلف.

أسرار التنمية الاقتصادية الصينية / تأليف تساي فانغ ؛ ترجمة آية عبد الله ؛ مراجعة د. أحمد ظريف القاضي. – الطبعة العربية الأولى.

الدوحة : دار جامعة حمد بن خليفة للنشر ، 2018.

صفحة ؛ سم. – (سلسلة فهم الصين)

تدمك : 978-9927-911-97-2

1. الاقتصاد – الصين – القرن 20. ب. عبد الله، آية ، مترجم ؛ القاضي، أحمد ظريف، مراجع. ج. العنوان. د. السلسلة.

HB126.C6 F35 2018

330.951– dc23

2018 26237490

كلمة الناشر

دار نشر الأكاديمية الصينية للعلوم

عانت الصين الحديثة منذ بداية حرب الأفيون مصير التخلف والإذلال والضعف، ذلك المصير الذي كوَّن داخل عقليات الكثير من الصينيين مفهومًا ثقافيًّا، مفاده أن مهاراتهم وثقافتهم ونظام حكمهم أقل شأنًا من الآخرين. ولذلك فقد ضروريًّا أن تبدأ عملية إحياء مجد الصين، وتغيير مفهوم أن "الغرب هو القوي وأنا الضعيف"، عن طريق النقد والإصلاح الثقافي. ومن ثَم فقد "فتح الصينيون أعينهم ناظرين إلى دول العالم"، وبدأوا دراسة العالم من حولهم: اليابان وأوروبا وأمريكا، وكذلك روسيا السوفيتية.

وبهذا بدأنا مرحلة تغيير عاجل ومُلحّ لذلك التخلف والفقر والضعف المخيم منذ زمن، مجتهدين في تجاوز القلق والتوتر من هذه القوى الغربية. ويمكن القول إن أكثر ما كان يشغلنا خلال ما يزيد على مائة عام من السعي وراء تحقيق حلم الدولة القوية وحلم النهضة، هو فهْم الآخر ودراسته دون أن نسمح لأي كان أن يفهمنا ولو بقدر قليل. ولقد استمر هذا الوضع دون أي تغيير ملموس حتى بدأت العملية التاريخية للتحديث، التي تلت حركة الإصلاح والانفتاح في عام 1978م، ويُعد كَمّ الترجمات لأعمال الغرب في ثمانينيات وتسعينيات القرن العشرين خير مثال على الجهد المبذول في فهْم الآخر. وقد كانت هذه هي بداية تاريخ فهْم الصينيين ومعرفتهم للعلاقة بين "الصين ودول العالم" منذ بداية العصر الحديث.

وبالتوازي مع هذه الجهود، كان البحث عن "طريق" إنقاذ الدولة من الاحتلال والخراب، وتكوين دولة قوية وثرية من خلال "النقد الثقافي" و"نقد نظام الحكم" و"النقد المادي- التقني" هو جزء من سعي الصينيين وراء تحقيق حلم الدولة

القوية وحلم النهضة، وبما أن هذا "الطريق" المنشود في بدايته سيكون مجرد فِكر وشعار وروح، فكانت النقطة الأهم هي إيجاد الفكر والشعار والروح القادرين على إنقاذ البلاد، وتحقيق القوة والرخاء.

ولقد استمر بحث الصينيين وإعادتهم للمحاولات المختلفة مرارًا وتكرارًا خلال مائة عام، لاقوا خلالها الإذلال والهزيمة والقلق، ففشلوا في تطبيق مبدأ "التعليم الصيني من أجل البنية الأساسية، والتعليم الغربي من أجل الاستخدام العملي"، كما فشلوا في ممارسة الملكية الدستورية، وعانوا الفقر الذي سببته سياسة الرأسمالية الغربية، والانتكاسة الكبرى للاشتراكية العالمية التي حدثت في بداية تسعينيات القرن العشرين، نعم؛ فقد مرَّت الصين بكل ذلك وأكثر؛ لتتمكن أخيرًا من الوصول إلى طريق انتصار الثورة الصينية، والتحرر والاستقلال الوطني، والدمج على وجه الخصوص بين كل من المنطق النظري للاشتراكية العلمية، والمنطق التاريخي للتنمية الاجتماعية في الصين، والوصول إلى طريق تحديث الاشتراكية الصينية – طريق الاشتراكية ذات الخصائص الصينية.

لقد شهد اقتصاد السوق الاشتراكي في بلادنا خلال ثلاثين عامًا من الإصلاح والانفتاح تطورًا سريعًا ملحوظًا، وحققنا الكثير من الإنجازات العملاقة في كل من الاقتصاد والسياسة والثقافة والبناء المجتمعي، وتعززت القوة الوطنية الشاملة، والقوة الثقافية الناعمة، وقوة التأثير الدولي، وتمكنت الاشتراكية ذات الخصائص الصينية من إحراز نجاحات عملاقة باهرة، وبالرغم من كونها ما زالت غير متكاملة، إلا أنه يمكننا القول إن الشكل الأساسي لها قد تشكَّل بنجاح. وبهذا تمكَّنت الصين بعد سعي وكفاح مائة عام من تكوين ثقة قوية بطريقها ونظرياتها ونظام حكمها، فارتفعت عاليًا بكل شموخ وسط دول العالم.

ولكن في الوقت نفسه، يجب علينا النظر إلى أنه في ظل حقيقة أن الصين تمكنت من الظهور في العالم، ومن أن تصبح واحدة من القوى العالمية الحالية، من خلال المعرفة والدراسة طويلة الأمد لثقافة الغرب ومفاهيمه وعاداته، ما زالت المبادرات الإيجابية التي تُتخذ من أجل تعريف أنفسنا إلى جميع شعوب العالم قليلة في إطار تعريفهم بـ "تاريخ الصين في الماضي" و"واقع الصين في الحاضر".

فلا يزال بعض الشخصيات الغربية البارزة، وشعوب دول الغـرب، متـأثرين بالشكل القديم "الغرب القوي والصين الضعيفة"، ذلك الشكل الذي طالما اعتـادوا رؤيته خلال عملية التبادل الثقافي بين الصين وشعوب الغرب، فقليل مَن لديه معرفـة عامة عن تاريخ الصين في الماضي وأحوال تطورها الحالي، فضلاً عن عدم وجـود أي فهْم أو استيعاب لطريق التطور الصيني، و"نظرية الصين"، و"النظام الصـيني" الـذي يهدف إلى التطور العلمي الفعال للصين، وقيمة الصين المتفردة وإسـهاماتها السـباقة للحضارة الإنسانية، وغيرها من القضايا الأساسية المتعلقة بالصين.

ولقد أدى إغفال الصين عن "تعريف الذات" إلى إحداث بعض الشخصيات المعارضة، أصحاب الدوافع الخفية، لغطًا كبيرًا وضجة كبيرة بـبعض النظريـات الوهمية التي كوَّنوها من أجل رمي بلادنا بها زورًا وعدوانًا، فظهرت: "نظرية انهيار الصين"، و"نظرية التهديد الصيني"، و"رأسمالية الدولة الصينية"، وغيرها من القضايا التي انتشرت على نطاق واسع.

ويمكن القول، إنه خلال عملية التنمية التي اتبعنا فيها مبدأ "تَحسُّس الحجارة أثناء عبور النهر" عملنا بطاقة كبيرة وروح قوية على دراسة الغرب ومعرفة العالم، واعتدنا استخدام خبرة الغرب وخطاباتهم في معرفة أنفسنا، وتجاهلنا بشكل تـام "معرفة ذواتنا"، و"ترك الآخرين يعرفوننا". ففي الوقت الذي اندمجنا فيه مع العالم أجمع بكل ودية وتسامح، لم يكن لدينا فهم وإدراك واقعـي وموضـوعي عنـد الاخرين. وبالتالي ها نحن الآن بعد أن نجحت الاشتراكية ذات الخصائص الصينية أخيرًا في تكوين "طريقها"، نبدأ في سرد قصة الصين بطريقة صـحيحة، ونحكـي تجربتنا وخبرتنا، مستخدمين أسلوب التعبير الدولي؛ لتعريف العالم بأسره بالصـين الحقيقية؛ ولنوضح لهم أن شكل الحداثة الغربية ليس هو نقطة النهاية لتطور التاريخ البشري، وأن الاشتراكية ذات الخصائص الصينية هي أيضًا ثـروة ثمينـة للفكـر الإنساني، ويعتبر الأمر مهمة بالغة الأهمية لكل الباحثين الأكاديميين المُتحَلين بحـس العدالة والمسؤولية.

ولهذا الغرض، شكّلت الأكاديمية الصينية للعلوم الاجتماعية مجموعة من خيرة الخبراء والعلماء الذين ينتمون إليها، إلى جانب بعض الخبراء المتميزين من خارجها؛

من أجل كتابة سلسلة كُتب "فَهْم الصين"؛ لتقوم بإجراء عـرض وتحليـل عـام للطريق الوطني الصيني، والنظرية الصينية، والنظام الصيني، ولتقدم توضيحًا وشرحًا موضوعيًّا للتنمية التي تشهدها الصين الحالية في: النظـام السياسـي، وحقـوق الإنسان، وسيادة القانون، والنظام الاقتصادي، والوضع المالي، وأحـوال السـوق البنكية، والإدارة الاجتماعية، والضمان الاجتماعي، والسياسة السكانية، ومفهوم القيمة، والمعتقدات الدينية، والسياسات العرقية، والقضـايا الريفيـة، والتحضـر والتصنيع، والعلوم البيئية، وكذلك الحضارة القديمة، والآداب والفنـون، وغيرهـا الكثير من المجالات والاتجاهات، آملين أن يساعد نشر سلسلة الكتب هـذه في أن يفهم القرّاء بداخل بلادنا فهمًا أكثر صحة تاريخ التنمية الذي مرت بـه الحداثـة الصينية خلال ما يزيد على مائة عام، وأن يروا المشكلات التي تواجههـا الصـين حاليًّا بنظرة أكثر عقلانية، وتأصيل ثقة الشعب بنفسه، وتعميق فكرة حاجتنـا إلى الإصلاح العاجل بدواخلهم، وتكثيف الوعي وتوحيد الفهـم والقـوى لتطـوير الإصلاح، ليس هذا فحسب؛ بل نحن نطمح أيضًا إلى أن تساعد هـذه السلسـلة القراء خارج الصين في زيادة فهمهم ومعرفتهم بالصين، وأن تنجح في تكوين بيئة دولية أفضل تساعد الصين في تطورها.

المحتويات

الباب الأول: ثلاثون عامًا على حكومة رشيدة 11

الفصل الأول: تضاعف متوسط دخل الفرد 13

الفصل الثاني: نموذج عالمي للحد من الفقر 17

الفصل الثالث: سياسة حل المشكلات الريفية الثلاث ذات الخصائص الصينية 25

الفصل الرابع: الحماية الاجتماعية من العدم إلى الوجود 33

الفصل الخامس: تنمية شمولية غير متوازنة 41

الباب الثاني: التنمية أولوية مطلقة 45

الفصل الأول: المنظر هنا رائع 47

الفصل الثاني: نظرية انهيار الصين 53

الفصل الثالث: مصادر النمو حتى الآن 57

الفصل الرابع: نحو تنمية علمية 61

الفصل الخامس: تغيير أسلوب التنمية الاقتصادية 71

الباب الثالث: الإصلاح هو الدافع الأساسي 79

الفصل الأول: منطق الإصلاح 81

الفصل الثاني: آليات التحفيز ونموذج الحكم 87

الفصل الثالث: بيئة المنافسة في السوق 95

الفصل الرابع: حكومة تنموية 101

الباب الرابع: العولمة وعناصر الصين 109

الفصل الأول: مفهوم العولمة 111

الفصل الثاني: التقارب واللحاق بركب الدول المتقدمة والتفوق عليها 115

الفصل الثالث: تجاوز "عنق زجاجة" العرض 119

الفصل الرابع: هل هو "شقاء من أجل الغير"؟ 125

9

الفصل الخامس: تأثير البلد الكبير	131
الفصل السادس: إوز بري أم تنين عملاق؟	137

الباب الخامس: مرحلة التنمية ونقطة التحول ... 147

الفصل الأول: مرحلة التنمية الاقتصادية	149
الفصل الثاني: نقطة تحول الاقتصاد الصيني	155
الفصل الثالث: تعرُّف الوضع الاقتصادي الكلي	163
الفصل الرابع: فخ الدخل المتوسط	169
الفصل الخامس: مواجهة على الطراز الصيني	173

الباب السادس: محرك النمو المستدام ... 177

الفصل الأول: التركيز على عوامل العرض	179

الباب السابع: استمرار العائد الديمغرافي ... 183

الفصل الأول: تحديات التوظيف في المستقبل	185
الفصل الثاني: هل يمكن أن يزيد التعليم على الحد؟	195
الفصل الثالث: مواجهة الشيخوخة قبل الثراء	203

الباب السابع: تحقيق نمو شامل ... 209

الفصل الأول: رفع معدل المشاركة في القوى العاملة	211
الفصل الثاني: جوهر التمدن	219

الباب الأول

ثلاثون عامًا على حكومة رشيدة

قال كونفوشيوس: "إذا جلس ملك حكيم على عرش البلاد، فلـــن تتحقـــق حكومة رشيدة إلا بعد مرور جيل على حكمه". وقال كونغ آن قووه -أحد أبناء الجيل الحادي عشر من أجيال كونفوشيوس ودارس المؤلفات الكونفوشيوســـية في أسرة هان الغربية- في شرح هذه العبارة إنها: "تعني كلمة الجيل هنا ثلاثين عامًا". والمقصود: إذا تقلد ملكٌ حكم البلاد، فيجب أن تمر ثلاثون سنة علـــى اعتلائـــه العرش حتى يمكن القول إن حكومته رشيدة"، أو بقول آخر، تعد الثلاثون ســـنة جيلا واحدًا، وهي المدة التي يمكن أن يؤتي فيها حكم البلاد ثماره وتُحَل مشكلات المعيشة. لقد مر أكثر من ثلاثين عاما على الجلسة الكاملة الثالثة للجنة المركزيـــة للحزب خلال المؤتمر الوطني الحادي عشر للحزب الشيوعي الصيني التي انعقـــدت في 1978 بوصفها بداية تنفيذ سياسة الإصلاح، ومرت الصين خلالهـــا بـــتغيرات ضخمة لم يسبق لها مثيل طوال آلاف السنين من تاريخها، وهي نـــادرة الحـــدوث كذلك في تاريخ الاقتصاد العالمي.

انعكست أبرز إنجازات سياسة الإصلاح والانفتاح الصينية في التحسن العام في مستوى معيشة الشعب؛ فقد نفذت الحكومة خلال مسيرة النمو الاقتصـــادي السريع وارتفاع دخل المواطن كليا، برنامجًا واسع المدى للحد من الفقر في المناطق الريفية، وبذلت الجهود لحل "المشكلات الريفية الثلاث"، وفي حين شجعت توسيع

فرص العمل في المدن والأرياف، عززت أيضا تنظيم سوق العمل، وأخذت خطوة أولية لتأسيس آليات الحماية الاجتماعية، وتوفير شبكة أمان أساسية للفئات الضعيفة في سوق العمل. تبين هذه الحقائق التي لا جدال فيها أن التنمية الاقتصادية والاجتماعية الصينية خلال أكثر من ثلاثين عاما اتسمت بالشمولية. إلا أن سرعة ارتفاع مستوى معيشة المواطن في الحضر والريف متفاوتة، كما تتفاوت درجات تحسن الحماية الاجتماعية، وهو ما يتمثل في اتساع الفجوة في دخول المواطنين وعدم المساواة في الحصول على الخدمات العامة الأساسية، مما يشكل تحديات سياسية لا يمكن تجنبها.

الفصل الأول

تضاعف متوسط دخل الفرد

حافظ الاقتصاد الصيني خلال فترة الإصلاح والانفتاح وحتى يومنا الحالي، أي في الفترة منذ عام 1978 حتى عام 2011، على نسبة نمو سنوية قاربت 9.9%، وتحققت معجزات ليس فقط في حجم الاقتصاد الكلي، بل أيضا في نمو دخل الفرد. وخلال تلك الفترة، وبعد استبعاد عامل التضخم، ارتفع معدل النمو السنوي في متوسط نصيب الفرد من إجمالي الناتج المحلي (GDP) حتى بلغ 8.8%. ووفقا لإحدى القواعد المتعارف عليها في علم الإحصاء، فإن نسبة نمو سنوي تبلغ 7% يمكن أن تتضاعف خلال عشر سنوات، ونسبة نمو سنوي تبلغ 10% يمكن أن تتضاعف خلال سبع سنوات. وهكذا يمكن تخيل نتائج استمرار سرعة النمو في متوسط نصيب الفرد من GDP السابق ذكرها في أكثر من ثلاثين عاما.

دعونا نقارن بين دول مختلفة في مراحل تنمية مشابهة. كان الوقت اللازم لتضاعف متوسط دخل الفرد، 58 عاما في بريطانيا؛ من 1780م إلى 1838م، و47 عاما في الولايات المتحدة؛ من 1839م إلى 1886م، و34 عاما في اليابان؛ من 1885م إلى 1919م، و11 عاما في كوريا الجنوبية؛ من 1966م إلى 1977م. أما في الصين فقد استغرق تسع سنوات فقط؛ من 1978م إلى 1987م، ثم تضاعف مرتين؛ أولاهما في الفترة من 1987م إلى 1995م، والثانية في الفترة من 1995م إلى 2004م، ثم تضاعف مرة أخرى في 2011م، ولم تستغرق هذه المرة سوى سبع سنوات.

وجد المؤرخون الاقتصاديون أن العالم منذ أواخر القرن 18، أي في الفترة التي تنتهي بالثورة الصناعية تقريبًا، قد شهدت تباينًا كبيرًا في مستويات التنمية بين الدول، ثم تشكل الخط الفاصل بين البلدان الغنية والبلدان الفقيرة، والذي لم يتغير

حتى الآن. لذلك واصل خبراء الاقتصاد أبحاثهم بحماس دون كلل؛ لاستكشاف كيف يمكن لمتوسط دخل الفرد في البلدان المتخلفة أن يبلغ، بل ويفوق، دخل الفرد في البلدان المتقدمة. إن العامل الأهم لتحقيق ذلك هو قدرة الدول المتخلفة على الوصول لسرعة نمو اقتصادي أكبر منها في البلدان المتقدمة، والمحافظة عليها لمدة زمنية طويلة. ولا شك في أن البلدان منخفضة الدخل إذا تمكنت من الحفاظ فترةً طويلة على نمو اقتصادي مرتفع بما يكفي ستصنع معجزة اللحاق بالدول المتقدمة بل والتفوق عليها.

بلغ إجمالي GDP في الصين عام 1990م المستوى العاشر عالميًّا، وبحلول عام 1995م تفوقت الصين على كندا وإسبانيا والبرازيل لتحتل المستوى السابع، ثم تجاوزت إيطاليا في عام 2000م وصعدت إلى المستوى السادس. تابعت الصين تفوقها في السنوات العشر الأولى من القرن الحادي والعشرين على فرنسا وبريطانيا وألمانيا، وبحلول 2010م تفوقت على اليابان، وأصبحت الاقتصاد الثاني عالميًّا، بعد الولايات المتحدة الأمريكية فقط. بلغ إجمالي الناتج المحلي الصيني 7.29815 تريليون دولار أمريكي في 2011م، أي ما يعادل 48.4% من إجمالي GDP الأمريكي، و10.5% من إجمالي GDP العالمي. قلصت الصين في ثلاثين عامًا فرق مستوى التنمية وجودة المعيشة بينها وبين الكيانات الاقتصادية المتطورة تقليصًا بارزًا. وبرهنت هذه التجربة على أن الدول المتخلفة قادرة تمامًا على اللحاق بركب الدول المتقدمة والتفوق عليها طالما اختارت الطريق الصحيح، وهو الالتزام بتنفيذ سياسة الإصلاح والانفتاح لدفع التنمية الاقتصادية.

أصبح مستوى مشاركة النمو الاقتصادي، بعد ظهور إجمالي GDP، يحدَّد بكيفية التوزيع بين عناصر الإنتاج المختلفة، أو بين الأطراف الاقتصادية المعنية، كالتوزيع مثلا بين عنصر رأس المال وعنصر العمالة، أو التوزيع بين العاملين والمشغّلين والحكومة. أو بقول آخر؛ لتحديد ما إذا كانت معجزة النمو الاقتصادي توفر حقًا مستوى معيشة جيد للشعب، فالأهم من مراقبة سرعة نمو متوسط نصيب الفرد من الناتج المحلي الإجمالي هو النظر إلى سرعة نمو دخل المواطن في الحضر والريف.

إن الدخل الحقيقي للسكان في الحضر والريف قد ارتفع خلال ثلاثين عاما من 1978م إلى 2011م ارتفاعًا مذهلاً، فوصل متوسط معدل النمو السنوي -بعد استبعاد عامل الأسعار- إلى 7.4%. وفي أثناء ذلك، كان ارتفاع متوسط صافي الدخل للفرد الواحد من سكان الريف في ثمانينيات القرن العشرين أسرع من ارتفاع متوسط الدخل القابل للتصرف فيه للفرد من سكان الحضر، وكان دخل سكان الريف في بداية التسعينيات أقل من دخل سكان الحضر، أما بعد 2004م فقد ارتفع دخل سكان الريف من جديد، وارتفع تدريجيًّا بسرعة أكبر من سرعة ارتفاع دخل سكان الحضر.

كما يمكن أن نرى حقيقة أهملت على الدوام، وهي تعوُّد الباحثين على توجيه نقد حاد للفجوة في الدخل بين الحضر والريف، في حين أن الأمر في الواقع لا يعد بتلك الخطورة مطلقًا. إن طريقة الحساب المعتادة هي: اعتبار دخل سكان الريف من الدخل الاسمي لسكان الحضر والريف لكل عام كوحدة "1" لحساب النسبة بينهما. ووفقا لهذه الطريقة، فقد كان الدخل الاسمي لسكان الحضر 21810 يوانا وكان 6977 يوانا لسكان الريف في عام 2011م، فكانت النسبة بين دخل الريف ودخل الحضر 3:12، أي أعلى -بلا شك- من 2:57 في عام 1978م، وأعلى كثيرًا منها في عام 1983 (1:82) حينما سجلت الصين أصغر فرق في تاريخها بين دخل الحضر ودخل الريف. لكن بسبب اختلاف تكاليف المعيشة بين الريف والحضر، وبسبب تغيرات الأسعار أيضًا، فإن تلك الطريقة التي تُهمل عامل الأسعار وتعتمد حساب نسبة الدخل بالدخل الاسمي للحضر والريف هي طريقة غير علمية.

وبتعديل طريقة الحساب وفقا لمؤشر أسعار المستهلك المختلف في الحضر عن الريف ينتج دخل الحضر والريف القابل للمقارنة خلال السنوات المنصرفة، وكذلك نسبة دخل الحضر إلى الريف. وبملاحظة هذه المجموعة من الأرقام الدالة على نسب الدخل بين الحضر والريف نجد أولاً أن نسبة دخل الحضر إلى الريف بلغت 2:61 في عام 2011م، أي أعلى قليلاً جدًّا منها في عام 1978م، وثانيًا أن هذا الفرق بين دخل الريف ودخل الحضر ما زال أعلى كثيرًا من النسبة في عام 1988م التي كانت 1:50، الأمر الذي يوضح أن الفجوة في الدخل بين الريف

والحضر قد ظهر فيها تغيرا يتخذ شكل U، فظهر فيها تقلص واضح بعد الإصلاح، ثم اتسعت مرة أخرى فيما بعد، وثالثًا أن الفرق بين دخل الحضر ودخل الريف حاليًا قد انخفض عنه خلال الأعوام الثلاثة من 2007م إلى 2009م، وبدأ تقلص الفجوة.

ليس ذلك فحسب؛ بل لأن مسح الأسر المعيشية في النظام الإحصائي الحالي في الصين قد أغفل دخل العمالة الريفية من العمل خارج الريف، فلذلك ما زال الفرق بين دخل الحضر ودخل الريف يشمل عناصر مبالغ في تقييمها. ولأن مسح الأسر المعيشية داخل النظام الإحصائي الرسمي يفصل بين الحضر والريف، فقد استُبعدت من عينات الحصر، الأسر الريفية التي انتقلت بجميع أفرادها وأفراد الأسر الريفية الذين انتقلوا للعمل خارج الريف، وذلك لصعوبة إدخالهم نطاق فحص العينات، كما استُبعدوا إلى حد كبير من مسح عينات الأسر الريفية بسبب بقائهم مدة طويلة خارج الريف فلا يمكن عدهم كسكان ريف دائمين.

انتبه بعض الزملاء -بلا شك- إلى هذا العيب في إحصاء دخل أسر الحضر والريف الحالي، وحاولوا استخراج أدلة ذات صلة من هذا النظام الإحصائي الناقص، ليخبرونا بالفرق الأقرب إلى الواقع بين دخل الحضر ودخل الريف. لقد اختاروا مقاطعة متطورة، هي تشجيانغ، ومقاطعة بغرب الصين، هي شنشي، وأعادوا تقييم دخل العمال المهاجرين من الريف الذين أهملتهم المدن والقرى، بإجراء مسح شمل عينات اختارها مكتب الإحصاء. وكانت النتيجة أن المشكلات الموجودة في أخذ عينات المسوح الأسرية في النظام الإحصائي الرسمي للمقاطعتين أدت وحدها إلى المبالغة في تقدير متوسط دخل سكان الحضر القابل للتصرف فيه بنسبة 13.6%، وانتقاص قدر متوسط دخل سكان الريف الصافي بنسبة 13.3%، والمبالغة في تقدير متوسط فرق الدخل بين الحضر والريف بنسبة 31.2%[1].

---

(1) "تأثير انتقال القوى العاملة الريفية على إحصاء فرق الدخل بين سكان الحضر وسكان الريف" قاو ون شو، وتشاو ون، وتشنغ جييه، "تقرير حول السكان والعمل في الصين رقم 12 - تحديات مرحلة "الخطة الخمسية الثانية عشر، السكان، والتوظيف، وتوزيع الدخل"، مطبعة أكاديمية العلوم الاجتماعية طبعة 2011 صفحة 228-242.

الفصل الثاني

نموذج عالمي للحد من الفقر

لم تنجح الصين منذ أن بدأت تنفيذ سياسة الإصلاح والانفتاح في تحقيق أسرع نمو اقتصادي في العالم وتحسين مستوى معيشة الشعب بأعلى مستوى فحسب، بل نجحت كذلك في التخفيف من حدة الفقر على أكبر نطاق عالميا. وبالإحصاء وفقا لمعيار الفقر الذي حددته الحكومة الصينية آنذاك، وهو 100 يوان للفرد سنويا، فقد بلغ عدد الفقراء الذين ينقصهم الغذاء والكساء في الصين 250 مليون نسمة، أي 30.7% من عدد سكان الريف الإجمالي، وارتفع معيار الفقر في 1984م إلى 200 يوان للفرد سنويا، فانخفض عدد الفقراء إلى 128 مليون نسمة، وانخفض معدل الفقر إلى 15.1%. وبالإحصاء وفقا لمعيار الفقر في 2010م والذي يبلغ 1274 يوان للفرد، نلاحظ انخفاض عدد فقراء الريف من 94.22 مليون نسمة في 2000م إلى 26.88 مليون في 2010م، وانخفاض معدل الفقر تبعا لذلك من 10.2% إلى 2.8%.

رفعت الحكومة المركزية في 2011 معيار الفقر الوطني كثيرًا فبلغ 2300 يوان، وهو مقياس السعر الثابت في 2010م، أي زاد بنسبة 92% عن عام 2009م. تسبب ظهور هذا المعيار الجديد في زيادة عدد الفقراء في الصين وتوسيع مساحة التغطية من 26.88 مليون نسمة في 2010م إلى 128 مليون نسمة. ووفقا لطريقة تعادل القوة الشرائية القابلة للمقارنة فإن معيار الفقر الجديد هذا يعادل 1.8 دولار أمريكي للفرد الواحد يوميا، أي أعلى من معيار الفقر الدولي الذي حدده البنك الدولي في 2008 وهو 1.25 دولار يوميا.

لقد أثنى المجتمع الدولي على إنجازات الصين الهائلة في التخفيف من حدة الفقر بالمشاريع التنموية وتحقيق الأهداف الإنمائية للألفية إجمالا قبل الموعد المحدد.

ويرى البنك الدولي أن الإنجازات التي حققتها الصين في برنامج الحد من الفقر بالتنمية قد أثرت تأثيرا عميقا على المجتمع الدولي. كما يرى برنامج الأمم المتحدة الإنمائي أيضا أن إنجازات الصين في الحد من الفقر بالتنمية قد قدمت نموذجا للدول النامية؛ بل للعالم أجمع. ويرى بنك التنمية الآسيوي أن لبرنامج الحد من الفقر بالتنمية الصيني يتميز بتجارب وخبرات عديدة، جدير بالدول الأخرى التعلم منها. إن إنجازات الصين في مجال التخفيف من وطأة الفقر هي الأعظم في آسيا، وللحكومة الصينية الحق الكامل في أن تفخر بذلك. تعترف هذه المؤسسات الدولية بأن ثلثي الإنجازات التي حققتها البشرية منذ ثلاثين عاما في مجال الحد من الفقر ينبغي أن ينسب إلى الصين. ذلك هو إسهام الصين الضخم في قضية الحد من الفقر والتنمية، وهو كذلك إسهام ضخم في الحضارة البشرية وتقدمها.

انقسمت عملية التخفيف من وطأة الفقر خلال مسيرة تنمية الريف الصيني لسنوات طويلة إلى ثلاث مراحل؛ المرحلة الأولى هي الفترة من أوائل ثمانينيات القرن العشرين إلى منتصفها. أصبح إصلاح النظام الاقتصادي في المناطق الريفية إصلاحا شاملا في هذه الفترة، القوة الدافعة الأساسية لتنمية الاقتصاد الوطني سريعا، وأصبح ارتفاع دخل سكان الريف العامل الرئيس للحد من الفقر في هذه المرحلة.

شهد عام 1978م تغييرات هائلة في نظام الإدارة الزراعية؛ فحل نظام إدارة العقود الأسرية محل نظام الإدارة الجماعية للكومونات الشعبية، ما أثار حماس المزارعين كثيرا للإنتاج، جنبا إلى جنب مع رفع أسعار المنتجات الزراعية، وتسريع إعادة الهيكلة الزراعية، والتصنيع الريفي وغيرها، ما عزز النمو الاقتصادي في المناطق الريفية بصورة شاملة. كما بدأ في هذه المرحلة تطور التصنيع الريفي الذي تمثله الشركات في القرى والمدن الصغيرة، الأمر الذي لم يسهم فقط في زيادة حيوية الاقتصاد الريفي؛ بل وفر أيضا فرصا جديدة لبعض القوى العاملة الريفية التي تتمتع بمهارة وثقافة؛ لشق قنوات التوظيف، والتخلص من الفقر وتحقيق الثراء. لأن النمو الاقتصادي هذه المرة تحقق أساسا بابتكار النظام، كما حل مشكلة آليات تحفيز الأفراد، كما أدى أيضا للمنافع التي عاد بها الإصلاح سريعا على

الفقراء، فتخلص الفلاحون الفقراء من الفقر وعاشوا في رخاء، وقلت ظاهرة فقر الريف إلى حد كبير.

زادت القيمة المضافة للناتج الزراعي الصيني 55.4% في الفترة بين عامي 1978 و1985، وارتفع معدل إنتاجية العمالة الزراعية 40.3%، وارتفع مؤشر أسعار شراء المنتجات الزراعية 66.8%، وتشير التقديرات إلى أن دخل الفلاحين الذي ارتفع بسبب زيادة الأسعار احتل 15.5% من دخل الفلاحين المرتفع حديثا في هذه الفترة. في الفترة نفسها بالتزامن مع الزيادة السريعة في كميات مختلف المنتجات الزراعية ارتفع صافي دخل الفرد في الريف 2.6 ضعفا، وارتفع نصيب الفرد الواحد في الريف من السعرات الحرارية من 2300 كيلو كالوري يوميا للفرد الواحد في 1978م إلى 2454 كيلو كالوري في 1985م. كما انخفض عدد سكان الريف الذين عاشوا تحت خط الفقر المدقع خلال هذه الفترة من 250 مليون نسمة في بداية الإصلاح والانفتاح إلى 125 مليون نسمة في 1985، أي انخفضت النسبة إلى 14.8% من سكان الريف، ونقص متوسط عدد الفقراء سنويا 17.86 مليون نسمة. يعد ذلك بلا شك أكبر وأسرع عمليات الحد من الفقر في العالم الحالي.

تعد الفترة من منتصف ثمانينيات القرن العشرين حتى أواخرها، المرحلة الثانية من تنفيذ برنامج الحد من الفقر. فقد أسست الحكومة هيئة خاصة للعمل على الحد من الفقر، وخصصت مبالغ من المال من قنوات عدة، ووضعت سياسات تفضيلية خاصة، وعدلت سياسة الحد من الفقر بالإغاثة جذريا وأقرت بدلا منها سياسة الحد من الفقر بالتنمية. بدأ تنفيذ سياسة الحد من الفقر بالتنمية على نطاق واسع بصورة مخططة منظمة عن طريق اتخاذ سياسات وإجراءات خاصة. إن للعمل على الحد من الفقر بالتنمية خلال هذه الفترة تَمثّل في خبرتين خاصتين فيما يتعلق بالجهود الحكومية من أجل مجموعات معينة من ساكني الأرياف.

الأولى: أن الحكومة الصينية بعد تحديد الخط الفكري العام للحد من الفقر بالتنمية الإقليمية وضعت معيارا لتحديد المحافظات الأساسية التي يجب التركيز عليها في العمل على الحد من الفقر على مستوى الصين، وحددت مجموعة من المحافظات الفقيرة على مستوى الصين، من أجل تجميع الأموال واستخدامها بفعالية

لدعم الفقراء. وضعت الحكومة الصينية لأول مرة في 1986م معيار تحديد المحافظات الفقيرة الأهم على مستوى الصين، واعتبرت كل محافظة وحدة واحدة، وهي المحافظات التي انخفض فيها دخل الفرد الصافي في المناطق الريفية عن 1150 يوانا في 1985م. عُدل معيار تحديد المحافظات الفقيرة بعد ذلك تزامنا مع التنمية الاقتصادية، وخاصة مع التحسن المستمر في الوضع الاقتصادي بالمناطق الفقيرة. حددت آنذاك 592 محافظة فقيرة على مستوى الصين، أي ما يقرب من 5/1 الوحدات الإدارية المصنفة على مستوى المحافظات (المحافظات المحددة وحدات إدارية) في كامل الصين.

والثانية: وضع الصين في 1993 وإعلانها "البرنامج الوطني للقضاء على فقر 80 مليون مواطن في سبع سنوات". يسعى هذا البرنامج إلى حشد القوى وتركيز الجهود في آخر سبع سنوات من القرن العشرين لحل مشكلة الغذاء والكساء لدى 80 مليون فقير في المناطق الريفية حول الصين. استغل هذا البرنامج قوة التعبئة الكبيرة والدرجة العالية من التفاهم المشترك في المجتمع الصيني؛ ليصل في وقت قصير إلى أفضل نتائج في تخفيف معاناة الفقراء. تمكنت الصين من حل مشكلة الغذاء والكساء لدى 8 مليون فقير سنويا في الفترة من 1997 إلى 1999، أي ارتفع العدد السنوي لمن تخلصوا من الفقر إلى أعلى مستوى منذ تسعينيات القرن العشرين.

كانت الصين قد حققت تقريبا أهداف البرنامج الوطني للقضاء على الفقر بحلول أواخر عام 2000م. انخفض عدد الفقراء في ريف الصين 50 مليون فقير خلال سبع سنوات، وانخفض معدل حدوث الفقر في المناطق الريفية من 8.7% إلى 3.4%. كان لهذا قوة دفعت المرحلة الثانية من العمل على القضاء على الفقر. ارتفع صافي دخل الفرد في الريف في المحافظات التي تم التركيز على تخفيف معاناة الفقراء بها من 206 يوان إلى 1338 يوانا في الفترة من 1986م إلى 2000م، وانخفض عدد الفقراء في الصين كلها من 131 مليون إلى 32.09 مليون نسمة.

لم ينعكس تخفيف وطأة الفقر في انخفاض معدل انتشار الفقر وعدد الفقراء الذي يقاس بالدخل فحسب؛ بل كذلك في التنمية الإنسانية وتطور المشروعات

الاجتماعية المختلفة في المناطق التي يتركز فيها الفقر. تحسنت البنيـــة التحتيـــة في المناطق الفقيرة خلال تلك الفترة تحسنا ملحوظا، وقاربت نســـبة امـــتلاك البنيـــة التحتية، كالنقل والاتصالات والكهرباء والمدارس، التابعة للمناطق التي يتم التركيز على تخفيف الفقر بها، كما تحسنت البنية التحتية في المناطق غير الفقيرة. كما شهد الفقر في المناطق الريفية تغيرات بارزة بفضل جهود الحكومة للحد مـــن الفقـــر في هذه المرحلة، وكانت الملامح الإقليمية أكثر بروزا. حيث تركز الفقر بشكل أكبر في بعض مناطق وسط غرب الصين ذات الظروف الطبيعية القاسية.

دخلت الجهود الحكومية لمساعدة الفقراء المرحلة الثالثة مع إنهاء تنفيذ البرنامج الوطني للقضاء على فقر 80 مليون مواطن في سبع سنوات بصورة أساسية. دخلـــت الصين مرحلة جديدة من الحد من الفقر بالتنمية في 2001. لقد انخفض معدل انتشار الفقر انخفاضا ملحوظا في المناطق الشرقية المتقدمة اقتصاديا. لذلك وفقـــا لانتشـــار الفقراء في جميع المناطق الريفية حول الصين مع أنهم يتركزون أساســـا في الغـــرب الأوسط، فقد تم تحديد 592 محافظة أساسية في غرب الصين الأوسط للتركيز علـــى مساعدة الفقراء فيها عن طريق التنمية. بلغت في 2002م نسبة السكان الذين عـــانوا الفقر المدقع في المحافظات التي تم التركيز عليها 62.1% من الإجمالي الوطني، وبلغت نسبة السكان ذوي الدخل المنخفض 52.8% من الإجمالي الوطني.

حافظ معدل الفقر في المناطق الريفية مع بداية 2000م على المستوى نفســـه، وانخفض عدد الفقراء في العقد اللاحق 5.21 مليون نسمة. وبأخذ الزيادة المستمرة في الأموال المستثمرة سنويا لمساعدة الفقراء في الاعتبار نجد أن برنـــامج التنميـــة الإقليمية لم يعد يتميز كالسابق بنتائج بارزة في مساعدة الفقراء. كما أن طبيعـــة الفقر الأساسية في الريف هي التهميش، بسبب الظـــروف الطبيعيـــة الجغرافيـــة والمناخية القاسية وبسبب الفقر طويل الأجل أصبح التهميش سمة الفقر الأساسية.

شهدت كذلك وسائل مكافحة الفقر في ظل هذا الوضع تعديلات كـــبيرة، فأصبح من الصعب أن تعود طريقة الاستهداف الإقليمي ودفع التنمية الاقتصـــادية المحلية بالنفع على هؤلاء الفقراء. وستصبح إجراءات الواضحة وطـــرق الإعانـــة المباشرة، الوسيلة الأساسية لحل مشكلة الفقر في الريف جذريا.

لقد وضعت الحكومة الصينية "منهاج تخفيف الفقر الموجه لتنمية ريف الصين 2001- 2010" وأعلنت تنفيذه في 2001. ويتسم هذا البرنامج بسمة بارزة، هي تطبيق سياسة التخفيف من وطأة الفقر على المناطق الريفية، وسميت "استراتيجية تخفيف الفقر في ريف الصين بأكمله". بدأت طبيعة الفقر في المناطق الريفية تتغير ببداية القرن الحادي والعشرين، وازداد انقسام المجموعات الفقيرة والسكان غير الفقراء بروزًا حتى داخل المحافظات الفقيرة، وأصبح استغلال الأموال المخصصة لمساعدة الفقراء والنمو الاقتصادي الإقليمي بما يعود بالنفع حقا على المجموعات الفقيرة قضية تبرز يوما بعد يوم.

لذلك وجب تقليص نطاق الاستهداف في سياسة مساعدة الفقراء؛ لرفع كفاءة استخدام الأموال، وليستفيد الفقراء حقا من الموارد المخصصة لمساعدتهم. في ظل هذا الوضع حددت منذ بداية 2001 مجموعة قرى فقيرة أساسية في نطاق المحافظات الفقيرة الأساسية التي وجب تركيز العمل عليها، ثم حددت 148 ألف قرية فقيرة أساسية في جميع أنحاء الصين. وهكذا استُهدفت الأقاليم الفقيرة، وفي الوقت نفسه أُجري فحص وفرز أدق على المجموعات الفقيرة، ما رفع كفاءة استهداف الفقراء.

تقدمت جميع الأعمال الاجتماعية في المناطق الفقيرة تقدما كبيرا بتنفيذ هذا المنهاج، وكانت لمساعدة الفقراء بتنمية المناطق الريفية بأكملها خلال هذه الفترة نتائج بارزة للغاية. وكانت سرعة ارتفاع دخل سكان القرى الأساسية في العمل على تخفيف وطأة الفقر أكبر بوضوح من سرعة ارتفاع الدخل في المحافظات، بل وأكبر من سرعة ارتفاع الدخل في الصين كلها. كان نمو دخل ساكني القرى الفقيرة التي نُفذت فيها استراتيجية مساعدة الفقراء بتنمية المناطق الريفية بأكملها أعلى 8:9% من القرى الفقيرة التي لم تُنفذ فيها الاستراتيجية. كما تحسنت بالمثل أوضاع القرى الفقيرة من حيث البنية التحتية الإنتاجية والمرافق الخدمية الاجتماعية تحسنا بارزا، وبسرعة أعلى كثيرا من متوسط سرعة تحسن المحافظات الفقيرة.

بدأت الحكومة الصينية بحلول أواخر 2010م تنفيذ "منهاج تخفيف الفقر الموجه لتنمية ريف الصين (2001- 2010م)"، وذلك بالتزامن مع حدوث انخفاض

أكبر في عدد الفقراء بالصين، وريادة الصين في تحقيق أحد الأهداف الإنمائية للألفية التابعة للأمم المتحدة، وهو تقليل عدد الفقراء للنصف، وتحديد المناطق التي تعاني صعوبات خاصة.بمعيار تحديد وطأة الفقر الذي ارتفع كثيرا؛ لتركيز العمل فيها على تخفيف الفقر، وتوفير ضمان سياسي أقوى ودعم مالي أكبر للعمل على مساعدة الفقراء في هذه المناطق. رفعت الحكومة كذلك معيار تحديد الفقر ليفوق المعيار الدولي، ما لا يدل فقط على أن الحكومة زادت مسؤوليتها الخاصة عن مساعدة الفقراء، وأدرجت عددا أكبر من محدودي الدخل في الريف في نطاق الحاجة إلى المساعدة بسبب الفقر، ووفرت دعما أكبر للفقراء والمناطق الفقيرة؛ بل يدل كذلك على أن استراتيجية مساعدة الفقراء وتخفيف وطأة الفقر بدأت تتحول من القضاء على الفقر المطلق إلى حل مشكلة الفقر النسبي في الوقت نفسه.

الفصل الثالث

سياسة حل المشكلات الريفية الثلاث ذات الخصائص الصينية

أسست الجلسة الكاملة الثالثة للجنة المركزية للحزب خلال المؤتمر الوطني الحادي عشر للحزب الشيوعي الصيني في بكين (شتاء 1978)، فكر التحرير لدى الحزب الشيوعي الصيني، وخطه الفكري لمعالجة الأمور بأسلوب واقعي، ما يعد مَعلَما مهما يشير إلى بداية الإصلاح الاقتصادي. واجهت 18 أسرة ريفية في قرية شياو قانغ بمحافظة فنغيانغ في آنهوي اختيار كيفية مواجهة الكوارث والمجاعة: إما النزوح هربا من المجاعة والاستجداء كما في السنوات السابقة، أو اختراق قفص النظام، والتعاقد مع الأسر لإدارة الأراضي. ولقد اختاروا في نهاية المطاف ألاّ يقيموا للرأي العام وزنا، وكتبوا "رسالة بالدم" (تحمُّل المسؤولية السياسية)، وكانوا أول من عملوا بنظام تحديد الحصة الإنتاجية على أساس الأسرة، والذي حقق نتائج فورية فعالة، فحلت فجأة مشكلة الغذاء والكساء، وانتشر الخبر سريعا كالبرق. انتشر لاحقا نظام المسؤولية الأسرية حول الصين تدريجيا بفضل تسهيل الإجراءات السياسية. لم يكن هناك في مطلع عام 1980 سوى 1.1% من فرق الإنتاج التي تنفذ هذا النظام، ووصلت في آخر العام إلى 20%، أما في أواخر عام 1984 فقد وصلت النسبة إلى 100%، كما وصلت نسبة الأسر الريفية التي نفذت النظام إلى 97.9%.

لقد غيّر تنفيذ نظام المسؤولية الأسرية التعاقدية[1] أسلوب العمل غير الفعال

(1) سمي قديما نظام تحديد الحصة الإنتاجية على أساس الأسرة، وهو نظام زراعي تبنته الصين في 1979م وتوسع لاحقا ليشمل قطاعات اقتصادية أخرى، ويكون فيه المدير المحلي مسؤولا عن أرباح المؤسسة وخسائرها، وحل هذا النظام جزئيا محل طريقة التوزيع بالتساوي التي تحملت بها الدولة جميع الأرباح والخسائر.

وتوزيع العمل بمساواة عشوائية بطريقة "الأكل من قدر واحد"، واختيار نظام التعاقد على أساس أسري، ونظم الإدارة الأساسية في الزراعة تغييرا جذريا. وكان للحكومة الصينية في الوقت نفسه دور تحفيزي فعال في الإنتاج الزراعي من ناحية الأسعار، وذلك من خلال رفع أسعار شراء المنتجات الزراعية وتغيير نظام احتكار الشراء الحكومي إلى نظام الشراء بالعقود وغيره من مجموعة أنظمة شراء المنتجات الزراعية. استعاد الإنتاج الزراعي نشاطه سريعا بفضل نتائج هذا الإصلاح المحفزة الممتازة، فلم تُحل مشكلة الفلاحين في الغذاء والكساء على الفور فحسب؛ بل ارتفع مستوى ضمان توفير المنتجات الزراعية كثيرا لسكان الحضر وللمجالات الإنتاجية غير الزراعية أيضا.

وعلاوة على ذلك، فقد قلَّ كثيرا استخدام العمالة في مجال الزراعة وظهر فائض في الأيدي العاملة الزراعية، بفضل ازدياد نشاط العمالة وحماسها للعمل وارتفاع كفاءة الاقتصاد الجزئي، وتحول الأمر تباعا من زراعة الحبوب فقط إلى الاقتصاد المتنوع في مجال الزراعة والتنمية الشاملة في مجالات الزراعة والحراجة والرعي والصيد والإنتاج الفرعي، وحتى الزيادة السريعة في حجم المؤسسات في القرى والمدن الصغيرة أيضا. لذلك كشفت هذه الخطوة الإصلاحية عن الإمكانات الفعالة داخل المناطق الريفية من خلال تحسين آليات التحفيز وتحرير عناصر الإنتاج.

إلا أن القدرة الكامنة لنظام المسؤولية على رفع كفاءة الإنتاج غير متجددة، فقد انتهت تقريبا في منتصف ثمانينيات القرن العشرين حينما نُفذ نظام التعاقد حول الصين وغطى تقريبا جميع فرق الإنتاج والأسر الريفية. يَعُدُّ الكثير من الدارسين تباطؤ معدل نمو الإنتاج الزراعي بعد 1985م رمزا مميزا لانتهاء جولة الإصلاح الريفي الأولى. لكن هناك أيضا عدة عوامل أخرى حافظت على التأثير الإصلاحي -المتمثل في زيادة دخل المزارعين وتحسين الإنتاجية- الذي استمر حتى أواخر الثمانينيات. وإن أكثر ما يستحق الإشارة إليه هو تحول القوى العاملة الكبيرة الفائضة عن زراعة الحبوب الغذائية بل جميع المحاصيل الزراعية تباعا باتجاه مجالات إنتاجية أوسع من خلال الاسترشاد بإشارات الأسعار بعد إصلاح نظام

شراء المنتجات الزراعية، وزادت فرص تحسين كفاءة الاقتصاد الريفي الداخلية، واستُغلت القوة العاملة الريفية الاستغلال الأمثل، ومن ثم استمرت عملية تقليص الفجوة بين دخل الحضر ودخل الريف وزيادة دخل المزارعين.

وعموما، فإن الإصلاح الريفي في تلك الفترة ركز أساسا على تحسين آليات التحفيز في مجال الزراعة، وكفاءة الاقتصاد الريفي التوزيعية، ولم يتطرق إلى القطب الآخر من العلاقة بين الحضر والريف، أي مصالح سكان الحضر المكتسبة. وعندما بدأ الإصلاح يركز على الاقتصاد الحضري الذي يستهدف الشركات الحكومية، فلم يكن هناك مفر من استغلال ثمار الإصلاح الريفي، أي الإمداد الكافي من المنتجات الزراعية، واستقرار الاقتصاد الريفي، ولكن مع عدم الإضرار قدر المستطاع بمصالح المدن في العلاقة المحددة بين الحضر والريف. لذلك ضعف تأثير الإصلاح الريفي قليلا مع تطور الإصلاح الحضري المستمر، كما تباطأ نمو دخل المزارعين.

ويمكننا باسترجاع المناقشات التي جرت في ذلك الوقت أن نرى بعض العوامل التي تبين القيود التي تعرضت لها زيادة الإنتاج الزراعي وزيادة دخل المزارعين وتطور الريف في ظل عدم حدوث أي تغير جذري في شكل العلاقة الثابت بين الحضر والريف؛ فمثلا في حين انخفض مستوى الأسعار الإضافية التي حصل عليها المزارعون بشراء حصص إضافية انخفاضا كبيرا بفعل إصلاح نظام احتكار شراء الحبوب في 1985، لم تكن هناك مع ذلك قدرة حقيقية على فتح سوق حبوب، لذلك تعد مؤشرات الأسعار أمرا سلبيا على المنتج. أظهرت هذه الفترة -بالإضافة إلى ذلك- اتساع الفرق بين الأسعار الصناعية والأسعار الزراعية؛ فكان ارتفاع أسعار مدخلات الإنتاج الصناعي أسرع من ارتفاع أسعار المنتجات الزراعية، وأظهرت كذلك انخفاض المدخلات الزراعية من الحكومة، واتجهت نسبة مدخلات الحكومة في قطاع الزراعة من حجم الإنفاق المالي الإجمالي في تسعينيات القرن العشرين نحو الانخفاض وعدم الاستقرار.

وفي حين لم تصل سياسة دعم الدولة "المشكلات الريفية الثلاث" وجهود ضبط العلاقة بين الحضر والريف من المدخلات المباشرة إلى مستوى مُرضٍ، واصل

المزارعون الصينيون الذين ما زالوا تحت قيود مؤسسية، بحثهم عن جميع الفرص الاقتصادية التي تطلق العنان للطاقات الإنتاجية الكامنة وتزيد دخل الأسر، ودفع تغيير نمط العلاقة بين الحضر والريف بسرعة مذهلة.

كانت القوة الأساسية الدافعة لهذا التغيير نزوح قوى عاملة ريفية ضخمة وتنقلها عبر الأقاليم، ومن ثم عززت تكامل أسواق الأيدي العاملة في الحضر والريف، ووزعت الموارد من جديد في نطاق يكبر بشكل مطرد. أظهر التحليل الاقتصادي القياسي أن حصة مساهمة القوة العاملة الزائدة في فترة الإصلاح من 1978 إلى 1998 بلغت 24% من متوسط النمو السنوي للناتج المحلي الإجمالي الأعلى من 9%، ونسبة مساهمة رأس المال البشري 24%، أما نسبة مساهمة انتقال القوة العاملة من الزراعة إلى مجالات أخرى فكانت 21%[1].

ومع أن الحكومة المحلية، خاصة حكومات مناطق تدفق القوى العاملة، تخشى دوما من أن يؤدي تدفق القوة العاملة الريفية إلى فقدان الرعاية الاجتماعية التي تشكلها الإعانات المالية المحلية، ومن أن تؤثر العمالة الخارجية بالسلب على العمالة المحلية، لذلك تم تعديل الموقف تجاه العمالة الخارجية مع تغيير وضع العمالة، ما شكل اضطرابا سياسيا، لكن حاجة نمو الاقتصاد الحضري إلى القوة العاملة أظهرت في النهاية النتائج الإيجابية عن انتقال الأيدي العاملة، لذا في معظم الحالات يكون لحكومة المدينة موقفا متسامحا تجاه العمالة الخارجية.

وبالإضافة إلى ذلك، فإن الحكومة المركزية في معظم السنوات عدّت انتقال القوة العاملة الريفية ظاهرة إيجابية بفعل نزعة تخطيط التنمية المتوازنة في الحضر والريف تخطيطا شاملا، وتساهلت تدريجيا في سياسات انتقال القوة العاملة خلال سيطرتها على التوازن، وهيأت سياسات أفضل لانتقال القوة العاملة الريفية إلى المدن للعمل والسكن بها. وضعت الحكومة المركزية والحكومة المحلية واختبرت مختلف التدابير الإصلاحية طوال تسعينيات القرن العشرين، وبذلت الجهود التي صبت في صالح انتقال القوة العاملة.

---

(1) تساي فانغ، وانغ ده ون: "استدامة النمو الاقتصادي الصيني ومساهمة العمالة"، جريدة "أبحاث اقتصادية" 1999م العدد العاشر.

كان هذا التعديل في السياسات الذي عزز انتقال القوة العاملة الريفية بين الأقاليم ناتجا عن التفاعل أو التبارز بين عدة كيانات أساسية. حدث هذا التفاعل بين حكومة المنطقة التي خرجت منها القوة العاملة وحكومة المنطقة التي دخلتها، وبين الحكومة المحلية والحكومة المركزية، وبين القوة العاملة المتنقلة والقوة العاملة المحلية، وكذلك بين تلك القوتين العاملتين والحكومة. وباختصار؛ فإن عملية تعديل السياسات تلك ضمّنت الإصلاح في التنمية الاقتصادية، والتزمت بمبدأ "أفضلية باريتو".

ومع أن العمال المهاجرين من الريف لاقوا تفرقة في الأجور والمزايا، لكن مع اتساع حجم تنقل العمالة، كان إجمالي دخل الأسر الريفية من العمل يزداد بلا توقف، وذلك بسبب إمداد القوة العاملة اللامحدود ونظام التسجيل العائلي. ومن جهة أخرى، فإن مشاركة العمال المهاجرين من الريف إلى المدينة قد سد عجز الوظائف الكثيرة في المدينة، ما أسهم إسهاما مهما في التنمية الاقتصادية والاجتماعية المحلية ومن ثم التنمية الاقتصادية الصينية ككل، وكانت مكاسب سكان المدن والحكومة المحلية والحكومة المركزية هائلة بلا شك.

إلا أن نزوح القوى العاملة الريفية إلى المدن تقيَّد في النهاية بنمط العلاقة بين الحضر والريف التقليدي. كان توظيف عمال المدن أثناء فترة الاقتصاد المخطط وفقا للتخطيط الموحد، ولم يكن هناك ثمة احتمال لتسريح العمال بصرف النظر عن موقف العمال من العمل وعن أوضاع إدارة المؤسسات. وتوفر جهة العمل للموظفين الضمان الاجتماعي وبعض المزايا، وتوفر المجتمعات الحضرية التعليم الأساسي وفقا للسجلات العائلية. وتتضمن البنية التحتية ومجموعة من الخدمات المدنية العامة والإعانات المالية.

شكلت هذه الجوانب عائقا خطيرا أمام انتقال العمالة الريفية إلى المدن بصورة تامة؛ ومن ثم تباطأ إصلاح نظام التسجيل العائلي ولم يحقق تقدما جذريا. أدى ذلك إلى أن تكون الأيدي العاملة الريفية المتنقلة كالطيور المهاجرة تعود إلى حيث أتت، لدرجة أن أصبح هذا الحشد الذي يتزايد يوما بعد يوم أفراد مهمشين في المدن. كان عدم التكافؤ في انتقال الموارد وعدم المساواة في الخدمات العامة

وغيرها ما زال قائما في هذه المرحلة من عملية الإصلاح، بل تزايد في بعض المجالات.

قدر الباحثون انتقال الموارد الريفية إلى المدن بلا مقابل، الأمر الذي تحقق بمختلف الأشكال في مرحلة الاقتصاد المخطط بحوالي 600- 800 مليار يوان[1]. ولم يتغير حتى الآن ذلك الوضع المتمثل في انتقال الموارد الزراعية إلى مجالات الإنتاج غير الزراعية وإلى المدن انتقالا أحادي الاتجاه. في الفترة من 1980 وحتى 2000، بالحساب بالأسعار الثابتة في 2000، تم استخلاص 1.29 بليون يوان فائضا من مجال الزراعة بمختلف القنوات لاستخدامها في التنمية الصناعية. وإذا نظرنا إلى العلاقة بين الحضر والريف نجد حوالي 23 بليون يوان انتقلت في الفترة نفسها من الريف إلى المدن[2].

وقد انخفضت في الوقت نفسه قيمة القطاع الأولي المضافة بنسبة 15.1% من الناتج المحلي الإجمالي، وانخفضت القوى العاملة في القطاع الأولي بنسبة 50.0% من حجم القوى العاملة في الصين كلها. وصل بر الصين وفقا لتجربة كوريا الجنوبية ومقاطعة تايوان الصينية إلى مرحلة التنمية بسياسة "الحضر يدعم الريف، والصناعة تدعم الزراعة"[3]. دخلت الصين منذ انعقاد المؤتمر الوطني السادس للحزب الشيوعي الصيني في القرن الحادي والعشرين، وبالتحديد في 2002، مرحلة إصلاح شامل عدلت فيها العلاقة بين الحضر والريف، تزامنا مع تنفيذ مفهوم التنمية العلمية "الإنسان أساس التنمية" وتأسيس مجتمع اشتراكي متناغم. كان الإصلاح الريفي في تلك الفترة غنيا ومتوسعا بلا توقف.

---

(1) راجع تساي فانغ، ولين يي فو: "الاقتصاد الصيني: الإصلاح والتنمية"، دار نشر المالية والاقتصاد الصينية، طبعة 2003.

(2) Jikun Huang, Keijiro Otsuka and Scott Rozelle: The Role of Agriculture in China's Development, in Loren Brandt and Thomas Rawski, China's Great Economic Transformation, Cambridge University Press, 2008.

(3) اتخذ هذا التحول في كوريا الجنوبية ومقاطعة تايوان الصينية شكل الحماية الزراعية، وبدأ في سبعينيات القرن العشرين عند انخفاض قيمة الإنتاج الزراعي وحجم القوى العاملة إلى أقل من الربع والنصف. راجع "الاقتصاد السياسي في الحماة الزراعية"، كيم اندرسون وهايامي يوجيرو، دار نشر الشعب في تيانجين طبعة 1996، الباب الأول، والثاني.

تعد زيادة الموارد المالية الوطنية ضمانا ماديا مهما للتمكن من تنفيذ سياسة "تقديم الكثير وأخذ القليل" في قطاع الزراعة وفي المناطق الريفية ومع المزارعين، وتغيير نمط العلاقة بين الحضر والريف تماما. طُرح هذا الإصلاح -المتمثل في حل "المشكلات الريفية الثلاث" التي عانت منها الصين لفترة طويلة- في بداية الأمر بتنفيذ سياسة "الحضر يدعم الريف، والصناعة تدعم الزراعة". تلا ذلك الحث على تنفيذ سياسة "بناء ريف اشتراكي جديد" بصورة محددة. بعد اقتراح هدف بناء ريف اشتراكي جديد يتميز بـ "إنتاج متطور، وحياة ميسورة، وحضارة ريفية، وقرى نظيفة، وإدارة ديمقراطية"، وتطور محتوى الإصلاح الريفي ليتجه تأسيس البنية التحتية والمالية العامة نحو الريف، وكذلك تخطيط التوظيف في الحضر والريف تخطيطا شاملا والضمان الاجتماعي وغير ذلك من المجالات المهمة.

حقق هذا التعديل في العلاقة بين الحضر والريف حتى الآن سلسلة من الإصلاحات الضخمة البارزة في وقت قصير جدا، كخلق بيئة سياسية جيدة للعمال المهاجرين من الريف للعمل والسكن في المدينة، وإلغاء الضريبة الزراعية التي استمر تطبيقها 2600 عام، وتقديم الإعانات المالية المباشرة بمختلف الأشكال لزراعة الحبوب، وإتاحة التعليم الإلزامي المجاني وتطبيق نظام حد الكفاف والنظام الطبي التعاوني الجديد ونظام تأمين المعاش الاجتماعي الجديد في الريف.

الفصل الرابع

الحماية الاجتماعية من العدم إلى الوجود

كثيرا ما لا يتناسب شعور الإنسان بالسعادة مع مستوى ثرائه. أو بقول آخر، قد يسبب الدخل الأعلى سعادة أقل. ومع أن الباحثين في العلوم المتعلقة بذلك لم يقدموا حتى الآن تفسيرا مُرضيا بشأنه، لكن الشعور بالأمن الذي يحدده تعزيز آليات الحماية الاجتماعية أو عدمه سيؤثر بلا شك في الشعور بالسعادة تأثيرا كبيرا. حيث يشير مصطلح الحماية الاجتماعية -عموما- إلى سلسلة من السياسات والترتيبات المؤسسية كيانها الرئيس الحكومة والمجتمع، تقلل مخاطر التوظيف بتأسيس سوق عمالة عالي الكفاءة، وترفع قدرة المواطن على حماية دخله ومستوى معيشته، ومن ثم تحد من انتشار الفقر.

وبطبيعة الحال يجب أن تشمل الترتيبات المؤسسية المتعلقة بالحماية الاجتماعية نظام سوق العمل وسياسات التوظيف التي تهدف إلى الأمان الوظيفي وحماية حقوق الموظفين، وتهدف إلى توفير الضمان الاجتماعي لحماية المواطن من الصعوبات الناتجة عن البطالة والمرض والعجز والشيخوخة، وتوفير الرعاية والمعونة الاجتماعية للفئات الضعيفة التي تتعرض لصعوبات خاصة كالأطفال والأيتام والأرامل وكبار السن وساكني المناطق شديدة الفقر.

كان العديد من المزايا الاجتماعية في عصر الاقتصاد المخطط توفره المؤسسات ووحدات العمل، ما شكل حالة معاكسة لشروط اقتصاد السوق، أي أن تضع الحكومة سياسات الإنتاج المختلفة، وتوفر الوحدات الخدمات الاجتماعية في نطاق ضيق، بدءا من حل نظام العمل مدى الحياة محل التأمين ضد البطالة، وتكفُّل المؤسسات بالخدمات الطبية العامة والمعونات المالية للموظفين، ومعاشات التقاعد التي تمولها الدولة، وصولا إلى قيام المؤسسات بتوزيع المساكن، وتسوية

مسألة دخول أطفال العاملين لدور رياض الأطفال، وحتى بدء التعليم الإلزامي. خرجت الخدمات الاجتماعية من مسؤولية المؤسسات تدريجيا مع إصلاح المنظومة الاقتصادية، خاصةً لتخفيف أعباء الشركات المملوكة للدولة ومسؤولياتها، وتقدير الخسائر التشغيلية والخسائر السياسية، ومن ثم تنشيط اقتصاد الدولة. لكن خروج المؤسسات من المسؤولية الاجتماعية لم يكن يعني مطلقا أن الحكومة ستواصل القيام بالمسؤولية الاجتماعية على شكل خدمات عامة، ومن ثم ففي الواقع ظل هناك في مرحلة ما عيب تكويني هو عدم كفاية الحماية الاجتماعية. نتج هذا العيب عن مشكلة الربط بين الأنظمة، ويتعلق أيضا بمرحلة تنمية محددة. كانت الموارد المتاحة للتنمية الاجتماعية محدودة للغاية لأن الحكومة المحلية في هذه الفترة قد ركزت الموارد على التنمية الاقتصادية. ليس ذلك فحسب؛ بل واجهت المالية الحكومية عجزا كبيرا بسبب التكاليف الضخمة التي خلفتها فترة الاقتصاد المخطط.

قامت الصين قبل إصلاح نظام مشاركة الضرائب في 1994 بإصلاح النظام المالي الصيني كنظام المسؤولية المالية الكاملة، ونظام "تقديم الوجبات لمختلف الزبائن من مختلف الأواني"[1] وهو اللامركزية المالية، وقد عزز هذا الإصلاح التحفيز المالي للحكومات المحلية، ودفع التنمية الاقتصادية المحلية. انخفضت في الوقت نفسه قدرة المالية المركزية على دفع المدفوعات التحويلية إلى حد كبير، ما أدى إلى غياب التنسيق الكلي المناسب. اشتدت الحاجة إلى تقليص الفرق في القدرة المالية بين الأقاليم وزيادة القدرة على دفع المدفوعات التحويلية بعد ما زادت الاختلافات بين مستويات التنمية الاقتصادية.

ولأن إصلاح نظام مشاركة الضرائب قد استجاب لهذه المتطلبات واشتدت قدرة المالية المركزية وانتهت المشكلات، فقد تمكنت الحكومة المركزية خلال وقت قصير من تسديد المدفوعات التحويلية ورفع معدل المساواة في الخدمات العامة، وتعويض ما نقص في الحماية الاجتماعية التي توفرها الحكومة المحلية، كما ارتفع

---

(1) يشير إلى تقسيم الإيرادات والنفقات بين الحكومة المركزية والحكومة المحلية ويكون كل منهما مسؤولا عن موازنة ميزانيته.

مستوى التوازن في التنمية الاقتصادية والمجتمعية بين الأقاليم بتطبيق استراتيجيات التنمية الإقليمية. يمكن القول إن هذا النظام المالي في الفترة التي كان النمو الاقتصادي فيها هو الهدف الحكومي الرئيس، قد ضَمن إلى حد كبير التنسيق الإقليمي اللازم والخدمات العامة والحماية الاجتماعية، وكانت النتائج الإجمالية إيجابية.

لكن سواء ركزت الحكومة جهودها للتنمية الاقتصادية، أو واصلت مساعدة المؤسسات على تحمل المسؤولية الاجتماعية، فالأمر يتميز بعقلانية الاقتصاد السياسي التي تتماشى مع خصائص مرحلة التنمية. حيث أصر القادة الصينيون في بداية الإصلاح إصرارا شديدا على اتخاذ التنمية الاقتصادية شرطا لحصول الإصلاح على أكبر دعم، واستفادة الجماهير من الإصلاح بإعداد "فطيرة كبيرة"[1]. وبالإضافة إلى ذلك، فإن الحفاظ على الاستقرار الاجتماعي هو مفتاح كسب الدعم الجماهيري وضمان تقدم الإصلاح والتنمية بسلاسة.

لذلك ينبغي خلال عملية تطوير سوق العمل، الجمع بين الإصلاح بإلغاء الأنظمة والقوانين والإصلاح بوضع قوانين سوق العمل، ومن جانب آخر يتم توفير الحماية الاجتماعية بإلزام المؤسسات، خاصة المؤسسات المملوكة للدولة، بمواصلة تحمل المسؤولية الاجتماعية. تشمل هذه المسؤولية الحكومية: تكليف اتحاد العمال بمساعدة الموظفين في الظروف الصعبة، وحث المؤسسات على عدم تسريح عمالها عند مواجهة صعوبات إدارية بقدر الإمكان، والحفاظ قدر المستطاع على عدم تعرض الموظفين للمنافسة في سوق العمل كالسابق، والحفاظ على مستوى الأجور.

إن المثال الأكثر نموذجية على هذا الجانب، هو المسؤولية التي تحملتها المؤسسات المملوكة للدولة عند التعرض لصدمة التوظيف في أواخر تسعينيات القرن العشرين. ظهرت آنذاك ظاهرة البطالة بشكل واسع النطاق لم يسبق لها مثيل في عصر الاقتصاد المخطط. لم تغطِ الأموال المجمعة، التأمين ضد البطالة لأن نظام التأمين ضد البطالة لم يكن سليما، فطالبت الحكومة المركزية بتأسيس مركز إعادة

---

[1] تشير إلى أنه كلما اجتهد الفرد ليحصل على حصة كبيرة، زاد حجم الفطيرة الكلي، وزادت حصة الفرد تباعا.

توظيف العمال المؤقتين في المؤسسات، واقترحت تحمل الحكومة والمجتمع -الأموال المجمعة للتأمين ضد البطالة في ذلك الوقت- والمؤسسات توفير إعانات معيشية للعمال المؤقتين بنسبة 3/1 لكل منها. مع أن التكاليف التي تتحملها المؤسسات مباشرة لم تصل في الواقع إلى 3/1 فكانت على سبيل المثال 17.2% في عام 2002، لكن المؤسسات تتحمل مسؤولية التأمين الاجتماعي للعمال المؤقتين، كما توفر المعلومات والتدريبات للوظائف وغير ذلك مما يساعد على نجاح إعادة التوظيف.

وفي الوقت نفسه نفذت الحكومة المركزية خلال مواجهة صدمة التوظيف سياسة توظيف إيجابية، وأسست منظومة ضمان اجتماعي، وغطت شبكة أمان سكان الحضر والريف. منذ القرن الحادي والعشرين في إطار مفهوم المساواة في الخدمات العامة امتدت الخدمات العامة -التي جوهرها الضمان الاجتماعي والحماية الاجتماعية- سريعا نحو الريف.

أولا: ركزت القوانين أكثر على حماية العمال، وصدر أول "قانون عمل" بعد الإصلاح والانفتاح في 1994. تحولت القوة العاملة من قطاع الزراعة الذي فاضت عنه بصورة حادة إلى العمل في القطاعات غير الزراعية، إذ كانت تلك الفترة مرحلة نموذجية من الإمداد غير المحدود بالقوة العاملة، وكانت تلك أمسّ الاحتياجات سواء لصاحب العمل أو العامل، لذلك لم يطبق هذا القانون جيدا. ولم يتم التنبؤ في البداية بالتعرض للخسارة بسبب تطبيق هذا القانون، بل عدته الدول النامية الأخرى تجربة إيجابية لسوق العمل المرن وجاءت في صالح التنمية.

مع تزايد الحاجة إلى حماية العامل في مرحلة التنمية الجديدة بدأ كذلك في 2008 تنفيذ ثلاثة قوانين متعلقة بالتوظيف: "قانون عقد العمل"، و"قانون تعزيز التوظيف"، و"قانون التحكيم والوساطة في نزاعات العمل"، والتي حددت أنظمة ومعايير لتوقيع عقود العمل، والانضمام إلى الضمان الاجتماعي، ومنع التفرقة في التوظيف وبناء علاقات عمل متناغمة. مع أن الاقتصاد الصيني الحقيقي تأثر بعد صدور القوانين بالأزمة المالية العالمية، وتساهلت الحكومة المحلية في تنفيذ بعض النصوص، إلا أن صرامة القوانين قد نظّمت سلوك التوظيف في المؤسسات، ورفعت مستوى مؤسسية سوق العمل.

أشار العديد من المراقبين إلى تزايد نزاعات العمل كثيرا في السنوات الأخيرة، خاصة قضية النزاع المتعلقة بالعمال المهاجرين إلى المدينة، ما يوحي بتدهور علاقات العمل. إن زيادة عدد التقارير والدعاوى المرفوعة بسبب هذه النزاعات هي في الواقع ذاتية النشوء ونامية من الداخل؛ فبالمقارنة مع ما مضى تتضح عدة عوامل على الأقل شجعت العمال على رفع الدعاوى العمالية.

شعر العمال بعد صدور ثلاثة قوانين عمل في 2008 بحماية أكبر وقانون يمكن الاعتماد عليه. وفي ظل تغير العلاقة بين العرض والطلب في العمالة وزيادة اهتمام الحكومة بتناغم المجتمع، مال ميزان التحكيم في النزاعات العمالية بدرجة كبيرة إلى طرف العمال، ونبأت بنتيجة حسنة عن الدعاوى العمالية. عامل آخر ثانوي لكنه مهم هو نص قانون التحكيم والوساطة في النزاعات العمالية على مجانية التحكيم، ما خفض تكاليف معاملات الدعاوى كثيرا. العوامل المذكورة سابقا هي أيضا في الواقع برهان على تغير توجهات سياسة الحكومة بعد بلوغ نقطة التحول. شجعت هذه التغيرات العمال العاديين، خاصة العمال المهاجرين، على رفع دعاوى بشأن النزاعات التي تعاملوا معها في الماضي بصبر وهدوء.

ثانيا: دعم دور نظام سوق العمل. أوضحت أبحاث كثيرة، تشابه مستوى تأثير نظام سوق العمل ونطاقه خلال مراحل التنمية المختلفة. ومع حلول نقطة التحول اللويسية نسبة إلى عالم الاقتصاد آرثر لويس- لم تعد الأجور والمكافآت وشروط التوظيف وعلاقات العمل تُحدَّد وفقا لعلاقة العرض والطلب التي يكشفها السوق بتلقائية، بل أصبحت تحدد بنظام سوق العمل.

هناك تغير مشابه له دلالة رمزية، وهو اتجاه تغير حجم ضبط معيار حد الأجور الأدنى. اتسم هذا النظام في بداية تطبيقه، أي في تسعينيات القرن العشرين، بانخفاض المعيار، وقلة التعديلات، وعدم تطبيقه في الغالب على العمال المهاجرين. لكن مع انتشار ظاهرة نقص العمال المهاجرين في كل مكان بعد 2004، أي ما يعني تحول نقص القوة العاملة إلى ظاهرة عادية، طالبت الحكومة المركزية في 2004 بإجراء تعديل مرة على الأقل كل سنتين، وتم تطبيقه على جميع العمال المهاجرين

من الريف إلى المدينة. شعرت جميع حكومات المدن بعبء نقص الأيدي العاملة، وتنافست لرفع الحد الأدنى للأجور.

وبنظرة شاملة نلاحظ زيادة عدد المدن التي عدلت حد الأجور الأدنى بعد 2004م كثيرا، كما زاد حجم التعديلات. ولم تجرِ أي تعديلات في حد الأجور الأدنى في جميع المدن الصينية أثناء الأزمة المالية العالمية في 2009. لكن مع استعادة الاقتصاد الكلي قوته استعاد سوق العمل حيويته، وبدأت تعديلات تعويضية في 2010 في جميع المدن، ورفعت كل المدن تقريبا حد الأجور في ذلك العام، وكان متوسط الزيادة الفعلية 20.8%. كما شهد حد الأجور الأدنى بعد ذلك تعديلات كبيرة سنويا.

ثالثا: تميز بناء نظام الضمان الاجتماعي بشمولية أكبر، حيث ارتفع مستوى تغطية الضمان الاجتماعي والحماية الاجتماعية لعمال المدن كثيرا في الفترة من أواخر تسعينيات القرن العشرين إلى مطلع القرن الحادي والعشرين، وشمل التغطية الشاملة لنظام ضمان حد المعيشة الأدنى والتغطية الأساسية لنظام تأمين التقاعد الأساسي للعمال، وفي الارتفاع التدريجي في معدل تغطية العمال الذين ما زالوا في الخدمة، وتطبيق نظام التأمين الصحي لعمال المدن وسكانها، وكذلك نظام التأمين ضد البطالة وغيره من أنظمة التأمين الاجتماعي.

امتدت مهام العمل في بناء نظام التأمين الاجتماعي إلى الريف بعد 2004م، وتشمل المشاريع التي غطاها النظام بالكامل نظام ضمان حد المعيشة الأدنى في الريف، والنظام الطبي التعاوني الريفي الجديد، ونظام التأمين التقاعدي الريفي الجديد. بدأ في 2010م تنفيذ "تدابير نقل واستمرار إجراءات التأمين التقاعدي الأساسي لموظفي الحضر" الذي يشمل العمال المهاجرين كذلك، وذلك في سبيل تطبيق قانون عقود العمل وقانون التأمينات الاجتماعية، وتشجيع العمال المهاجرين على المشاركة في التأمين التقاعدي.

برزت إيجابية الحكومات المحلية بدرجة أكبر في توفير ضمان اجتماعي وحماية اجتماعية أفضل. يتجسد ذلك أولا في زيادة المدفوع من الحكومات المحلية في السنوات الأخيرة عن المدفوع من الحكومة المركزية في تأمين المعاش الأساسي،

وثانيا في استغلال سماح الحكومة بتقليل تكاليف التأمينات الاجتماعية وغيرها من طلبات الحكومة المركزية التسهيلية في بعض المناطق التي نقصتها القوى العاملة في فترة الأزمة المالية لتقوم عمدا بخفض تكاليف انضمام العمال المهاجرين للتأمينات الاجتماعية وزيادة معدل التغطية. وثالثا في تحسن التعليم الإلزامي لأبناء العمال المهاجرين تحسنا بارزا، مع أن الحكومة المركزية قد وضحت مطلبها منذ زمن لكن لأن مسؤولية الدفع للتعليم الإلزامي تقع على الحكومات المحلية لذلك حلت هذه المشكلة جيدا في النهاية، واعتمدت أساسا على إيجابية حكومات مناطق إدخال العمالة. ورابعا في الزيادة الكبيرة في دور الحكومة في مساعدة العمال المهاجرين على المطالبة بأجورهم المتأخرة والتحكيم في النزاعات العمالية ومساواتهم مع عمال الحضر، والتغير الواضح في اتجاهها.

أما بالنسبة للإسراع في إصلاح نظام تسجيل الأسر. اقتصر العديد من الباحثين على رصد أماكن تسجيل الهويات، وهي هويات المقيمين إقامة دائمة رصدا سطحيا، فلاحظوا عدم حصول معظم المهاجرين من الريف إلى المدينة للعمل على بطاقات إقامة مسجلة، وتجاهلوا العوائق التي وضعها نظام تسجيل الإقامة أمام انتقال الأيدي العاملة ونزوح السكان، وأداء الحماية الاجتماعية والضمان الاجتماعي المتّسمين بعدم المساواة. واصلت حكومات المدن تخفيف شروط إقامة العمال المهاجرين لشعورها بالضغط الناتج عن نقص الأيدي العاملة. إن هذا التمدن بمعناه الضيق، أو بقول آخر تسجيل الإقامة المدنية ذو الخصائص الصينية، قد ساهمت أساسا في إنجاح ممارسات الحكومات المحلية لحث العمال المهاجرين على الحصول على إقامة مدنية مسجلة.

لم ينتبه معظم الباحثين أيضا إلى سرعة حصول سكان الريف على إقامة مدنية مسجلة، وحتى لو اتخذنا ذلك تعريفا ضيقا للتمدن، سنجد سرعة التمدن في الصين تفوق المعدل الطبيعي أيضا. فقد بلغت نسبة التمدن في 2011 –وفقا للتعريف القائل إن التمدن هو الإقامة الدائمة لأكثر من ستة أشهر– 51.3%، أي ارتفعت 3.2% سنويا على أساس النسبة في 1990 التي كانت 26.4%، فتعد بذلك إحدى أكبر سرعات التمدن عالميا. ارتفعت في الفترة نفسها نسبة السكان غير

الريفيين المقيمين المسجلين من 20.9% إلى 34.7%، أي بمعدل ارتفاع سنوي بلغ 2.5%. ووفقا للمقارنات بين الدول فإن الخبرة الدولية التي يمكن استخلاصها هي: إذا كانت نسبة مستوى التمدن 33% فإن معدل سرعة التمدن السنوي يكون بين 0.7% و1.8%، ويتضح من ذلك أننا لو اتخذنا معدل سرعة الارتفاع السنوية في حجم السكان غير الريفيين المقيمين المسجلين كمقياس لسرعة التمدن ذي الخصائص الصينية، فسنجده خلال فترات معينة في الماضي أكبر كثيرا من المعدل العالمي.

الفصل الخامس

تنمية شمولية غير متوازنة

إن المعنى الأصلي للتنمية الاقتصادية هو تمتع المواطنين بمستوى حياة مرتفع، وشعور أكبر بالسعادة والأمان. يمكن بلا شك قياس ذلك بمتوسط الدخل الفردي، ولكنه ينفصل عن ارتقاع مستوى الدخل الكلي؛ لأن الشعور بالسعادة والأمان يعتمد على ما توفره الحكومة من خدمات عامة مختلفة، ويتمثل في ارتفاع مستوى التنمية الاجتماعية ودرجة تكافؤها، لمواجهة مشكلة ضعف الشمولية وعدم التكافؤ في التوزيع.

إن معجزة النمو الاقتصادي التي لم يسبق لها مثيل على مر التاريخ التي حققتها الصين خلال أكثر من ثلاثين عاما مضت رافقها منذ البداية ارتفاع المستوى المعيشي غير المسبوق وزيادة الشعور بالأمن المجتمعي. لكن هذه "المعجزة الصينية" لم تُظهر حتى الآن في المجالات التي زامنت التنمية الاقتصادية وعادت بالنفع على جميع سكان الحضر والريف أمرا خارقا كالنمو الاقتصادي.

تتجسد الشمولية والمشاركة في التنمية الاقتصادية بصورة مركزة في أن أصبح توظيف سكان الحضر والريف توظيفا كاملا بدرجة أكبر نتيجة لنمو سوق العمل، ذلك النمو الذي هيأ الظروف المناسبة لمشاركة جميع المواطنين ثمار التنمية الاقتصادية. ساهم في الوقت نفسه دور سوق العمل وجهود الحكومة لمعاونة الفقراء وبناء نظام الحماية الاجتماعية في انخفاض نسبة انتشار الفقر كثيرا، وارتفاع نسبة تغطية الحماية الاجتماعية ارتفاعا ملحوظا.

لكن بسبب عدم التوازن في التنمية الاقتصادية نفسها من جهة، وضعف دور الحكومة في التنمية الاجتماعية في دفع النمو الاقتصادي من جهة أخرى، فقد سبَّب ذلك فجوة في التنمية الإقليمية، وظلت فجوة التنمية قائمة خاصة بين مناطق

شمال الصين ووسطها وغربها، ولم تشهد الفجوة بين دخل سكان الحضر ودخل سكان الريف تقلصا جوهريا، وبقي في سوق العمل تفرقة في التوظيف والمعاملة، وظل نظام تسجيل الإقامة وغيره من الأنظمة يشكل عائقا أمام التغطية الكاملة للحماية الاجتماعية والتمتع المتكافئ بالخدمات العامة الأساسية.

يجب أن يعد انطباع المواطن العادي تقييما نهائيا على نتائج التنمية الاقتصادية والاجتماعية. وبملاحظة متابعة الجمهور باهتمام للقضايا الاجتماعية الساخنة نرى المشكلات القائمة في التنمية الاقتصادية من حيث الشمولية والتشاركية. فمثلا وفقا لاستقصاء علماء الاجتماع في 2006 و2008 و2011، كان اهتمام الجماهير بمشكلات مثل ارتفاع الأسعار، وصعوبة الكشف الطبي وارتفاع سعره، وفجوة الدخل الزائدة على الحد، وحتى الغنى والفقر، والفساد وغيرها متواصلا سنين طويلة[1].

في الواقع نجد الباحثين الصينيين والأجانب والقادة الصينيين قد أقروا إنجازات التنمية الاجتماعية التي تعد ثمرة التنمية الاقتصادية، ورصدوا ركود التنمية الاجتماعية والمشكلات العديدة في هذا المجال وما يتعلق بها من مخاطر اجتماعية[2]، كما شرحت أبحاث عديدة مسألة عدم توازن التنمية من زوايا مختلفة.

يمكن هنا تلخيص التنمية الصينية منذ الإصلاح والانفتاح بوصفها "تنمية شمولية غير متوازنة"، ما يساهم في معرفة أسباب المشكلات عن طريق خصائص التنمية الاقتصادية ومراحل تقدمها، وجمع الخبرات وتلخيص الدروس المستفادة من نموذج التنمية ذلك، لنتمكن من إيجاد طريق لحل المشكلات، وفهم اتجاه التغير الآتي، واستكشاف نموذج تنمية مستقبلي أكثر شمولية.

---

(1) فريق "استقصاء شامل للأوضاع الاجتماعية في الصين" بأكاديمية العلوم الاجتماعية الصينية: "تقرير استقصائي حول حياة الشعب والتمدن في الصين في 2011م"، "تحليلات وتنبؤات حول الأوضاع الاجتماعية في الصين في 2012م" رؤساء التحرير: روشين ولو شوييه يي ولي بيلين، طبعة 2012م، صفحة 120.

(2) راجع Assar Lindbeck, Economic social Interaction in China, Economics of Transition, vol 16 (1), 2008, pp. 113-139، ون جيا باو: "عدة مسائل بشأن تنمية المجتمع وتحسين معيشة الشعب"، "البحث عن الحقيقة" 2010 العدد السابع.

لخص خبراء الاقتصاد منذ زمن -وفقا لما يظهر من العلاقة بين النمو الاقتصادي وتوزيع الدخل في كثير من الدول والمناطق حول العالم- نموذجين؛ الأول "النمو أولا، ثم التوزيع"، ويشير إلى غض الطرف في المرحلة الأولى من التنمية الاقتصادية عن اتساع فجوة الدخل وعدم ظهور الحكومة لحل مشكلة اتساع فجوة الدخل الزائد عن الحد حتى يصل الدخل الكلي إلى مستوى معين "كمنحنى كوزنتس". والثاني "النمو والتوزيع جنبا إلى جنب"، أي تأكيد الحفاظ على فجوة دخل صغيرة عن طريق تصميم السياسات وبناء الأنظمة جنبا إلى جنب مع النمو الاقتصادي.

وبصفة عامة يثني الباحثون ثناء عاليا على النموذج الأخير ويوصون باتباعه، أدخل الباحثون وصانعو السياسات اللاحقون الحماية الاجتماعية في هذا النموذج، وقاموا بقياسه بمستوى الدخل ودرجة تكافؤه، وبمؤشر الشعور بالسعادة، ومؤشر الشعور بالأمن، وشكلوا ما يسمى نموذج تنمية شمولية أو نموذج تنمية تشاركية. في الواقع، بالنظر إلى سرعة نمو دخل جميع السكان وارتفاع مستوى تغطية الحماية الاجتماعية وجودة الحياة نجد أن أداء الصين في أكثر من ثلاثين سنة مضت يساوي إنجازات الدول المتقدمة قديما في مئات السنين، وتتوافق إجمالا مع معايير نموذج التنمية الشاملة فيتولد الشعور العام بعدم الرضا لإدراك بين الواقع والمأمول.

لا يأتي توقع الناس بتحسن جودة الحياة وحتى الشعور بالسعادة والأمان من خلال المقارنة بالمستوى الذي تمتعوا به من قبل فحسب، بل يأتي أيضا من المقارنة بين سرعة التنمية الاجتماعية وسرعة النمو الاقتصادي. كلما زادت سرعة النمو الاقتصادي ارتفع مستوى التوقع بتقدم التنمية الاجتماعية، وتشكل بسهولة حكما غير متزامن بين التنمية الاقتصادية والتنمية الاجتماعية، وتشكل حكما بضرورة تزامن التنمية الاقتصادية التنمية الاجتماعية، وتبرز القضايا التي يواجهها المجتمع.

إن سرعة النمو الاقتصادي الصيني أمر نادر الحدوث في تاريخ الاقتصاد العالمي. لكن التنمية الاجتماعية ركدت بالتزامن مع النمو الاقتصادي السريع، كما ظهر ظلم وعدم توازن في المشاركة، فعزز بطبيعة الحال شعور الناس بعدم الرضا. لذلك ينسب بعضهم حدوث تناقضات اجتماعية كثيرة إلى المبالغة في

توقعات عامة الشعب، بل رأوا أن السياسة التي ترضي هذه التوقعات تتسم بالشعبوية. لكن يبدو ذلك منطقيا وعقلانيا لأن طموحات جماهير الشعب وتطلعاته لحياة أفضل تتوافق مع سرعة التنمية الاقتصادية ومستواها، ولذلك أيضا يجب عدم التوقف عن إرضائهم، إذ لا سبيل إلى تخفيف حدة التناقضات في المجتمع بتخفيض سقف التوقعات.

تتطلب التنمية الاجتماعية غالبا مدة أطول ونظاما أكثر تعقيدا بالمقارنة مع النمو الاقتصادي، لذلك لا مفر من تأخر التنمية الاجتماعية في ظل النمو الاقتصادي فائق السرعة. لكن لا يمكن مطلقا أن يعد ذلك ذريعة لتقبل عدم كفاية التنمية الاجتماعية، خاصةً أن مستوى التنمية الاجتماعية وبيئة الأنظمة المتعلقة بها هما في جوهرهما شرطان لا بد منهما لاستدامة النمو الاقتصادي.

وفقا لحساب متوسط نصيب الفرد من الناتج المحلي الإجمالي دخلت الصين الشريحة العليا من الدول متوسطة الدخل. وبالنظر إلى مرحلة التنمية الاقتصادية نجد أن عدم التوافق بين التنمية الاجتماعية والتنمية الاقتصادية يبرز يوما بعد يوم، ومن جهة أخرى، تتزايد حاجة النمو الاقتصادي المستقبلي للتماسك الاجتماعي أكثر فأكثر. إن مستوى المشاركة هو هدف ونتيجة لتزايد حجم الكعكة، وهو أيضا شرط اجتماعي وضمان مؤسسي له.

الباب الثاني

التنمية أولوية مطلقة

تشابهت بالصدفة تعهدات القادة السياسيين في الكثير من الدول النامية بتحسين معيشة الشعوب على نطاق واسع استجابةً لتوقعاتهم الواسعة. لكن بلا نمو اقتصادي جوهري يكون تحسين معيشة الشعب كماء بلا نبع أو شجرة بلا جذور، ولن تتحقق هذه الوعود في النهاية. ارتفع مستوى معيشة الشعب الصيني ارتفاعا ملحوظا خلال أكثر من 30 عاما مضت، ويتوقف ذلك في النهاية على إنجازات التنمية الاقتصادية المثمرة. ويعد ذلك شرحا وافيا لكلمة دنغ شياو بينغ الشهيرة "التنمية أولوية مطلقة". وعلاوة على ذلك، فقد اكتسبت التنمية بفضل التطبيق الصيني مفاهيم جديدة باستمرار، وجاء مفهوم التنمية العلمية بإنجازات مثمرة.

الفصل الأول

المنظر هنا رائع

زار دنغ شياو بينغ إحدى شركات البلدات في مطلع ربيع 1992م خلال عملية التفتيش في الجنوب التي سجلتها الكتب التاريخية، وعندما سمع أن هذا المصنع الصغير الذي لم يكن اسمه معروفا، تضاعف إنتاجه 16 ضعفا في سبع سنوات، وصُنف الأول على مستوى الصين، وصدّر منتجاته إلى بعض دول جنوب شرق آسيا، قال فرحا: "سيتقدم وطننا بالتأكيد، وإلا سيجور علينا الآخرون. إن التنمية أولوية مطلقة". تكررت تلك الجملة الأخيرة على الألسن، وما زالت منتشرة إلى الآن. مع أن هذه "الأولوية المطلقة" أثارت الشكوك أيضا من قبل، لكن في يومنا الحالي بعد أكثر من عشرين سنة تنكشف هذه الأولوية المطلقة وتَثبُت مرارا وتكرارا، سواء بحياة الشعب الصيني الحالية أو بما تدل عليه الإحصائيات.

يوجه المجتمع الدولي، وخاصة الباحثين، نقدهم الحاد لاعتبار الناتج المحلي الإجمالي GDP مقياسا للنمو الاقتصادي، لكن وبرغم جهود خبراء الاقتصاد والإحصاء فلا يوجد حتى الآن مؤشر بديل أكثر شمولا من GDP قادر على إظهار أداء التنمية الاقتصادية بصورة أفضل. لذلك عندما نرصد إنجازات النمو الاقتصادي الصيني منذ الإصلاح والانفتاح فلا بد من الاستعانة بنسبة نمو GDP، لعقد مقارنة أفقية وأخرى رأسية.

سنقارن بين النمو الاقتصادي الصيني خلال تلك الفترة وبين ثلاث مجموعات مختلفة من الدول وفقا لإحصائيات نسب نمو GDP السنوي في الفترة من 1980 حتى 2011 في جميع دول العالم التي أجراها البنك الدولي. يمكن خلال المقارنة التعرف بشكل أفضل على مسيرة النمو الاقتصادي الصيني السريع ونتائجه عن

طريق رصد النمو الاقتصادي لجميع الكيانات الاقتصادية والقصة وراء كل نمو.

إن لمقارنة أداء النمو طويل الأجل منذ الإصلاح والانفتاح في بر الصين بالأداء في كوريا وسنغافورة وهونغ وكونغ مغزيين مهمين، الأول هو إشارة التحذير والمثل الحي اللذان تقدمهما الكيانات الاقتصادية المجاورة. أجرى قادة الحزب والدولة بمن فيهم دنغ شياو بينغ في أواخر سبعينيات القرن العشرين ومطلع الثمانينيات سلسلة استطلاعات للتعرف على أوضاع الدول المتقدمة والدول والمناطق المجاورة حينما قامت الصين بذلك التخطيط الاستراتيجي المهم المتمثل في تحويل مركز عمل الحزب إلى البناء الاقتصادي، وأدركوا جيدا تخلف الصين الاقتصادي، وشعروا بضرورة اللحاق قدر المستطاع بركب القوى الغربية بل والتفوق عليها في وقت قصير. وقع أمران عندما زار دنغ شياو بينغ اليابان في 1978 عكسا تأثره بالتخلف الاقتصادي، وعزمه على رفع مستوى معيشة الشعب الصيني. وكما قال فو قاو يي فقد قال دنغ شياو بينغ لمضيفه فور نزوله من السيارة إن أحد أهداف مجيئه هو هدف الكيميائي شو فو وهو البحث عن "إكسير الحياة" كما فعل شو فو، ويقصد البحث عن سر كيفية تحقيق التحديث. عندما ركب "شينكانسن"[1]، لم يتمالك نفسه وقال دون وعي: "سريع! سريع حقا!"، والمقارنة مع المناطق المجاورة هي بلا شك مصدر رأي دنغ شياو بينغ القائل "إن الفقر ليس اشتراكيا".

ومن جهة أخرى، فإن تجارب هذه الدول والمناطق المجاورة التي تتشابه نقاط انطلاقها التاريخية مع الصين الناجحة تعطي الصينيين ثقة في إمكانية اللحاق بركب الآخرين والتفوق عليهم، كما تقدم لهم تعليمات ملهمة نافعة. في الواقع تعد تجارب هذه الدول والمناطق مرجعا مهما لوضع استراتيجية "تربيع الإنتاج"، واستراتيجية "التنمية بثلاث خطوات" في مطلع ثمانينيات القرن العشرين.

هناك ذكرى لا تنسى أبدا مرتبطة بهونغ كونغ. في فترة الاقتصاد المُخطط، أعاقت الحركات السياسية والأنظمة الجامدة في بر الصين، النمو الاقتصادي وارتفاع مستوى معيشة الشعب. وما يقابل ذلك بوضوح هو ارتفاع مستوى

(1) شبكة القطارات فائقة السرعة في اليابان.

المعيشة في هونغ كونغ، أحد "النمور الآسيوية الأربعة" المعروفة عالميا، بعد نجاحها في الإقلاع الاقتصادي. تبين هذه المقارنة أن بر الصين الذي لم يكن قد تخلص آنذاك من الفقر بعد، لم يُظهر أي تفوق في نظام "الاشتراكية" في منافسته الاقتصادية مع هونغ كونغ الرأسمالية.

عبَرَ الحدود في ذلك الوقت، الكثير من سكان مقاطعة قوانغدونغ بطريقة غير مشروعة، فكان ما يعرف بظاهرة "الهروب من هونغ كونغ". وفقا لإحصائيات قوانغدونغ غير المكتملة فإن واقعة "الهروب من هونغ كونغ" التي نصت عليها السجلات المحلية نصا صريحا من 1954 إلى 1980م شملت 565 ألف فرد[1]. ومن ثم تعد مقارنة سرعة التنمية في بر الصين منذ الإصلاح والانفتاح بهونغ كونغ مقارنة عميقة المغزى.

المغزى الآخر لهذه المقارنة هو أن مناطق كوريا وسنغافورة وهونغ كونغ عرفت لاحقا بـ "معجزة شرق آسيا"، وأنها سميت مع تايوان "النمور الآسيوية الأربعة" التي حققت تقدما اقتصاديا خارقا وكانت في وقت من الأوقات منطقة أسرع نمو اقتصادي في العالم. وبالإضافة إلى ذلك فهناك الكثير من أوجه التشابه بين هذه الكيانات الاقتصادية وبر الصين من حيث التقاليد الثقافية والبيئة الجغرافية والموارد إذ تقع جميعها في شرق آسيا، لذلك فالمقارنة بذلك تُبرز أداء النمو الاقتصادي لاحقا في بر الصين.

وفقا لحسابات البنك الدولي الإحصائية ففي الفترة من 1980 إلى 2011 بلغ متوسط نمو الناتج المحلي الإجمالي السنوي في الصين 10%، وفي كوريا 6.2%، وفي سنغافورة 6.8%، وفي هونغ كونغ الصينية 4.9%، وبوجهة نظر عالمية يبدو أن أداء النمو في هذه الكيانات الاقتصادية الآسيوية ما زال مقبولا إلى حد ما. لكن سرعة النمو الاقتصادي في هذه الكيانات الاقتصادية التي دخلت مرحلة الدخل العالي لا يمكن بالطبع مضاهاتها بسرعة نمو اقتصاد الصين التي تحاول اللحاق بركب القوى الغربية.

---

(1) نقلا من موسوعة بايدو عن "الهروب من هونغ كونغ"،
Http://baike.baidu.com/view/4136252.htm

كانت اليابان والولايات المتحدة الأمريكية والمملكة المتحدة في ذلك الوقت تمثل الدول المتقدمة، كما كانت مركز الصناعة العالمية على مر التاريخ. كانت الولايات المتحدة واليابان خصوصًا من الدول التي تدخل في نطاق إحصاءات البنك الدولي، واحتلتا المركزين الأول والثاني عالميا من حيث الناتج الاقتصادي الإجمالي. لذلك تعد مقارنة أداء النمو الاقتصادي الصيني مع هذه الدول الغنية رصدًا أوضح لسمات مرحلة اللحاق بركب القوى الغربية والتفوق عليها التي يمر بها الاقتصاد الصيني.

بلغ متوسط النمو السنوي في الفترة من 1980 إلى 2011 في اليابان والولايات المتحدة والمملكة المتحدة 2.1% و2.7% و2.3%. ولأنها في مرحلة النمو الكلاسيكي الحديث، فقد اعتمدت كل خطوة نمو جوهري اتخذتها هذه الكيانات الاقتصادية المتطورة عالية المستوى على التقدم التقني وزيادة الإنتاج، ولا بأس مطلقا بهذه السرعة في النمو التي تمكنت من تحقيقها أجلاً طويلا. لكن بعد 1990م لم يتجاوز متوسط نسبة النمو الاقتصادي السنوي في اليابان 0.86%، ودخلت "العقدين الضائعين"، ولها في ذلك أسبابها الخاصة، سنوضحها في هذا الكتاب في أبواب أخرى.

ميّزت مجموعة غولدمان ساكس في 2003م، من حيث الحجم الوطني وأداء النمو، الدول الأربع: البرازيل وروسيا والهند والصين، التي أثرت في الاقتصاد العالمي تأثيرا مهما وأولاها المستثمرون اهتماما خاصا، بلقب "دول البريكس الأربع". اتفقت دول البريكس في 2010م في قبول انضمام جنوب إفريقيا إلى آلية تعاون دول البريكس. وتمثل دول البريكس الخمس حاليا الكيانات الاقتصادية الناشئة المهمة. إلا أن النمو الاقتصادي في الصين أكبر كثيرا منه في دول البريكس الأخرى؛ فقد وصل متوسط النمو السنوي في الفترة من 1980م إلى 2011م في جنوب إفريقيا والبرازيل والهند 2.3%، و2.6%، و6.2%، بل تعرضت هذه الدول أثناء الأزمة المالية العالمية في 2008م و2009م إلى صدمة أكبر، ولم يعد الوضع فيها مستقرا كما كان.

ليس هذا فحسب، بل إن الكثير من المحللين والمستثمرين غير متفائلين بأداء النمو طويل الأجل في هذه الكيانات الاقتصادية، وذلك بسبب المشكلات

الاجتماعية في جنوب إفريقيا التي تتمثل إحداها في الاضطرابات العمالية، والبنية التحتية المتخلفة للغاية ونقص رأس المال البشري في الهند، واعتماد البرازيل بصورة زائدة عن الحد على تصدير المنتجات الأولية والذي أبرز اتجاه "تخفيض التصنيع".

تقبل المجتمع الدولي أيضا تسمية بعض الدول، كيانات اقتصادية تحولت من الاقتصاد المخطط إلى اقتصاد السوق، وتشمل الصين وفيتنام في آسيا، والاتحاد السوفيتي السابق ودول أوروبا الشرقية. لذلك يمكن أن نقارن أداء النمو في الصين بأداء روسيا وبلغاريا ورومانيا. ولأن الإصلاح في الدول الأخيرة بدأ متأخرا، واتخذ في الغالب طريقة الإصلاح الراديكالي، ومر بفترة هبوط حاد في النمو الاقتصادي، لم يكن الأداء العام خلال الثلاثين عاما الماضية مرضيا.

يمكن أن نصف هذه الدول التي أعادت هيكله اقتصادها من الاقتصاد المخطط إلى اقتصاد السوق بمسار النمو L، ما يعني أن إعادة الهيكلة الاقتصادية أدت إلى ركود حاد، وبدأ الناتج المحلي الإجمالي نموا سلبيا لسنوات طويلة، ولم يكن الانتعاش اللاحق قويا بما يكفي. فقد بلغ متوسط نسبة النمو السنوي في الفترة من 1980 إلى 2011 في بلغاريا ورومانيا 1.7% و1.0%، ولم يتجاوز متوسط النمو السنوي من 1990 إلى 2011 في روسيا 0.4%.

يتضح بعقد المقارنة سواء في الصين نفسها قبل الإصلاح والانفتاح أو في الكيانات الاقتصادية التمثيلية المختلفة أن النمو الاقتصادي السريع الذي حققته الصين خلال أكثر من 30 سنة مضت يمكن أن يسمى معجزة. لذلك يفضل الصينيون والأجانب استخدام قول "فرع فريد" أو "المنظر هنا فريد" لوصف ذلك الأداء البارز للنمو الاقتصادي الصيني. لا يمكن لأحد إنكار أن بدون هذا النمو في الناتج الاقتصادي الإجمالي فلا سبيل لتمتع 135 مليون صيني بمستوى المعيشة الحالي، ولا سبيل لامتلاك القوة الوطنية الشاملة "ذات الطموحات التي تطال عنان السماء" التي يجسدها الاقتصاد الثاني عالميا.

الفصل الثاني

نظرية انهيار الصين

كمعجزة النمو الاقتصادي الصيني التي أذهلت العالم، علا صخب الآراء التي أثارت الشكوك في هذه المعجزة، وكانت النبوءات بتدهور الصين بعد دحضها مرة بعد أخرى تعود بين حين وآخر لتثير الغبار من جديد. دائما ما يسمى علم الاقتصاد "علم الاكتئاب"، وأحد أسباب ذلك أن علم الاقتصاد يمثل دوما نذير شؤم في التطلعات الاقتصادية، ويكشف مستقبل الاقتصاد الذي لا يراه، أو يأبى أن يراه الإنسان العادي. مِن خبراء الاقتصاد مَن يمارس هذا العلم المتفائل الذي ينشر الأخبار السارة، ومنهم مَن لا يخشى استياء الجماهير وينشر أخبارا سيئة باستمرار، ولكلٍ في ذلك غرضه الخاص.

عندما فاز الاقتصادي الأمريكي بول كروغمان في 2008 بجائزة نوبل في الاقتصاد، بالغت بعض وسائل الإعلام في ردة فعلها كثيرا فادعت أنه تنبأ بحدوث أزمة مالية آسيوية في 1997- 1998. وبرغم غياب الأدلة الكاملة والمقنعة على هذا القول، فإن كروغمان اشتهر بالفعل بشكوكه فيما يسمى "المعجزة الاسيوية" وبنقده نموذج الاقتصاد الشرق-آسيوي. وإذا نظرنا للمشكلة بمنطق "لا يقضي على الشيء إلا عيوبه"، فقد نفهم أنه رأى فعلا عيوب النموذج الشرق آسيوي والمخاطر الاقتصادية الكامنة فيه. لذلك ربما تكون وجهة نظره غير صحيحة تماما، لكن لا مانع مع ذلك مطلقا من أن تصدق الدول المعنية قوله، فذلك خير لها من التكذيب.

فمثلا بعد شكوك وانتقادات كروغمان وغيره في معجزة النمو في سنغافورة، وجدل خبراء الاقتصاد الكبير حول نموذج النمو الاقتصادي في شرق آسيا وإنتاجية العوامل الكلية، لم تعترف حكومة سنغافورة مع ذلك مطلقا بانتقادات خبراء

الاقتصاد لنموذج النمو، لكنها في النهاية أدركت أهمية إنتاجية العوامل الكلية على دوام النمو الاقتصادي، لذلك حددت مؤشر الإنتاجية، هذا المؤشر المعقد، كهدف وطني، وبينت ضرورة الزيادة بنسبة 2% سنويا. ربما لهذا السبب استطاعت التنمية الاقتصادية في سنغافورة في نهاية المطاف ألا تحوّل تنبؤات الاقتصاديين إلى واقع.

لكن بعض الباحثين بعد ثبوت خطأ هذه التنبؤات واحدا تلو الآخر ما زالوا مصرّين على فعل الشيء نفسه، الأمر الذي يثير الشكوك كأمر الصبي الراعي الذي ادّعى قدوم الذئب. وإن أكثر ما يمنع الاستجابة لهذه التنبؤات أنها نقد غير بناء بالمرة، فذلك نقد من أجل النقد.

أما بخصوص مستقبل الاقتصاد الصيني، فلطالما كانت هناك "نظرية انهيار الصين"، وأشهر القائلين بها الباحث الصيني أمريكي الجنسية جوردون تشانغ. وقع في 2001[1]، العام الذي نشر فيه جوردون النسخة الإنجليزية من كتابه الأكثر مبيعا "انهيار الصين الوشيك"، حدثان كان لهما تأثيرات تاريخية بعيدة المدى، الأول أمر سار، وهو قبول الصين كعضو في WTO، والآخر أمر سيء، هو قيام عناصر إرهابية بخطف طائرات مدنية وتوجيهها لتصطدم ببرجي مركز التجارة العالمي في نيويورك في 11 سبتمبر. جمع جوردون في كتابه هذين الحدثين وكل ما يخصهما، فأصبح مادة تبرهن على نقده اقتصاد الصين.

يتمثل منطقه إجمالا في الآتي: أن نمو اقتصاد الصين كان وما زال في خطر، فمع أنه حقق في وقتٍ ما، نموا سريعا، لكن هناك العيوب المؤسسية التي لا تستطيع الصين التغلب عليها كفساد موظفي الحكومة وانخفاض فعالية المؤسسات المملوكة للدولة. لم يعد النمو الصيني مستداما بعد أن انضمت الصين إلى WTO وأصبح لا مفر من المنافسة في نطاق أكبر، وبعد ركود اقتصاد الولايات المتحدة وغيرها من الدول الغربية بعد أحداث 11 سبتمبر، لم يعد الطلب الخارجي كافيًا ليكون قوة جاذبة للنمو الاقتصادي، ولذلك يمكن جدا توقع الانهيار.

---

(1) للنسخة الإنجليزية راجع Gordon Chang, The Coming Collapse of China, New York: Random House, 2001، وللنسخة الصينية راجع "انهيار الصين الوشيك" لجوردون تشانغ، شركة يايان المساهمة للنشر الثقافي طبعة 2003/2002.

ثَبُت كذب النبوءات المرعبة في هذا الكتاب بعد 10 سنوات من نشره. وعلاوة على ذلك، ولأن الكاتب كشف عن أحكام أيديولوجية مسبقة ومشاعر قوية ضد الصين، و لم تكن مصادر الكثير من البيانات موثوقا فيها على الإطلاق، فقد كان المصفقون لهذا الكتاب من بين الباحثين الجادين يعدون على أصابع اليد الواحدة. سيوضح الكتاب من جميع الزوايا في أبواب لاحقة لماذا يكشف الواقع أخطاء جوردون مراعاة لشعوره. والممتع في الأمر أن الكاتب الذي استقال من "وعاء الأرز الحديدي" ليمارس مهنة الكتابة اعترف أن ثمن خطأ كبير في تقديراته. لذلك سيرى الناس جوردون يعلي صوته مرة بعد مرة، ويواصل التعرض بما يسيء للاقتصاد الصيني، ويبذل جهودا مضنية من أجل "نظرية انهيار الصين" التي يتزعمها.

تمر أي دولة في مسيرة التنمية الاقتصادية بمراحل مختلفة، وتظهر بكل مرحلة صعوبات مختلفة يجب التغلب عليها. فمثلا مع التغيرات الطارئة في مرحلة التحول الديمغرافي، بعدما حققت نموا اقتصاديا سريعا في أكثر من 30 عاما بالاستعانة بالعائد الديموغرافي، دخلت الصين مرحلة جديدة من التحول الديموغرافي توقفت فيها زيادة عدد السكان ممن هم في العمل، ومن ثم استقبلت مرحلة تنمية اقتصادية جديدة اتسمت بارتفاع تكاليف العمالة واختفاء العائد الديموغرافي، و لم يكن هناك بد من مواجهة تحديات جديدة، يجب معها تسريع تحول مصادر النمو الاقتصادي من النموذج السابق المعتمد على إدخال العناصر إلى النموذج المحرك الجديد المعتمد على تقدم التقنيات وارتفاع القدرة الإنتاجية.

كشف الباحثون في ظل هذه التحديات المشكلات الموجودة، ودمجوا بين التجارب والدروس المستفادة من الصين والخارج في الماضي والحاضر، وحذروا الجماهير، وقدموا اقتراحات سياسية لواضعي السياسات، وهو ما يجب أن يلقى ترحيبا بلا شك. يواكب السيد جوردون تشانغ العصر، واستنتج من الاتجاهات السكانية أن الصين تواجه هذه التحديات، ولذلك مغزى بلا شك، مع أنه ليس الوحيد، أو الأول. لكني قلق حقا من أن يرتكب خطأ آخر كخطأ "قدوم الذئب" بتأكيده أن الصين ستحل محل ميشيغان الأمريكية، وتصبح ممثل "حزام الصدأ".

واقتراحي هو: إن أردنا التعليق على قضية السكان، خاصة مسألة العلاقة بين السكان والنمو الاقتصادي، يجب على الأقل أن نفهم نظرية التحول الديمغرافي وتجربة العائد الديمغرافي. لذلك سنبدأ في الفصل القادم مناقشة هذه القضية. يشير مصطلح "حزام الصدأ" غالبا إلى تراجع مركز الصناعة القديم في شمال شرق الولايات المتحدة الأمريكية في إعادة الهيكلة الصناعية. عكست هذه الظاهرة حتمية تغير الأفضلية النسبية وتأثيره، وهناك خلفها الكثير من القوانين العادية والظواهر الخاصة التي يجب تعميق البحث فيها، ولا يمكن شرحها شرحا وافيا في مقال أو اثنين. وسنقدم في الأبواب اللاحقة إجابات أكثر دقة من إجابات جوردون.

الفصل الثالث

مصادر النمو حتى الآن

أشار أحد تقارير مؤسسة "راند"، إلى أن العائد الديمغرافي يتحقق عن طريق زيادة الإمداد بالعمالة، وزيادة الادخار، وزيادة إدخال رأس المال البشري، ورفع معدل العائد عليه. استفاد النمو الاقتصادي الصيني كثيرا من العائد الديمغرافي طوال فترة تنمية الاقتصاد الثنائي منذ الإصلاح والانفتاح. وقد توافق ذلك -من جهة- مع توقعات النظريات الاقتصادية، واتسم -من جهة أخرى- بخصائص صينية، كما يمكن إثباته بالإحصاءات. يمكننا بالحديث عن مصادر النمو الاقتصادي من الجوانب التالية معرفة كيف حققت البنية السكانية الصالحة التي أنتجها التحول الديمغرافي عائدا ديمغرافيا في النمو الاقتصادي الصيني.

أولا: وفر الانخفاض المستمر في نسبة إعالة السكان أساسا سكانيا لتكوين رأس المال في النمو الاقتصادي السريع، وساهم في حفاظ الاقتصاد الوطني على معدلات ادخار عالية. كانت نسبة الادخار الصيني، أي نسبة تكوين الممتلكات الثابتة إلى الناتج المحلي الإجمالي، عالية جدا في فترة الاقتصاد المُخطط، واستمرت في الارتفاع خلال فترة الإصلاح، حتى وصلت إلى مستوى غير مسبوق في السنين العشر الأولى من القرن الحادي والعشرين. ارتفعت القيمة الاسمية لهذه النسبة في الفترة من 1995 إلى 2010 من 32.9% إلى 69.3%، أي أكثر من الضعف. وإذا صححنا الناتج المحلي الإجمالي وقيمة تكوين رأس المال الثابت كلاًّ على حدة وفقا لمؤشر الأسعار، فلأن مثبّط الناتج المحلي الإجمالي أكبر من مؤشر أسعار الأصول الثابتة، سيكون مجال ارتفاع هذه النسبة أكبر، كما سترتفع المستويات المطلقة.

بالإضافة إلى ذلك، فقد منع الإمداد الكافي بالعمالة في فترة محددة، ظهور الإنتاجية المتناقصة في رأس المال المدفوع. أُسست نظرية النمو الكلاسيكية الحديثة

على قانون الإنتاجية المتناقصة، بشرط افتراض نقص العمالة. إن هذا الافتراض بلا شك ضروري لفهم الكيانات الاقتصادية الغربية المتطورة، لكنه لا يناسب واقع الصين. لذلك كانت معدلات العائد على رأس المال في الصين مرتفعة جدا خلال فترة زمنية طويلة بسبب الإمداد غير المحدود بالعمالة. ولهذا عند تحليل مصادر النمو الاقتصادي، تكون معدلات الادخار ومعدلات عائد رأس المال المرتفعة عنصرين يمثلان نسبة الربح الحدي في رأس المال المدفوع.

ثانيا: كان السكان ممن هم في سن العمل في زيادة مستمرة، ما ضمن الإمداد الكافي بالعمالة، وتفوقت الصين -مع ارتفاع نسبة تلقي التعليم بين العاملين- تفوقا بارزا في الحفاظ على انخفاض تكلفة العمالة من النوعية نفسها خلال مشاركتها في مسيرة العولمة الاقتصادية. أو بقول آخر، لم تتجسد ميزات الصين التنافسية خلال فترة طويلة في العمالة الغنية وانخفاض تكاليفها فحسب؛ بل كانت نوعية عمالتها أعلى من نوعية العمالة في الدول النامية الأخرى.

على سبيل المثال في 2005 كان متوسط سنوات الدراسة للسكان الذين في سن العمل أعلى بنسبة 33% من الهند. حيث يساهم ارتفاع مستوى تلقي التعليم في رفع إنتاجية العمل. يوضح تحليل المؤسسات الصناعية في الصين أن سنوات الدراسة كلما زادت سنة ارتفعت إنتاجية العمل بنسبة 17%. تمتعت الصين زمنا طويلا بفضل هذه الميزة المزدوجة المتمثلة في وفرة العمالة وجودتها بأفضلية في تكلفة العمالة[1]. تجلت الآثار الإيجابية لهذه العوامل في النمو الاقتصادي في زيادة مدخلات العمل وتراكم رأس المال البشري وغيرها من المتغيرات في دالة الإنتاج.

ثالثا: لأن القرى تخلفت عن المدن في التحول الديمغرافي، كما تراكمت عمالة ريفية فائضة كبيرة جدا خلال فترة الاقتصاد المخطط، فقد خرجت جماعات كبيرة منها، وخلقت كفاءة إعادة توزيع الموارد في عهد الإصلاح بانتقال العمالة من القطاعات منخفضة الإنتاجية إلى القطاعات مرتفعة الإنتاجية، والذي أصبح

---

(1) راجع "دراسة بعض المسائل المتعلقة بإصلاح التعليم واستراتيجيات التنمية في الصين" لتساي فانغ، ودو يانغ، ووانغ ده ون، نقلا عن "التقرير العاشر عن السكان والعمل في الصين - رفع مستوى إصلاح التعليم لرأس المال البشري"، طبعة 2009، صفحة 1- 26.

مصدرا رئيسا في ارتفاع إنتاجية العوامل الكلية خلال هذه الفترة. وإذا حللنا إنتاجية العوامل الكلية بوصفها فائضا يمكن إخراج هذا الجزء المساهم، أي كفاءة إعادة توزيع الموارد.

أظهر تحليل قياسي قديم أن نسبة مساهمة انتقال الأيدي العاملة من الزراعة إلى المجالات الأخرى خلال 1978- 1998 في النمو الاقتصادي وصلت إلى 21%، ويمكن أن يُنظر إلى بقية النسبة غير المبررة من هذا التحليل على أنها عامل التقدم التقني في إنتاجية العوامل الكلية، ونسبة الربح 3% فقط[1].

رابعا: العائد الديمغرافي الناتج عن التحول الديمغرافي لا يمكن أن تلخصه بالكامل المتغيرات السابق ذكرها. إحصائيا إذا اعتبرنا نسبة إعالة السكان متغيرا نائبا (متغير التوكيل proxy variable) سائدا للعائد الديمغرافي يمكن اعتبار مساهمته في النمو الاقتصادي عائدا ديمغرافيًا خالصا، أو فائض عوامل متعلقة بالعائد الديمغرافي. تُظهر وثائق اقتصادية قديمة أن التحليلات القياسية للعوائد الديمغرافية التي أجريت سواء على الصين أو على الدول والمناطق الأخرى قد اختار أغلبها نسبة إعالة السكان، أي نسبة السكان المعالين (أقل من 15 سنة وأعلى من 65 سنة) إلى السكان المنتجين (15- 64 سنة)، لتكون متغيرا نائبا عن العائد الديمغرافي.

على سبيل المثال، اتخذ الاقتصادي الأمريكي أوليفر وليامسون نسبة إعالة السكان متغيرًا، وقدّر نسبة مساهمة العائد الديمغرافي في النمو الاقتصادي في شرق آسيا خلال 1970م- 1995م بحوالي رُبع إلى ثُلث. كما أجرى تحليلاته باستخدام بيانات النمو الاقتصادي والبنية السكانية في أوروبا وأمريكا الشمالية خلال 1870- 1913م، ووجد أن معدل نمو متوسط نصيب الفرد من GDP في العالم الجديد أفضل منها في جزء من العالم القديم، ويمكن تفسير كل ذلك تقريبا بنسبة الإعالة المنخفضة[2].

---

(1) تساي فانغ، وانغ ده ون: "استدامة النمو الاقتصادي الصيني ومساهمة العمالة"، جريدة "أبحاث اقتصادية" 1999م العدد العاشر.

(2) Jeffrey Williamson, Growth, Distribution and Demography: Some Lessons from History, NBER Working Paper Series, No.6244, 1997.

يمكن باستخدام طريقة تتابع الإنتاج أن نحاول تحليل النمو الاقتصادي الصيني منذ مطلع ثمانينيات القرن العشرين، لرصد مساهمة جميع العوامل في النمو الاقتصادي خلال فترة الإصلاح والانفتاح. وبالنسبة إلى هذه العوامل التي يمكنها نظريا المساهمة في النمو الاقتصادي، اخترنا تكوين رأس المال الثابت، وعدد العاملين في المجتمع بالكامل، وسنوات دراسة العاملين، ونسبة إعالة السكان، والفائض، بوصفها متغيرات، تمثل بالترتيب مساهمة رأس المال، والعمالة، ورأس المال البشري، والعائد الديمغرافي، وإنتاجية العوامل الكلية في معدل نمو GDP. ومن ثم يمكن بتحليل آخر رصد، حجم الأجزاء الآتية من كفاءة إعادة تخصيص الموارد الناتجة عن انتقال العمالة في المساهمة في إنتاجية العوامل الكلية.

يمكننا عرض نتيجة هذا التحليل بطريقتين، أولا: إذا نظرنا إلى نتيجة التحليلات القياسية الدقيقة[1]، لوجدنا أن معدل مساهمة رأس المال في نمو GDP خلال 1982- 2009م قد بلغ 71%، ومعدل مساهمة العمالة 7.5%، ومعدل مساهمة رأس المال البشري 4.5%، ومعدل مساهمة نسبة إعالة السكان 7.7%، ومعدل مساهمة إنتاجية العوامل الكلية 99.6%. ويقدر نموذج آخر أن 47.1% تقريبا من مساهمة إنتاجية العوامل الكلية هي كفاءة إعادة توزيع الموارد الناتجة عن انتقال العمالة.

ثانيا: يمكن أيضا بناء على نتائج التحليلات القياسية المختلفة توضيح أكثر بساطة وإيجازا بالرسوم التخطيطية، ما يعني إجمالا أنه يمكن رؤية مختلف مصادر النمو الاقتصادي، والإسهامات التي أسهمت بها في تحقيق النمو السريع في GDP، الذي يعد معجزة الاقتصاد الصيني خلال مرحلة الإصلاح والانفتاح.

---

(1) CaiFangandZhaoWen, WhenDemographicDividendDisappears: GrowthSustain AbilityofChina, inMasahikoAokiandJinglianWu (eds) TheChineseEconomy: Sitions, Basingstoke: PalgraveMacmillan, 2012. ANewTran

الفصل الرابع

نحو تنمية علمية

لقد ثُبت أن مقولة "التنمية أولوية مطلقة"، خطأ في حد ذاتها. لكن وجهة النظر تلك مع أنها تقتصر فقط على أقلية من البشر، فإن وجودها له ما يقابله. وبقول أكثر تحديدًا، يرى هؤلاء ويشغلون فكرهم بالاتجاه نحو وضع GDP في مركز القيادة الذي ظهر في الاقتصاد الصيني، وبخاصة أن هذا الاتجاه يعبر عن أن الحكومات المحلية تَعد نمو حجم الاقتصاد الكلي مركز العمل الاقتصادي، بل تعده الهدف الوحيد، ولا تدخر جهدًا في السعي إلى زيادة حجم GDP الكلي، حتى ظهرت من جديد مشكلات خطيرة في التنمية الاقتصادية، فأصبحت غير متوازنة، وغير منسقة، وغير مستدامة. يمكن تلخيص المشكلات القائمة في التنمية الاقتصادية في ثلاثة جوانب أساسية، يتمثل الأول في عدم التناسق بين التنمية الاقتصادية، وبين البيئة والموارد. إن الصراع بين الحفاظ على سرعة نمو عالية وبين محدودية الموارد وحدود تسامح حد احتمال، قائم منذ زمن طويل. إن الإنتاج المعتمد اعتمادًا زائدًا عن الحد على المدخلات العالية والطاقة المرتفعة، والاتجاه إلى الصناعات الثقيلة في البنية الصناعية، والاتجاه إلى إدخال الطاقة المرتفعة والتلوث الشديد بالاستثمارات المباشرة لرجال الأعمال الأجانب، بالإضافة إلى حلقة الفقر المفرغة في عملية الإنتاج، كل ذلك يضع الصراع السابق ذكره تحت عدسة مكبرة.

التناقض بين مفهوم الأداء في GDP لدى الحكومات بمختلف مستوياتها، خاصة الحكومات المحلية، والقوة المحركة العنيفة للاتجاه نحو اعتماد الهيكل الصناعي أساسا على الصناعات الثقيلة التي سببها حافز ضريبة القيمة المضافة، وبين ما تواجه الصين من عدم دعم إمدادات الطاقة، وكذلك حافز ضريبة القيمة المضافة،

أدى إلى التناقض بين القوة العنيفة المحركة للاتجاه نحو اعتماد الهيكل الصناعي أساسا على الصناعات الثقيلة وبين ما تواجهه الصين من عدم قدرة الإمداد بدعم الطاقة.

هناك مناطق عديدة، بل ومناطق تحقق نموا سريعا منذ الإصلاح والانفتاح باعتمادها أساسا على الصناعات كثيفة العمالة، وقد وصلت إلى مرحلة الاعتماد على الصناعات الثقيلة، وتتذرع بتنفيذ سياسات الإنتاج واستراتيجيات التنمية الإقليمية لتطوير الصناعات الثقيلة، إن كلا من مفهوم الأداء في GDP الذي تسعى إليه الحكومات المحلية، ونظام ضريبة القيمة المضافة القائم لأن زيادة حجم الصناعات الثقيلة يصب في صالح زيادة الضرائب، يشجع الاعتماد على الصناعات الثقيلة. فقد أصبحت الصناعات الثقيلة، من آلات وسيارات وحديد وصلب وغيرها، في السنوات الأخيرة قوةً محركة أساسية لنمو GDP.

يعد ذلك، سوء فهم لإعادة الهيكلة الصناعية. إن التحول من النموذج القائم على اعتماد النمو الاقتصادي إدخال العوامل الكلية اعتمادا زائدا عن الحد إلى الاعتماد على ارتفاع القدرة الإنتاجية ودفع الابتكار هو المغزى الرئيس من إعادة الهيكلة الصناعية. وقد ظلت الصين خلال فترة زمنية طويلة في مرحلة تنمية متسمة بوفرة العمالة، وندرة رأس المال ندرةً نسبية، وندرة الموارد ندرةً مطلقة. من جهة، يتعارض -في هذه المرحلة- تطوير الصناعات الثقيلة مع مبدأ الميزة النسبية، وستكون التكلفة مرتفعة. ومن جهة أخرى، يفتقر نموذج الاعتماد على الصناعات الثقيلة إلى ميزة الاستدامة. في ظل ندرة موارد التنمية الصينية ندرةً مطلقة، العلوم السياسية الدولية للموارد تعيق التنمية الصينية. ويستهلك النمو الاقتصادي المعتمد على الصناعات الثقيلة طاقةً ومواد خام استهلاكا هائلا.

ويتمثل الثاني في "تعطش" الحكومات المحلية للاستثمارات الأجنبية المباشرة، فشجعت، بل ويسّرت، نقل الدول المتقدمة للصناعات التي تستهلك قدرا عاليا من الطاقة وتسبب تلوثا كبيرا، ورفعت درجة عدم استدامة النمو. جذب النمو السريع وإمكاناته في الصين الاستثمارات الأجنبية المباشرة. ولا داعي لإنكار أن هدف العديد من المستثمرين من تصدير الاستثمارات الأجنبية المباشرة إلى دول ومناطق

أخرى، مع أخذها وفرة العمالة وانخفاض الأسعار، بالإضافة إلى السوق الضخمة والسوق المحتملة في الصين في اعتبارها، هو نقل الصناعات عالية الاستهلاك للطاقة والتي تسبب تلوثا كبيرا. وفي ظل الوضع العالمي من انخفاض إمدادات الطاقة وازدياد الضغوط للحد من الانبعاثات، فإن هذا الاتجاه يزداد حدة يوما بعد يوم.

ومن جهة أخرى، فإن القضية الأكثر خطورة هي ظهور هذا الاتجاه، الذي يغفل مخاطر البيئة، في عملية انتقال الصناعات كثيفة العمالة إلى غرب الصين أيضًا، وارتفاع تكاليف العمالة في المناطق الساحلية. إذا جذبت الصين الاستثمار عشوائيًا، فإن الصناعات التي تستهلك الطاقة وتسبب التلوث ستنتقل إلى غرب الصين بسرعة غير مسبوقة، مما سيحيد الهيكل الصناعي بهذه المناطق حيدا خطيرا عما يتطلبه من مقومات الاستدامة.

ويتمثل الجانب الثالث في أن الاهتمام بشمولية التنمية الاقتصادية قد أثار الشكوك لدى البعض في مقولة "التنمية مبدأ مطلق". تسببت الحاجة الملحة إلى توفير الغذاء والكساء وارتفاع الدخل، في غض النظر إلى التلوث البيئي، وتجاهل الأضرار في ممارسات العمل، ما تسبب في حوادث تلوث وإصابات جسدية وغيرها من الحوادث الخطيرة المتكررة التي لا تنتهي. أدى هذا من جهة إلى التقليل من قدر خطورة الأذى الناتج عن التلوث، كما أدى من جهة أخرى إلى إغفال الأمن، بل الاستخفاف بحياة الأفراد، في عملية السعي إلى توسع الإنتاج. ومع تقدم المجتمع وتطور وسائل الإعلام، أصبحت حوادث التلوث وإصابات العمل وحوادث التعدين وغيرها من الأضرار والحوادث تُرفع في تقارير بها حالما تقع، ومن ثم يتابعها المجتمع بأسره باهتمام أكبر، وتزداد رقابته عليها يوما بعد يوم.

بالإضافة إلى ذلك، فيما يخص إنجاز النمو الاقتصادي، تخلفت التنمية الاجتماعية بصورة خطيرة، كما أن دور الحكومة في تقديم خدمات عامة وتأسيس آليات الحماية الاجتماعية، أقل قوة من دورها في دفع التنمية الاقتصادية، ما أدى إلى عدم التوافق الحاد بين مستوى الحماية الاجتماعية الفعلي واحتياجات المجتمع. لقد اتسعت فجوات الدخل بمختلف أنواعها خلال فترة زمنية طويلة، ولم تصل ثمار التنمية إلى جميع فئات الشعب بالتساوي.

طرح الحزب لمواجهة هذه الظاهرة الموجودة بالتنمية الاقتصادية والاجتماعية مفهوم تنمية جديد هو مفهوم التنمية العلمية. استنتج تقرير المؤتمر الثامن عشر للحزب الشيوعي الصيني أن: "الشرط الجوهري للتمسك بمبدأ "التنمية هي المبدأ المطلق" في الصين المعاصرة هو "التنمية العلمية". يمكننا فهم هذا "الشرط الجوهري" بالنظر من عدة زوايا:

أولا: لا بد من أن يُدعم حلم النهوض العظيم لدى الأمة الصينية بارتفاع مستوى التنمية الاقتصادية وقوة الدولة. فقد بلغ متوسط نصيب الفرد من GDP في 2012م 6000 دولار، ومن ثم، ووفقا لمعايير البنك الدولي لتقسيم الدول من حيث الدخل، تنتمي الصين إلى الشريحة العليا من البلدان متوسطة الدخل، لكن الدخول في شريحة البلدان مرتفعة الدخل بمثل هذا المستوى من التنمية، أمر غير طبيعي، ولا يتيسر تحقيقه متى توفرت الشروط. ويبين تاريخ التنمية الاقتصادية في الكثير من الدول أنها مرحلة تنمية يسهل وقوعها في شريحة الدول متوسطة الدخل. يتطلب الحلم العظيم بنهضة الأمة الصينية أن تحافظ الصين على سرعة نمو اقتصادي مناسبة تيسّر تخطيها مرحلة الدخل المتوسط.

بعدما تحدث الكاتب في مؤتمر عقد في 2010م عن كيفية تخطي مرحلة الدخل المتوسط، أعرب الباحث الثقافي كانيانغ عن رأي مخالف؛ فقد رأى أن دولة كبيرة كالصين يستحيل وصولها إلى مصاف الدول المتقدمة مرتفعة الدخل. بالإضافة إلى أن الموارد العالمية لا يمكن أن تدعم الصين لتصبح دولة عالية الدخل، ويجب تجنب قتل الدجاجة التي تبيض ذهبا من أجل تحقيق هدف الدخل المرتفع. فإذا وصلت الصين إلى مستوى الدخل المتوسط وإذا حققت توزيعا عادلا نسبيا على المجتمع بأسره، سيعيش الجميع حياة هنيئة[1].

يمكن تسمية ذلك استنتاجا ممتازا، ولكنه ساذج في نفس الوقت؛ فبالنظر إلى تجربة الدول التي وقعت في فخ الدخل المتوسط، في ظل ركود النمو الاقتصادي، لا يمكن تحسين وضع توزيع الدخل، ولا يمكن لأحد في مجتمع مثل هذا أن يعيش

---

(1) راجع "التنمية الصينية المستدامة: التحديات والمستقبل"، يوي يونغ دينغ، شركة SDX للنشر المشترك، طبعة 2011، صفحة 43.

حياة هنيئة. إننا بالطبع نسعى إلى تحقيق العدالة الاجتماعية، لكن "تقسيم الكعكة" جيدًا لن يتم إلا بشرط وجود "كعكة"، بل وبعدم التوقف عن صنع "كعكة" كبيرة. إذا لم تتوافر ثروة اجتماعية تتدفق تدفقا كاملا، فإن أي وعود برفع مستوى معيشة الشعب وتحسين الدخل وتوزيعه، هي كلها كلمات جوفاء، يصعب تحقيقها فعليا.

يقال إن هناك مقياسا للسعادة تحتل قمته مملكة بوتان الواقعة في الطرف الجنوبي من شرق جبال الهيمالايا، وهي مثال نموذجي على أن شعور عامة الشعب بالسعادة لا يرتبط مطلقا بمتوسط دخل الفرد. لكن نتائج أبحاث متقدمة بينت أن متوسط نصيب الفرد من GDP في بوتان أكثر من ألفي دولار فقط، فيأتي في المرتبة 125 من بين دول العالم، ويصعب فيها سد الاحتياجات المادية والثقافية، وأهم سماتها الفقر، أو عدم كفاية المأكل والملبس. لذلك فعلى أقصى تقدير يمكن فقط القول إن هذه الدولة قانعة بفقرها وسعيدة بحالها، وتبعد عن السعادة المقدرة موضوعيا آلاف الأميال.

وبالإضافة إلى ذلك، فإن مشكلة البيئة والموارد في جوهرها لا تشير مطلقا إلى التنمية أو عدمها، بل إلى الطريقة التي يجب الاعتماد عليها لتحقيق التنمية الاقتصادية، والتطلع إلى حل مشكلة البيئة والموارد بالاعتماد على "النمو الصفري" على طريقة "نادي روما"، هو تماما كالامتناع عن الأكل خوفا من الغص به. وهناك مثال واضح هو تدمير غابات الأمازون المطيرة الذي جذب أنظار العالم. تمتد هذه المنطقة، فائقة الأهمية لتغير المناخ العالمي والمتميزة بتنوع حيوي غني، عبر دول أمريكا اللاتينية الثماني وعلى رأسها البرازيل. ولأن هذه الدول تقلبت فترات طويلة في مرحلة الدخل المتوسط، فقد أضافت ظاهرة الفقر المنتشرة على نطاق واسع عبئا أكبر على مشكلة البيئة والموارد، وتخالف طرق تنميتها الاقتصادية متطلبات التنمية المستدامة تماما، وتعجز عن حماية هذه الأرض التي تعد كنزا بيئيا ثمينا، بل على العكس تتمادى وتزيد الوضع سوءا بقطع أشجارها بعشوائية وإفراط، فأصبحت هذه المنطقة البيئية التي تعد "قلب الأرض" في خطر جسيم.

ثانيا: إن هدف التنمية الاقتصادية هو سد احتياجات الشعب المادية والثقافية المتزايدة يوما بعد يوم، ويجب أن تكون التنمية شاملة وموزعة ومنسقة. كانت نقاط انطلاق نظريات التنمية في المراحل المبكرة: رفع الكفاءة، وزيادة الإنتاج، وزيادة حجم الاقتصاد الكلي ورفع متوسط نصيب الفرد من الرفاهية في النهاية. لكن النمو الاقتصادي لا يؤدي بالضرورة إلى المساواة بين الشعب كله في التمتع بثمار التنمية مطلقا، بل على العكس يسبب مختلف المشكلات الاقتصادية والاجتماعية.

وضع الباحثون الصينيون والأجانب نظريات تنمية مختلفة بعد قيامهم بمختلف الأبحاث العلمية على المشكلات التي يسببها النمو. إن مضمون ما يهتم به مفهوم التنمية واسع جدا؛ من تطور المجتمع البشري -من وجهة نظر فلسفية- إلى معاناة الأفراد خلال عملية التنمية. ولأن نتائج التنمية مضادة لغرضها الأصلي، فقد اقترح الناس كيفية تعريف التنمية وتحديد جوهرها وغيرها من المسائل، وفي الوقت نفسه تثار الشكوك في طرق قياس نتائج التنمية تباعا، ولا تتوقف المحاولات بطرق جديدة.

كان توماس مالتوس أول من أعاد التفكير في مسألة التنمية من زاوية قيود النمو السكاني، ورأى أن السبب الحقيقي وراء الفقر هو "القانون الطبيعي"، أي أن عدد السكان يزداد وفقا لنسب متتالية هندسية، وتعجز وسائل العيش -الحاجات الأساسية والسلع الاستهلاكية التي تحقق حد الكفاف- عن الإمداد الكافي للنمو السكاني، وفي نهاية المطاف سيحصر النمو السكاني المستمر الناس في فخ التوازن المنخفض. وقد وسّع تقرير نادي روما في 1972م "حدود النمو" أزمةَ السكان والغذاء التي طرحها مالتوس لتصبح أزمة سكان وموارد وبيئية.

نقد بعض الاقتصاديين تيار المالتوسية الجديدة بأسلوب التحليل الاقتصادي، وأشاروا إلى أن النمو السكاني في الدول المتقدمة كان له -من خلال التقدم المعرفي واقتصادات الحجم- تأثير إيجابي على النمو الاقتصادي، كما ناقشوا مسألة وفرة الموارد الطبيعية، وأشاروا إلى أن السياسة والنظم والإدارة والسوق وغيرها من الآليات المختلفة إذا أدت دورها جيدا، فسيصبح النمو السكاني -على

المدى البعيد- في صالح التنمية الاقتصادية والتقدم التقني[1].

يسعى تيار التنمية المستدامة الفكري إلى اتباع نهج جديد للتنمية، ظهر في تقرير "مستقبلنا المشترك" الذي أصدرته اللجنة العالمية للبيئة والتنمية في 1987م. يؤكد هذا النهج مبدأ "الإنسان هو الأساس"، ويركز على التنسيق بين السكان والموارد والبيئة من حيث التواصل بين الأجيال، ومن ثم "يؤدي إلى عدم انحصار تقدم البشرية على بعض المناطق أو أزمنة بعينها، وسيصل بالعالم أجمع إلى مستقبل بعيد". تسعى التنمية المستدامة إلى "تلبية احتياجات المعاصرين، وعدم إلحاق الضرر بقدرة الأجيال القادمة على تلبية احتياجاتها"[2]2.

فرّق الباحث الفرنسي فرانسوا بيرو بين مفهومي "النمو" و"التنمية"؛ ورأى أن نطاق التنمية أوسع من مجرد رفع متوسط نصيب الفرد من GDP، وما أكّده يتمثل في تغير وتطور مفهوم "لمختلف الموارد البشرية فرصة الحصول على الكفاءة والقدرة"4[3].

ومن هذا المنطلق لخّص مايكل تودارو المفاهيم الجوهرية الثلاثة للتنمية، وهي احتياجات المعيشة الأساسية، الكرامة، والحرية، ومن ثم قال إن أهداف التنمية يجب أن تكون: النمو المستمر في السلع الحياتية الأساسية، ورفع القيم الثقافية وكرامة الإنسان عن طريق زيادة فرص التوظيف والتعليم، وتوسيع نطاق الخيار الاجتماعي والخيار الاقتصادي للأفراد والدول[4]. قال جوزيف ستيغليتز إن التنمية تعني سلسلة من التغيرات الاقتصادية والاجتماعية، لكن هذه التغيرات في حد ذاتها ليست إلا وسيلة لتحقيق الغاية، والغاية هي تمكّين الأفراد والمجتمعات من مصيرها

---

(1) راجع "اقتصاد السكان" لجوليان سيمون، ترجمة بنغ سونغ جيان وآخرين، مطبعة جامعة بكين، طبعة 1984.

(2) World Commission on Environment and Development, Our Common Future, New York, Oxford University Press, 1987 اللجنة العالمية المعنية بالبيئة والتنمية، "مستقبلنا المشترك"، نيويورك، مطبعة جامعة أكسفورد، 1987.

(3) بيرو: "مفهوم التنمية الجديد"، ترجمة تشانغ نينغ، وفنغ تزي إي، مطبعة خواشيا، طبعة 1987.

(4) مايكل تودارو: "التنمية الاقتصادية (الطبعة السادسة)"، ترجمة هوانغ وييينغ، وبنغ قانغ دنغ وآخرين، مطبعة الاقتصاد الصيني، طبعة 1999.

على نحو أفضل[1]. وأشار عالم الاقتصاد الهندي أمارتيا سن، إلى أن التنمية هي العمل على تمتع الأفراد بحرية حقيقية، وغايتها الأساسية هي رفاهية الشعوب[2].

يؤدي تعريف التنمية بطرق متعددة، اختلافًا شاسعا بين الآراء حول العلاقة بين النمو والتوزيع، ومن ثم العلاقة بين المساواة والكفاءة خلال عملية التنمية. إن نواة مشكلة توزيع الدخل هي وزن وتقييم دور التنمية في الرفاهية. وقد وجد سيمون كوزنتس أن توزيع الدخل في المراحل المبكرة من النمو الاقتصادي ساء مع ارتفاع مستوى الدخل، وبعد ارتفاعه أكثر، تحسن حال التوزيع، وشكّل منحنى عُرف باسمه: "منحنى كوزنتس"[3]. أثبتت تجارب التنمية في بعض الدول والمناطق لاحقا أن ما ينطوي عليه هذا المنحنى نفسه مما يسمى بالقوانين لا تحدث بالضرورة على الإطلاق. وفي الوقت نفسه نبذ معظم الباحثين وواضعي السياسات أيضا هذه العلاقة بوصفها مفهوما للتنمية.

حاول ماو تسي دونغ في المرحلة المبكرة من تأسيس الاقتصاد المخطط معالجة العلاقة بين المساواة والكفاءة، تلك العلاقة التي تنطوي على وحدة وتناقض في آن واحد. لكن في النظام الاقتصادي الذي تشكل لاحقا، وخلال بناء الدولة طوال أعوام عديدة أيضا، لم يكن هناك في الواقع آليات تحفيز فعّالة مطلقا، وكُبت النشاط الإنتاجي لدى الأفراد والجماعات والمؤسسات بدرجة كبيرة، وفي الواقع، لم تعالَج هذه العلاقة جيدا، وأعاقت تطور القوى الإنتاجية.

إن العامل الحاسم لاقتران المساواة بالكفاءة هو كيفية معالجة العلاقة بين "رفاهية البعض أولا" و"الرفاهية المشتركة" هو المعالجة الجيدة على صعيد السياسات وآليات التحفيز. دنغ شياو بينغ في حين مناداته إلى "تحسين حياة

---

(1) ستيغليتز: "مفهوم جديد للتنمية: الاستراتيجيات والسياسات والإجراءات"، نقلا عن "الحكومة والسوق" لهو آن قانغ ووانغ شاو قوانغ، مطبعة التخطيط الصيني، طبعة 2000.

(2) أمارتيا سن: "التنمية بوصفها حرية"، ترجمة رن تزي، ويوي تشن، مطبعة جامعة رنمين الصينية، طبعة 2002.

(3) S. Kuznets, Economic Growth and Income Inequality, American Economic Review, 45 (1), 1955, pp. 1-28.

البعض أولا" لم يؤكد فقط العمل أولا على زيادة دخل بعض المناطق والمؤسسات وبعض العمال والفلاحين بجهودهم الذاتية، بل أشار كذلك إلى أن هدف هذه الرفاهية التي تحقق أولا هو خلق قوة نموذجية تحرك بقية المؤسسات والمناطق، وتؤدي في النهاية إلى رفاهية جميع أفراد الشعب[1]. رفاهية بعض الشعب أولا هي النتيجة الحتمية لقيام آليات التحفيز بدورها الكامل ومن ثم خلق الكفاءة، وتلك نتيجة حتمية في أي نظام. ولذلك تتناسب فكرة دنغ شياو بينغ، أي نظرية "رفاهية مشتركة على شكل موجة"، مع قوانين التنمية الاجتماعية.

يهدف مفهوم التنمية العلمية إلى تعزيز العلاقات وتنسيقها بين التنمية الاقتصادية، وبين البيئة والموارد، والتنمية الاجتماعية، وإلى تحقيق التنمية الشمولية التي تتخذ من الإنسان أساسا لها، وإلى تأسيس مجتمع اشتراكي متناغم. إنها -نظريا- تتناسب مع المادية الماركسية القائمة على وحدة الفكر والوجود ومع الجدلية الماركسية القائمة على وحدة صراع المتناقضات، وهي -تطبيقيا- تطرح مجموعة من الأسئلة المهمة التي تواجه الإصلاح والتنمية. إن الطريق الوحيد لتحقيق التنمية العلمية هو تغيير أسلوب التنمية الاقتصادية سريعا.

---

(1) "مختارات من دنغ شياو بينغ" المجلد الثاني، مطبعة الشعب، طبعة 1983، صفحة 152.

الفصل الخامس

تغيير أسلوب التنمية الاقتصادية

إن ظاهرة عدم التوازن وعدم التناسق وعدم الاستدامة الموجودة بالتنمية الاقتصادية الصينية منذ البداية لا تعني مطلقا سؤالنا عما إذا كنا نريد GDP أم لا، بل سؤالنا عن الطريقة التي يجب اتباعها لدفع التنمية الاقتصادية. والإجابة على هذا السؤال الجوهري هي: إن النمو السريع في الماضي، به تجارب ناجحة، وبه أيضا دروس تستحق التفكير.

للأوساط الاقتصادية داخل الصين وخارجها، تفسيرات مختلفة حول "المعجزة الصينية" التي حققتها الصين منذ أكثر من ثلاثين سنة على الإصلاح والانفتاح. يربط علماء الاقتصاد دائما الإصلاح الاقتصادي في الصين بنتائج التنمية، ويتناقشون حول أهداف الإصلاح ونموذجه -إجماع واشنطن وتجربة بكين نموذجا- وحول طرق الإصلاح مثل التقدم التدريجي والتقدم المندفع، وحول العلاقة بين الحكومة والسوق، مثل النظام السلطوي، والحكومة المحايدة.

والطريف في الأمر أن الباحثين عند وقوفهم أمام التجربة الصينية المماثلة يخلصون دوما إلى استنتاجات مضادة تماما أو معارضة صاعًا بصاع. وفي حين استخدام التجربة الصينية لإثبات فشل "إجماع واشنطن"، يرى بعض علماء الاقتصاد في الوقت نفسه أن إنجازات الإصلاح الصيني تتمثل في تطبيق نظريات اقتصادية صحيحة، وهو ما يعني أيضا اتباع بنود "إجماع واشنطن"[1]. لقد خلط هذا الفهم في الواقع مفهومين مختلفين: "الوصفة الطبية" لعلاج مرض ما، و"فعالية

---

(1) ياو يانغ: "الإصلاح الاقتصادي باعتباره عملية ابتكار مؤسسي"، مطبعة الحقيقة والحكمة، ومطبعة الشعب في شانغهاي، طبعة 2008، صفحة 1.

العلاج". وبالحديث عن الإصلاح في الصين فلا دليل يثبت أن الصينيين اتبعوا نظرية ما بتعصب في البداية، لكن ما أذهل العالم هو النتيجة الفعلية التي وصلوا إليها في النهاية.

إن السبب في حدوث خلافات بين المفاهيم المستخدمة السابق ذكرها، وفي ظهور تناقض في ظواهر الرصد، هو أن مبادئ الإصلاح الصيني وممارساته -مقارنة بالدول الأخرى- تتسم بسمة، هي أن هدف الإصلاح الصيني مؤكد، لكن لا يمكن تأكيد نموذج أهداف محددة ولا وسائل الوصول إلى الهدف، بل تتسم بالتنوع والتغير. ويبدو أننا لو لم نتمكن من فهم هدف الحزب الشيوعي الصيني، المتمثل في خدمة الشعب قلبًا وقالبًا، وتحقيق التنمية العلمية القائمة على "التمثيلات الثلاثة" ومبدأ "الإنسان هو الأساس"، فلا سبيل قطعًا إلى فهم "المعجزة الصينية" فهمًا صحيحًا، فيما يخص الإصلاح والانفتاح الصينيين، وإرشادات طريق التنمية وتوجيهاته.

وانطلاقا من مبدأ جامد متعصب، اعتاد علماء الاقتصاد الغربيون عند تقييم نتائج الإصلاح والانفتاح والتنمية في الصين استخدام نظام مرجعي ثابت ومجرب للمقارنة[1]، لكن غالبا ما لا يكون هذا الإطار المرجعي هو ما يتبعه الإصلاح الصيني لا إراديًّا ويبادر باقتفاء أثره. إن ما يبرز هاهنا في الواقع هو اختلاف الصين عن بقية الدول في فلسفة الإصلاح، أو بقول آخر؛ إن نقطة انطلاق الإصلاح الصيني ليست بغية الوصول إلى نموذج أهداف محدد بلا إعمال للفكر، بل إن هدف الإصلاح النهائي هو رفع مستوى معيشة الشعب وزيادة قوة الدولة، والاستناد إلى ذلك لتحديد خطوات الإصلاح وطرقه، ومن ثم توضيح نموذج الأهداف بالتدريج.

---

(1) على سبيل المثال كتاب نشر في الولايات المتحدة الأمريكية يناقش الإصلاح الصيني، واستخدم كلمات دنغ شياو بينغ الشهيرة: "تحسس الأحجار لعبور النهر" آليا ودون تمييز وسُمي: "كم نبعد عن الضفة الأخرى؟" راجع:

Nicholas CHope, Dennis Tao Yang and Mu Yang Li (eds) How Far Across the River: Chinese Policy Reform at the Millennium, Stanford, California: Stanford University Press, 2003..

انطلاقا من هذا الهدف يستكشف الصينيون تدريجيا طريقا يتناسب مع ظروف البلاد، من أجل التحول من الاقتصاد المخطط إلى اقتصاد السوق، لكن هذا الهدف المتمثل في نظام اقتصاد السوق ليس له نموذج ثابت مستقل، بل ينساق لهدف تحسين حياة الشعب وتقوية الدولة. إن هذا الاختلاف في فلسفة الإصلاح وفي نقطة الانطلاق المباشر هو بالضبط ما جعل مبادئ الإصلاح الصيني التوجيهية وأساليب دفعه وتعزيزه غير مقيدة بأي مبدأ متعصب جامد مقرر مسبقا.

لكن الإصلاح هدفه رفع الإنتاجية وتحسين معيشة الغالبية العظمى من الشعب وتقوية الدولة، وهذا المبدأ واضح منذ البداية وحتى النهاية، ومن ثم يمكن الالتزام به. وبفضل توجيه فلسفة الإصلاح تلك، أصبح الإصلاح والتنمية والاستقرار كيانًا واحدًا، فالإصلاح هدفه التنمية، كما يجب أن يخضع للاستقرار، وثمار التنمية تستخدم لاختبار طريق الإصلاح ما إذا كان صحيحًا أم لا، أما الاستقرار فيهيئ الظروف من أجل الإصلاح بدرجة أكبر.

طرحت اللجنة المركزية ضرورة تسريع عملية تغيير أساليب التنمية الاقتصادية، ما يعد أيضا تجسيدا فعليا لأهداف الحزب فيما يخص فكر التنمية الاقتصادية. كان متوسط نصيب الفرد من GDP في مطلع الإصلاح والانفتاح 150 دولارا أمريكيا فقط، أي ينتمي تماما إلى الدول منخفضة الدخل. لذلك فور أن أثار الإصلاح نشاط العاملين والمديرين وحماسهم، المهمة الأساسية الأولى هي تسريع التنمية الاقتصادية، وتبديل ملامح الفقر والتخلف،، ورفع مستوى معيشة الشعب بدرجة ملحوظة. كما أكد دنغ شياو بينغ مرارًا، فإن الفقر ليس سببه الاشتراكية، والتنمية البطيئة جدًا ليس سببها الاشتراكية. في الواقع فقد أصبحت أسئلة مثل: هل سرعت التنمية الاقتصادية أم لا، هل ارتفع GDP ومتوسط نصيب الفرد منه أم لا، هل ارتفع مستوى معيشة الشعب أم لا، لقد أصبح حجر المحك الذي يختبر صحة سياسات الإصلاح والانفتاح وهل هي ناجحة أم لا. لهذا أصبحت سرعة التنمية خلال فترة ما أمرا في غاية الأهمية، وأصبح التركيز في مبدأ "أسرع وأفضل" بدلا من "الأسرع".

حققت الصين خلال أكثر من ثلاثين عاما منذ 1978م معدل نمو سنوي في GDP يقارب 10%، ومعدل نمو سنوي في متوسط نصيب الفرد من GDP يفوق

8.6%. بدخول التنمية الاقتصادية الصينية مرحلة جديدة، وخاصة منذ بداية القرن العشرين، أصبحت الصين بالتتابع في الشريحة الدنيا من البلدان متوسطة الدخل ثم الشريحة العليا من البلدان متوسطة الدخل، ومن ثم حدث تغير هائل في "وفرة عوامل الإنتاج". في الوقت نفسه تبرز المشكلات القائمة في التنمية الاقتصادية من "عدم التوازن، وعدم التنسيق، وعدم الاستدامة" يومًا بعد يوم، وكذلك الضرورة الملحة لتغيير أساليب التنمية الاقتصادية والتنسيق بين التنمية الاقتصادية والتنمية الاجتماعية. لذلك بعد مرور زمن طويل من التنمية السريعة القائمة على التضحية بالموارد والبيئة والتوازن، أصبحت التنمية "الأفضل" الخيار الأول والأكثر إلحاحًا.

يخوض علماء الاقتصاد وواضعو السياسات منذ سنوات طويلة نقاشات واسعة النطاق حول نموذج النمو الاقتصادي، ويتفقون على ضرورة تحول النمو الاقتصادي من التوسع الأفقي إلى التكثيف. في حين صياغة "الخطة الخمسية التاسعة" طرحت اللجنة المركزية للحزب ومجلس الدولة رسميًّا ضرورة التغير الجذري في أساليب النمو. ونظرًا لأن المشكلات الكثيرة في النمو الاقتصادي تتعلق بنموذج النمو، فقد أكدت "الخطة الخمسية الحادية عشرة"، بعد مناقشات طويلة الأمد بين الدوائر الاقتصادية، بدرجة أكبر "تشجيع تعديل الهيكل الاقتصادي وتغيير أساليب النمو سريعا"، كما أكدت أهمية ذلك الفائقة لتنمية الاقتصاد الصيني.

قيل في الخطة الخمسية الحادية عشرة: "يكمن جوهر المشكلات العديدة في التنمية الاقتصادية الصينية الحالية في أن الهيكل غير معقول، والنمو قائم على التوسع الأفقي". لذلك وضعت الدولة مجموعة من الأهداف، خاصة الأهداف الملزمة، التي تتطلب تحويل أسلوب النمو بالتوسع الأفقي القائم على "الإدخال العالي، والاستهلاك العالي، والانبعاثات الكثيفة، والكفاءة المنخفضة" إلى أسلوب نمو بتوفير الموارد قائم على "الإدخال المنخفض، والاستهلاك المنخفض، والانبعاثات المنخفضة، والكفاءة العالية".

حدد تقرير المؤتمر الوطني السابع عشر للحزب الشيوعي الصيني أسلوب التنمية الاقتصادية في: "العمل على تغيير أسلوب النمو الاقتصادي من الاعتماد

أساسًا على الاستثمار والتصدير إلى الاعتماد على دفع الاقتصاد بالتنسيق بين الاستهلاك والاستثمار والتصدير، ومن الاعتماد أساسا على دفع التنمية بقطاع الاقتصاد الثانوي إلى الاعتماد على التنسيق بين قطاعات الاقتصاد الثلاثة الأولى لدفع التنمية، ومن الاعتماد أساسا على زيادة استهلاك الموارد المادية إلى الاعتماد على التقدم التقني، وتعزيز مؤهلات العمال، والابتكار الإداري".

انطلاقا من المتطلبات الأساسية لمفهوم التنمية العلمية، فإن متطلبات هذه الجوانب الثلاثة الخاصة بتغيير أسلوب التنمية الاقتصادية، سواء من حيث الدلالة أو من حيث الامتداد، تعد أكثر علميةً وأكثر وضوحا. أشار هذا الشرح من جهة إلى مصادر استدامة النمو الاقتصادي في المستقبل، وأكد من جهة أخرى العوامل المؤثرة على الطلب لنمو اقتصادي أكثر توازنًا، واستهدف -بالإضافة إلى ذلك- اتجاه إعادة الهيكلة الصناعية.

لكن نتائج تغيير أسلوب التنمية الاقتصادية في الصين لم تظهر حتى يومنا هذا، بل -زادت إلى حد ما- قوة الأسلوب القائم على الاعتماد الزائد عن الحد على رأس المال المادي وإدخال عنصر العمالة. إن مؤشرات "الخطة الخمسية الحادية عشرة" الكَمية التي لم تكتمل بعد، كالنسب التي تحتلها نفقات البحث والتطوير، وصناعة الخدمات والتوظيف، وقيمة الإنتاج، من GDP، وكذلك الأهداف الأكثر صعوبة المكتملة، كترشيد استهلاك الطاقة وخفض الانبعاثات، فليس من كل ذلك ما لا يتعلق مباشرةً بتغيير أسلوب التنمية الاقتصادية.

وباستعراض نظرية النمو والتجربة الدولية يمكن ملاحظة أن المصدر الأساسي الذي يعتمد عليه نمو الاقتصاد يختلف باختلاف المرحلة القائم بها، ولهذا يختلف أيضا أسلوب التنمية وفقا لذلك في فترات معينة. وفقط عندما ينضب مصدر النمو، يصبح تغيير أسلوب التنمية ضرورة ملحة للغاية من أجل توفير مصدر جديد. تتشكل التنمية المنسقة المستدامة التي تساهم في التغلب على مقيدات النمو مما يلبي متطلبات النمو على أساس تغيير أسلوب التنمية الاقتصادية. وقد تطور الاقتصاد الصيني إلى هذه المرحلة، إن دفعة النمو الضخم الناجمة عن إصلاح النظام والانفتاح على الخارج حشدت بأقصى حد مصادر النمو التي تملكها بالفعل،

وتسببت في استنزاف المساحة التي تقوم فيها بدورها. لو لم تستطع الصين توسيع نطاق النمو الاقتصادي وتحويله من الاعتماد أساسا على المدخلات إلى الاعتماد على الإنتاجية، فسوف تنخفض، بل تنضب، إمكانات النمو الاقتصادي.

بالنظر إلى الخصائص المرحلية الجديدة التي ظهرت في التنمية الاقتصادية والاجتماعية، وإلى مختلف قيود البيئة السياسية والاقتصادية المحلية والدولية، نجد أن الصين قد واجهت خلال فترة "الخطة الخمسية الثانية عشرة" التحدي الأكبر، ألا وهو كيفية تجنب الوقوع في "فخ الدخل المتوسط". وفقا لمعايير البنك الدولي لعام 2010، فإن الدول التي يقل فيها متوسط نصيب الفرد من GDP عن 1005 دولار أمريكي تنتمي لشريحة الدول منخفضة الدخل، والتي يبلغ فيها 1006 - 3975 دولارا أمريكيا تنتمي إلى الشريحة الدنيا من الدول متوسطة الدخل، والتي يبلغ فيها 3976 - 12275 دولارا أمريكيا تنتمي إلى الشريحة العليا من الدول متوسطة الدخل، والتي يزيد فيها على 12276 دولارا أمريكيا تنتمي إلى شريحة الدول مرتفعة الدخل.

زاد متوسط نصيب الفرد من GDP في الصين في 2010م -وفقا لحسابات سعر الصرف الرسمي- على 4000 دولار أمريكي، واجتازت الصين عتبة الشريحة العليا من الدول متوسطة الدخل، بل إنه في الواقع تجاوز في 2012م 6000 دولار أمريكي. تبين التجارب الدولية أن جميع السياسات واستراتيجيات التنمية التي تنفذها دولة ما لتجاوز مرحلة فخ الدخل المنخفض، لا يعد لها استخدام بمجرد بدء مرحلة الدخل المتوسط، ولا بد من وجود استراتيجيات تنمية جديدة، وتخطي المرحلة الجديدة بأساليب جديدة. لذلك شكلت مرحلة الدخل المتوسط مرحلة تنمية فريدة، وتحديد هذه المرحلة الجديدة يتيح فرصا ويشكل تحديات غير مسبوقة، والأمر بالغ الأهمية هنا هو امتلاك القدرة على تغيير أسلوب التنمية الاقتصادية.

يشترط لتغيير أسلوب التنمية الاقتصادية إصلاح النظام وتعديل السياسات أولا. يتطلب مثلاً تحول عوامل العرض في النمو الاقتصادي إلى رفع الإنتاجية وإزالة سلسلة من العوائق المؤسسية حرة الحركة التي تعوق عوامل الإنتاج بين

الحضر والريف، وبين بعض القطاعات وبعضها، وبين بعض وحدات الإنتاج وبعضها. ويعتمد تحول العوامل المؤثرة على الطلب في النمو الاقتصادي إلى التصدير، والاستثمار، والاستهلاك الأكثر توازنًا، على إصلاح نظام الاستثمار والتمويل ونظام توزيع الدخل وغيرها. لذلك أشار تقرير المؤتمر الوطني الثامن عشر للحزب الشيوعي الصيني إلى أن تعميق الإصلاح هو العامل الحاسم لتغيير أسلوب التنمية سريعًا. وفي الوقت نفسه لا يمكن أن يكون طريق الإصلاح في المجالات المتعلقة بذلك طريقًا ممهدًا خاليًا من العوائق، بل يلزمه شجاعة وحكمة سياسية أكبر.

الباب الثالث

الإصلاح هو الدافع الأساسي

مثلما حقق اقتصاد الصين معجزة التنمية السريعة، فقد رفع متوسط مستوى دخل 1.5 مليار صيني 16 ضعفًا عما كان خلال الثلاثين سنة الماضية، كما جذب الإصلاح والانفتاح أنظار العالم أجمع. إن إنجازات النمو الاقتصادي وارتفاع مستوى المعيشة لهي -في الواقع- برهان قوي على نجاح سياسة الإصلاح والانفتاح. لكن بأخذ هدف الصين إلى تأسيس نظام اقتصاد سوق اشتراكية متكامل في الاعتبار، فلا يمكن القول إن مهمة الإصلاح قد انتهت بعد، أضف إلى ذلك أن الإصلاح -بوصفه عملية تغيير أنظمة وتعديل سياسات يجب القيام بها لتلبية احتياجات النظام- فلن يكون له حد ولا نهاية. لذلك لا بد لمواجهة مختلف التحديات المستقبلية على طريق الإصلاح المعمق من مسح منطق الإصلاح حتى يومنا الحاضر، وتلخيص التجارب والدروس المستفادة من مسيرة الإصلاح، ومن ثم كشف مهمات الإصلاح التي لم تنجز بعد.

الفصل الأول

منطق الإصلاح

ينقسم علماء الاقتصاد النظري في شرح أداء نمو الاقتصاد الوطني إلى معسكرين. انطلق علماء المعسكر الأول من فرضية أن النظام محدد مسبقًا، وأكدوا أنها إما تتمثل في تراكمات عامل واحد من عوامل الإنتاج، أو تحسين الإنتاجية. يشمل هذا المعسكر المذهب الطبيعي الذي يبرز دور الأرض الفريد الذي لا مثيل له، ونظريات النمو في المراحل المبكرة التي تؤكد الدور الحاسم لتراكم رأس المال، وفرع اقتصاديات التنمية الذي يضع في الاعتبار دور العمالة بشرط تراكم رأس المال، ومدرسة العائد الديمغرافي التي تبرز دور البنية السكانية، بالإضافة إلى نظرية النمو النيوكلاسيكية التي ترى أن إنتاجية العوامل الكلية هي المصدر المستدام الوحيد للنمو الاقتصادي.

أما المعسكر الآخر فيركز فقط على دور النظام في النمو الاقتصادي. إن تفسير هذه النظريات أكثر تنوعا وتعددا، ويشمل الروح البروتستانتية التي تعزي نجاح النمو الاقتصادي من عدمه إلى توافر ضبط النفس وتقييد الرغبات والادخار من عدمه، وحقوق الملكية المحددة بوضوح، وآليات قمع نشاط جماعات الضغط، بالإضافة إلى آليات السوق المكتملة أو دور الحكومة الإيجابي والمناسب، وما إلى ذلك.

ولا داعي لقول إن تقسيم نظريات الاقتصاد مختلفة الآراء وفقا لهذين المعسكرين غير دقيق بالمرة، لكن في الوقت الذي يحاول فيه علماء الاقتصاد الوضعي الجمع بين تراكم مختلف عوامل الإنتاج، ورفع الإنتاجية، والترتيبات المؤسسية، والوظائف الحكومية، وغيرها من المتغيرات المختلفة، معًا في نموذج اقتصاد قياسي، يعجز علماء الاقتصاد النظري فعليا عن وضع نموذج نظري يتسم منطقيا باتساق وديمومة، ومن ثم يقدم شروحا موحدة لدور عوامل الإنتاج والإنتاجية والنظام الاقتصادي في النمو الاقتصادي. وإذا لم تؤخذ العوامل المؤسسية في الاعتبار ورُصد فقط تراكم عوامل

الإنتاج اللازمة، فيمكن القول إن الصين قبل الإصلاح والانفتاح قـد أتيحـت لهـا ظروف النمو السريع. يمكن الرصد باختيار عدة متغيرات من خلال نموذج قياس النمو الاقتصادي، منها تراكم العمالة ورأس المال ورأس المال البشري.

أولا: كانت الصين قبل ثمانينيات القرن العشرين قد بدأت عملية الانتقال من المرحلة الثانية للتحول الديمغرافي، أي مرحلة زيادة عدد المواليد وانخفـاض عـدد الوفيات وارتفاع النمو، إلى مرحلة انخفاض عدد المواليد وانخفاض عدد الوفيـات وانخفاض النمو. في أواخر الستينيات وكامل السبعينيات انخفض معدل الخصـوبة الكلي سريعا، ومن ثم زادت سرعة نمو السكان ممن في سن العمل (15- 59 سنة) على سرعة نمو مجموع السكان، وبدأت نسبة السكان الذين ممن في سن العمل في الارتفاع، وبدأت نسبة إعالة السكان في الانخفاض.

ثانيا: فيما يخص متوسط دخل الفرد، فقد كانت الصـين قبـل الإصـلاح والانفتاح قد تراكم لديها رأس مال بشري جيد. فمثلا، بغض النظر عن مصـدر البيانات، نجد الصين في 1980م في المركز الثالث قبل الأخير (الرابع عكسيا) مـن بين أكثر من 100 دولة حول العالم بها إحصاءات رسمية من حيث متوسط نصيب الفرد من إجمالي الدخل القومي أو من GDP، لكنها كانت في المركز 62 من بين 107 دولة بها إحصاءات رسمية من حيث متوسط سنوات الدراسة للسكان ممـن فوق 25 سنة، باعتباره أحد مؤشرات رأس المال البشري، وفي المركز 56 من بـين 127 دولة بها إحصاءات رسمية من حيث متوسط العمر المتوقـع عنـد الـولادة، باعتباره مؤشرا آخر لرأس المال البشري.

وأخيرا: مع أن مستوى الدخل المنخفض في دولة ما يشير إلى عدم وفرة رأس المال، فقد حققت الصين في مرحلة الاقتصاد المخطط نسبة تراكم رأس مال عالية بفضل امتلاكها قدرة هائلة على تعبئة الموارد. أما فيما يتعلق بمتوسط دخل الفـرد فقد كانت الصين قبل بدء الإصلاح والانفتاح قد شكلت منظومة صناعية مكتملة القطاعات، إلا أن نسبة الصناعات الثقيلة فيها مرتفعة للغايـة. هـذا النمـوذج الصناعي منخفض الكفاءة بالتأكيد، والهيكل الصناعي الذي يتشكل منه يخـالف مبدأ الميزة النسبية، لكنه يفيد في ارتفاع نسبة التراكم. وقد وصل متوسط نسـبة

التراكم في الصين في الفترة بين 1953م- 1978م إلى 29.5%، أي أعلى من متوسط المستوى العالمي[1].

لكن بسبب الأخطاء الكبرى في السياسات والعيوب المنتشرة في النظام التي تظهر مرة بعد مرة، فلم يتحول اتجاه التغير الديمغرافي النافع الذي ظهر قبل الإصلاح والانفتاح إلى العائد الديمغرافي الذي ظهر خلال فترة الإصلاح والانفتاح، ولم يتمكن تراكم رأس المال البشري ورأس المال المادي من التحول خلال فترة الاقتصاد المخطط إلى نمو اقتصادي جوهري، ولهذا لم يرتفع مستوى معيشة الشعب مدة طويلة.

إن علماء الاقتصاد الذين أدركوا أن النظام الاقتصادي يؤثر في أداء النمو الاقتصادي مولعون غالبا بوضع نموذج يجب اتباعه لتحقيق النمو الاقتصادي، وسموه "الإجماع"، ولم يقترحوا تنفيذ الدول ذات الاقتصاد المتحول لحزمة إصلاحات إلا حينما دُعوا إلى ذلك، وهو ما سموه "العلاج بالصدمة". لكن الصين لم تتقبل "إجماع واشنطن" الذي ساد في الماضي، فضلا عن اتباع سياسة العلاج بالصدمة، وحققت حتى الآن إنجازات إصلاحية تفوقت كثيرا على تلك الدول التي تتبع نموذج اقتصاد السوق الحرة اتباعًا أعمى.

لاحظ العديد من المراقبين والباحثين الأجانب أن الإصلاح الاقتصادي التدريجي في الصين بدأ في ظل عدم توافر خطة عامة، واتبع طريقة حل المشكلات الملحة القائمة والسعي إلى نتائج مباشرة، وتنفيذ ذلك خطوة خطوة. فعلى سبيل المثال شعر رونالد كوس ووانغ نينغ حيال "سلسلة من الأحداث وخطط اصطناعية لا هدف لها قط، تقود الصين نحو اقتصاد السوق الحديث"، بل رأوا أن هذا التحول الاقتصادي في الصين هو مثال واضح لنظرية "العواقب غير المتوقعة للسلوك البشري" لفرديريك فون هايك[2].

---

(1) Justin Yifu Lin, Fang Cai and Zhou Li, The China Miracle: Development Strategy and Economic Reform (Revised Edition), Hong Kong: The Chinese University Press, 2003, p. 71.

(2) رونالد هاري كوس ووانغ نينغ: "تغيير الصين: طريق اقتصاد السوق الصيني"، مطبعة CITIC، طبعة 2014، صفحة 7.

هل حقًا لا يمكن تفسير إصلاح الصين وإنجازاته إلا بـ "العواقب غير المتوقعة للسلوك البشري"؟ أو بقول آخر؛ هل الإصلاح الصيني عملية عفوية بحتة؟ أم إصلاح نظامي واعٍ؟ أم لعبة منسقة في إطار التفاهم وتوافق الآراء بين المشاركين مباشرة في الأنشطة الاقتصادية وكبار صناع القرار؟ هناك في الواقع، خلف طريق الإصلاح ذي الخصائص الصينية، رغبة الحزب الشيوعي الصيني القوية في رفع مستوى معيشة الشعب، وهناك استكشافات وممارسات عملية قامت بها جماهير الشعب. إن معرفة نقطة انطلاق الإصلاح الأساسية وخصائص تطبيقه تلك يساعد على فهم ووصف منطق الإصلاح طوال أكثر من ثلاثين عاما.

مما لا يخفى عن أحد وتبرهنه الدلائل الواقعية أيضا، أن لتعديل سلسلة من السياسات الكبرى تأثير في غاية الأهمية على اتجاه الإصلاح وخطواته. وضعَ حدث تاريخي مهم، هو الجلسة الكاملة الثالثة للجنة المركزية الحادية عشرة التي عقدت في شتاء 1978م، الخط الأساسي للإصلاح والانفتاح واتخاذ البناء الاقتصادي مركزا للعمل، وبدأ الإصلاح الأوسع نطاقًا والأبعد تأثيرًا في تاريخ هذه البشرية. أسس حدثان تاريخيان مهمان آخران؛ هما محادثات الجنوب التي عقدها دنغ شياو بينغ في 1992م، والمؤتمر الوطني الرابع عشر المنعقد في أواخر نفس العام، الذي حدد نموذجا لأهداف تأسيس نظام اقتصاد سوق اشتراكية، فتعمّق الإصلاح بدرجة أكبر.

قام الحزب الشيوعي الصيني في 1978م -نظريًّا- بإزالة الفوضى وإعادة النظام، وحينما أعاد تأسيس الخط الفكري المتمثل في "معالجة الأمور استنادا إلى الواقع"، كان ما يواجهه هو الواقع الأليم في الريف حيث 25 مليون ريفي ينقصه الغذاء والكساء. ومع أن الصينيين آنذاك لم يكونوا قد وصلوا إلى مستوى الوعي الذي يخوّل لهم رفض نظام الكومونات الشعبية تمامًا، لكنهم وافقوا على الأنظمة القادرة على مساعدة الفقراء بفعالية للتخلص من الفقر، كنظام تحديد الحصة الإنتاجية على أساس الأسرة، ونظام التعاقد الأسري، ومن ثم رفعت ستار الإصلاح الصيني، وكان كل ما تلا ذلك من استكشافات مؤسسية تفيد في رفع إيجابية العمال والمنظمات الإنتاجية الصغيرة يلقى القبول والرواج، وكل العوائق المؤسسية التي تقيّد تطور قوى الإنتاج تُزال بلا توقف.

لم تكن الطبقة القيادية في بداية الإصلاح قد وضعت نموذج أهداف واضحا ولا حددت خطا فكريا مميزا، كما لم يتشكل الفكر الإرشادي الإصلاحي لتأسيس نظام اقتصاد سوق اشتراكية إلا في مطلع تسعينيات القرن العشرين، لكنها التزمت بالمعيار النقدي "الذي يساهم في تطوير قوى الإنتاج الاشتراكية، وفي تعزيز القوة الوطنية الشاملة للبلد الاشتراكي، وفي رفع مستوى معيشة الشعب"، ويمكن القول إن الإصلاح منذ البداية كان له منطق تقدم لا يسمح بالتدهور.

النظام الاقتصادي هو بنية تتسم باتساق منطقي داخلي، تتناسق فيها الخطط السياسية، وطرق تخصيص الموارد، وآليات تشكيل الأسعار، وأشكال الملكية وبنياها، وآليات التحفيز الصغيرة وغيرها، وتدير الاقتصاد وأنشطة الإنتاج. أما الإصلاح فهو تغيير النظام الاقتصادي القائم، ولا يشمل فقط جميع جوانب البنية المؤسسية، بل هناك أيضا بالضرورة منطق داخل كل إصلاح جزئي، ومنطق داخلي بين جميع الإصلاحات الجزئية. لا بد قبل تحليل منطق الإصلاح الصيني من استعراض منطق تشكل النظام الاقتصادي التقليدي قبل الإصلاح.

بعد تأسيس جمهورية الصين الشعبية، تجسدت رغبة القادة الصينيين القوية في اللحاق بركب الدول المتقدمة والتفوق عليها اقتصاديًّا في اختيار ذلك الهدف الاستراتيجي المتمثل في تسريع خطى التصنيع، خاصة الصناعات الثقيلة. وسواء فطنوا الأمر آنذاك أم لا، فإن المنطق القائل إنه لا يمكن الاعتماد على توجيه الإشارات السوقية لتحقيق تراكم رأس المال اللازم للتصنيع في مجتمع زراعي منخفض الدخل هو منطق واضح غنيٌّ عن البيان. لذلك فإن نظام التخطيط بخفض أسعار المنتجات والعوامل الاصطناعي، والاعتماد على السلطات والوسائل الإدارية لتوزيع الموارد، ونظام الملكية بتأميم وحدات النشاط الاقتصادي وكذلك الكومونات الشعبية الزراعية للتحكم مباشرة في الفائض والتوزيع من جديد، هو نتيجة طبيعية للترتيبات المؤسسية[1].

---

(1) راجع Justin Yifu Lin, Fang Cai and Zhou Li, The China Miracle: Development Strategy and Economic Reform (Revised Edition), Hong Kong: The Chinese University Press, 2003.

تثبت الأبحاث الاقتصادية الدولية وتجارب الصين خلال فترة الاقتصاد المخطط أن استبعاد آليات السوق في ظل نموذج نظام اقتصادي كهذا يؤدي إلى انعدام كفاءة كلية في توزيع الموارد، ونقصان آليات التحفيز يؤدي إلى انعدام كفاءة جزئية في النشاط الاقتصادي، وعدم وجود نظام مكافأة وعقاب يضر بإيجابية العمال والفلاحين والإداريين في العمل. أبطل النمو السلبي لإنتاجية العناصر الكلية تأثيرَ جزء كبير من نمو عناصر الإنتاج الذي تحقق في ظل حشد الحكومة القوي للموارد، وعجز عن التحول إلى أداء نمو اقتصادي حسن. وأدى سوء توزيع الموارد -خاصة- إلى تشوه الهيكل الصناعي، و لم تتحسن معيشة الشعب تزامنا مع التنمية الاقتصادية.

إن المشكلة الصعبة التي لا بد عند تغيير أي نظام من ظهورها هي الصراع بين الإصلاح الذي يجب تفعيله، والمصالح المكتسبة التي يمكن المساس بها، والأيديولوجيا الحالية. الإصلاح الذي بدأته الصين منذ أواخر سبعينيات القرن العشرين لم يمس المصالح المكتسبة، كما لم يتخلّ من فوره عن فكرته بأن الاقتصاد المخطط هو سمة الاقتصاد الاشتراكي، بل بدأ خطواته من استخدام مبدأ المنفعة المادية لإثارة نشاط العمال وزيادة تحفيز المؤسسات. ومع تغير آليات تشكل الأسعار واشتداد المنافسة بين المؤسسات، بدأ الإصلاح يشمل منظومة توزيع الموارد، وتخلى تدريجيًّا عن منظومة الاقتصاد المخطط بطرق إصلاحية كنظام التسعير المزدوج.

أسلوب الإصلاح من أسفل إلى أعلى الذي يحركه أسلوب "تحسين باريتو" أتم مهمة إعادة صياغة نموذج الحكم وآليات تحفيز وحدات الاقتصاد الجزئي، واتخذ الخطوات الأولى في تأسيس منظومة توزيع الموارد وفقا للسوق، فانتعش اقتصاد السوق. لكن مع قلة فرص تحسين الإصلاح بمبدأ باريتو، كان عدم مساس الإصلاح بالمصالح المكتسبة يزداد صعوبة أكثر فأكثر، مما تطلب تصميما رفيع المستوى لخطوة الإصلاح التالية. لكن في الوقت الذي قامت فيه الحكومة بدور إيجابي مهم خلال عملية دفع النمو السريع في فترة الإصلاح والانفتاح، تدخلت مباشرةً في النشاط الاقتصادي، فلم تتحول إلى هدف للإصلاح فحسب، بل أصبحت أيضا جزءا يعيق مصالح الإصلاح المكتسبة. لذلك لا بد من أن يبدأ تعميق الإصلاح من جديد من نقطة انطلاق جديدة.

الفصل الثاني

آليات التحفيز ونموذج الحكم

يرى عامة الناس أن اقتصاد الصين القومي قد وصل عند انتهاء سنوات "الثورة الثقافية" العشر (1966- 1976م) إلى حافة الانهيار. كانت المشكلة الأكثر إلحاحا والأكثر واقعية التي ظهرت عند تحول مركز عمل الحزب إلى البناء الاقتصادي هي -بلا شك- الفقر المطلق في الريف وتوقف نمو أجور موظفي الحضر، وعدم تحسن مستوى معيشة الشعب فترة طويلة. أدى عدم وجود مبدأ المنفعة المادية إلى كبح إيجابية العمل وإعاقة التنمية الاقتصادية وارتفاع الإنتاجية. لذلك عادت الثقة في تفوق نظام الاشتراكية وكانت تلك الخطوة المهمة المتمثلة في توافق الآراء بشأن الإصلاح، بمثابة اعتراف من جديد بمبدأ المنفعة المادية.

وبسبب عدم وجود صلة مباشرة بين مراحل العمل المنفردة في عملية الإنتاج الزراعي والنتيجة النهائية، وبسبب صعوبة الإشراف على العمل الزراعي، فإن إصلاح نظام الاقتصاد الزراعي سار منذ البداية في اتجاه الجمع بين إثارة حماس العمال، وحق استغلال الأراضي وحق إدارتها، وتجسد ذلك في تطبيق نظام التعاقد الأسري (نظام المسؤولية التعاقدية الأسرية المرتبطة بالإنتاج) وإلغاء الكومونات الشعبية. وفي ظل نظام التعاقد الأسري وُزعت جميع الأراضي التي يملكها جميع الفلاحين على الأسر بالتساوي لزراعتها، وبعد دفع الضريبة الزراعية والتخزين والاستهلاك الجماعي، وبيع كمية محددة للدولة وفقا للقانون، تمتلك الأسرة وتتحكم تلقائيا في ما تبقى من المحصول.

أثار هذا النظام حماس الفلاحين كثيرا للإنتاج، فزاد حجم المنتجات الزراعية زيادة كبيرة. وفقا لدراسة لين يي فو، فخلال الفترة بين 1978م و1984م كان لتنفيذ نظام التعاقد الأسري -باعتباره تغييرا للنظام- تأثير واحد لم يتكرر على

زيادة إجمالي الناتج الزراعي، وارتفعت نسبة المساهمة في النمـــو إلى 46.9%[1]. في الوقت نفسه اكتسبت الأسر الزراعية حق توزيع موارد العمالة إراديًّا، وتحـــررت العمالة الزراعية الفائضة التي تكدست خلال زمن طويل، وتحولت مـــن زراعـــة الحبوب إلى زراعة جميع النباتات، وإلى جميع الأعمال الأخرى من حراجة ورعـــي وصيد سمكي وإنتاج فرعي، وإلى مؤسسات القرى والمدن الصغيرة، وصـــولاً إلى جميع الأعمال غير الزراعية في المدن والمراكز بمختلف مستوياتها.

ومع تفكك الكومونات الشعبية، ومن ثم الفرق الإنتاجية، وتـــدهور الإدارة المركزية الموحدة، وإلغاء نظام احتكار الدولة الشراء والبيع (الشراء والبيع المخطط الخاضع لرقابة الدولة)، وكذلك إلغاء الضريبة الزراعية لاحقـــا، كانـــت جميـــع الأراضي في الواقع قد تعاقدت عليها الأسر الريفية تعاقدا أبديا منذ ذلك الحـــين، وتمتعت بحق إدارتها، وحق الانتفاع بها، بل وجزء من حق التصرف فيها. تحولـــت الإدارة الأسرية إلى نظام زراعي إداري أساسي ينص عليه القانون. وبالحديث عن الزراعة، فإن مسألة التحفيز الجزئي قد حُلت إلى الأبد.

كان الإصلاح الموجه للمؤسسات المملوكة للدولة في المدن في البداية عبـــارة عن تنازل الدولة عن بعض سلطاتها وامتيازاتها (نظام لا مركزية الســـلطة ونقـــل الأرباح/اللامركزية وتفويض السلطة) للمؤسسات. وحوالي عام 1978م استعادت المؤسسات ووحدات العمل بالتدريج نظام العلاوات الذي أُلغي خلال فترة "الثورة الثقافية الكبرى". لم يكن الغرض الرئيس من هذا النظـــام -في الواقـــع- إعطـــاء الموظف المكافآت والعلاوات بناء على أدائه في عمله، بل اعتُبر وسيلة لرفع دخـــل الموظف. وكانت المكافآت المالية التي صرفها نظام حوافز الإنتاج الـــدائم آنـــذاك يدفعها صندوق الأجور، وتُعادل 16%- 25% من الأجر أساسي.

تم الربط بين أجور الموظفين ومكافآتهم وبين أداء إدارة المؤسسات بـــالتزامن مع السماح للمؤسسات بالاحتفاظ بحق التصرف الذاتي في جزء مـــن الأربـــاح الجديدة، أي ما يسمى بالأرباح المحتجزة. وبالإضافة إلى صرف الأجور والمكافآت

(1) Justin Yifu Lin, Rural Reforms and Agricultural Growth in China, American Economic Review, Vol.82, No.1, 1992, pp. 34-51.

المالية، اكتسبت المؤسسات أيضا حق تسويق المنتجات وتحديد أسعارها، وحق اختيار عناصر الإنتاج، وحق استغلال صندوق الأسهم (صندوق استثمار مشترك يركز استثماراته في الأسهم العادية)، وحق الإدارة المشتركة، وحق تحديد اتجاه التقدم التقني وغيرها، كما سُمح لها بممارسة مختلف أنواع الإدارة. في الوقت الذي تكونت فيه آليات تحفيز الإنتاج والإدارة في المؤسسات، أثارت إجراءات تنازل الحكومة عن بعض السلطات والامتيازات للمؤسسات اهتمامًا حيويًا من قبل القطاعات والحكومات المحلية بأداء المؤسسات في الإدارة.

أُجري كذلك في ثمانينيات القرن العشرين مشروعان إصلاحيان؛ هما "تحويل الأرباح إلى ضرائب"، و"تحويل اعتمادات الحكومة إلى قروض"، من أجل ترشيد العلاقة بدرجة أكبر بين المؤسسات والحكومة، ولتتحول المؤسسات إلى كيانات إدارية في السوق. كان تنفيذ المشروع الإصلاحي الأول من أجل توضيح حدود دخل الحكومة المالي (الإيراد الحكومي) ودخل المؤسسات القابل للتصرف، وتشكيل آلية ربط بين الإيراد الحكومي والدخل الضريبي، والربط بين دخل المؤسسات والأرباح. أما تنفيذ المشروع الإصلاحي الثاني فكان من أجل زيادة كفاءة استخدام الصناديق المالية، وتحويل الاستثمار في البناء الأساسي بميزانية الدولة من الاعتمادات إلى القروض. العلاقة القانونية التي شكلتها أموال "تحويل الاعتمادات إلى قروض" لا تنتمي إلى علاقات الإقراض القانونية، بل إلى علاقات استخدام الصناديق المالية، لكن هذا المشروع الإصلاحي قد أرسى أساسا مهمًّا من أجل ترسيخ مكانة المؤسسات في النهاية بوصفها كيانات رئيسة في إدارة السوق.

انبثق من اللامركزية وتفويض السلطة للمؤسسات شكل من أشكال الإصلاح ذي الخصائص الصينية، وهو نظام التعاقد، والذي يوصف بعبارة "تُحل جميع المشاكل فور التعهد". في مطلع 1980م كانت مقاطعة شاندونغ أول من حوّلت الأرباح المحتجزة إلى حصص الربح الثابتة، أي تقسيم أرباح المؤسسة مع الدولة بنسبة أو مبلغ محدد لتشكيل نظام مسؤولية اقتصادي صناعي، أقرته الدولة وانتشر حول الصين بأكملها. ظهر لاحقا مختلف الأشكال من نظام المسؤولية التي تدور حول آليات إدارة المؤسسات، وبدأت تجارب الإصلاح المختلفة تنتشر على

نطاق واسع. تشمل هذه الأشكال نظام التعاقد في المؤسسات الكبيرة والمتوسطة، وكذلك تجربة نظام التأجير ونظام المساهمة في المؤسسات الصغيرة.

إن جوهر نظام التعاقد في المؤسسات هو اكتساب المؤسسة، بتعهدها للدولة بدفع الأرباح، وبالإصلاح التقني وبتحسين الكفاءة الاقتصادية ورفع قيمة الأصول، وأيضا اتباع نظام مسؤولية الإدارة الذي تتحمل به المسؤولية الكاملة عن أرباحها وخسائرها، حق إدارة شؤونها الخاصة بتنازل الدولة لها عن بعض الصلاحيات وحق المطالبة بفائض العمالة. تختلف دوافع المؤسسات، وتتعدد أشكال نظام التعاقد، ولكن -إجمالاً- في ظل اتجاه الإصلاح السوقي الذي لم يؤسس بعد، ومحدودية فهم نظام المؤسسات المملوكة للدولة، يعد التركيز على تمتع المؤسسات بحق الإدارة المستقلة، وتحمل المسؤولية الذاتية عن الربح والخسارة، ودفعها باتجاه السوق، والمحاولات النافعة التي تتحكم فيها الدولة تحكما غير مباشر، خطوة إصلاحية مهمة.

وما تجدر الإشارة له هاهنا هو اعتراف الجهات الحكومية في فترة إصلاح المؤسسات المملوكة للدولة بنظام التعاقد بمبدأ الإصلاح الذي يفرق بين حق الملكية وحق الإدارة، ثم وضع "قانون المؤسسات الصناعية بنظام ملكية كل الشعب بجمهورية الصين الشعبية (قانون جمهورية الصين الشعبية للمؤسسات الصناعية المملوكة للشعب)" بتوجيه هذا المبدأ النظري، فتأسس قانونيا مبدأ الفصل بين حق الملكية وحق الإدارة، وبين الحكومة والمؤسسات، والإدارة الذاتية، والمسؤولية الذاتية عن الربح والخسارة، وقيمة الأصول المضافة وغيرها من المبادئ، ومُنحت المؤسسات حق الإدارة الذاتية اللازم. أُعلن في الوقت نفسه "قانون إفلاس المؤسسات بجمهورية الصين الشعبية"، فتجمدت قانونيا قيود ميزانية المؤسسات، ووضع الأساس القانوني اللازم لاتجاه المؤسسات أخيرا نحو المنافسة في السوق.

كان احتدام المنافسة، وبخاصة منافسة الاقتصاد غير الرسمي، السبب الجذري في أن يكون إصلاح المؤسسات المملوكة للدولة ضرورة ملحة. مع بروز العمالة الريفية الفائضة وزيادة ضغط البطالة الحضرية، وبرزت قوة المؤسسات الجديدة في القرى والمدن الصغيرة فجأة، ولقى الاقتصاد الفردي في المدن القبول والتأييد، ولم

يَعد القطاع غير العام شرا كالطوفان العنيف. الجهات الرسمية خلال زمن طويل اعتبرت القطاع الخاص مكملا ضروريا للقطاع العام، ولكن في الحقيقة كان الدور الأهم لتطور القطاع الخاص هو تزويد ضغط المنافسة على المؤسسات المملوكة للدولة، وتعزيز الحاجة الملحة إلى الإصلاح.

كانت محادثات الجنوب لدنغ شياو بينغ في 1992م والمؤتمر الوطني الرابع عشر للحزب الشيوعي الصيني علامة مميزة لارتفاع وعي صناع القرار في الصين بالإصلاح إلى مستوى جديد كليا؛ ففي حين أدركوا أن تأسيس الإصلاح يعني تأسيس نظام اقتصاد سوق اشتراكية، أدركوا كذلك أن استيعاب جميع أساليب الإدارة المتطورة التي تعكس قوانين الإنتاج الاشتراكي الحديث في جميع الدول بما فيها الدول الرأسمالية المتقدمة والسير على خطاها هو طريق لا بد من اتخاذه لتتفوق الاشتراكية كالرأسمالية. كان ذلك جزءا مهما من خطاب دنغ شياو بينغ في محادثات الجنوب(1). بالتزامن مع انعقاد المؤتمر الوطني الرابع عشر تحول إصلاح المؤسسات من لامركزية السلطة ونقل الأرباح فقط إلى إصلاح هيكل إدارة الاقتصاد المملوك للدولة.

إن هدف هذا الإصلاح الذي يستهدف المؤسسات المملوكة للدولة هو تأسيس "نظام مؤسسات حديثة" بحق ملكية معروف وحقوق وواجبات محددة، وفصل بين الحكومة وإدارة المؤسسات، وإدارة علمية. بناء على مناقشات الأوساط الأكاديمية وتجريب بعض المؤسسات نظام المساهمة، قرر صناع القرار اتباع أسلوب الخصخصة، وإصلاح نموذج إدارة المؤسسات المملوكة للدولة وفقا لمبدأ "الاهتمام بإدارة المؤسسات الكبرى وترك الصغرى تهتم بشؤونها". وبقول أكثر تحديدا؛ تقرر إصلاح المؤسسات المملوكة للدولة الكبيرة والمتوسطة ذات الصناعات الخاصة للكيانات الاستثمارية الفردية لتصبح شركات مستقلة قائمة بذاتها (شركة يمتلكها فرد واحد ذات استثمار فردي)، وإصلاح مؤسسات الكيانات الاستثمارية المتعددة لتصبح شركات ذات مسؤولية محدودة أو شركات

---

(1) راجع "تاريخ اقتصاد جمهورية الصين الشعبية، رئيس التحرير دونغ فو رن، دار نشر علم الاقتصاد، صفحة 351.

مساهمة محدودة، وتطوير مجموعة من الشركات القابضة الوطنية ومجموعات الشركات متعددة الصناعات. أما فيما يخص المؤسسات المملوكة للدولة الصغيرة، فإما تنفيذ نظام إدارة العقود، وإدارة التأجير، والنظام التعاوني بالأسهم، أو البيع للجماعات أو الأفراد.

واصل إصلاح المؤسسات لاحقا طريق الاهتمام بإدارة المؤسسات الكبرى وترك المؤسسات الصغيرة تدير شؤونها، وتمثلت النتائج الأساسية في الانخفاض السريع في نسبة الاقتصاد المملوك للدولة، وارتفاع نسبة الاقتصاد غير المملوك للدولة والاقتصاد غير العام ارتفاعا كبيرا، واشتدت المنافسة، وتجمدت قيود ميزانية المؤسسات؛ فانخفض مثلا حجم الاقتصاد المملوك للدولة من قيمة إجمالي الناتج الصناعي من 56.2% في عام 1991م إلى 28.2% في 1998م، أي انخفض 27.9 نقطة مئوية. أما بعد 1998م فلم تشمل الإحصاءات الرسمية إلا عدد "المؤسسات الصناعية فوق الحجم المخصص"[1]، وبالحساب بهذا المعيار نجد حجم المؤسسات المملوكة للدولة انخفض من 49.6% في 1998م إلى 26.2% في 2011م.

وقد ارتفعت كفاءة المؤسسات المملوكة للدولة ارتفاعًا ملحوظًا بحق في ظل اشتداد المنافسة. تمثلت الضرورة الملحة لإصلاح المؤسسات المملوكة للدولة آنذاك في عدم وجود ضغط المنافسة وحق الإدارة الذاتية فترة طويلة، وتسبب ذلك في خسائر فادحة. مثلا في أواخر تسعينيات القرن العشرين وصلت خسائر المؤسسات الصناعية المملوكة للدولة إلى 3/1. وفي ظل هذا الوضع من خلال الاهتمام بإدارة المؤسسات الكبرى وترك الصغرى تهتم بشؤونها، وتقليل عدد العاملين ورفع الكفاءة، وتجميد قيود الميزانية وغيرها، حققت الإجراءات الإصلاحية، الربح تدريجيًّا وتجنبت الخسارة. بعد 1998م تحسن أداء إدارة المؤسسات المملوكة للدولة تحسنًا بارزًا، وزادت سرعة ارتفاع إنتاجية العوامل الكلية كثيرًا. وفي الوقت نفسه

(1) وتشير في الفترة بين عامي 1998م و2006م إلى جميع المؤسسات الصناعية المملوكة للدولة وغير المملوكة للدولة التي بلغ دخلها السنوي من عملها الأساسي 5 مليون يوان وأكثر، وفي الفترة من 2007م إلى 2010م إلى المؤسسات الصناعية التي بلغ دخلها السنوي من عملها الأساسي 5 مليون يوان أو أكثر، وإلى المؤسسات الصناعية التي بلغ دخلها السنوي من عملها الأساسي 20 مليون يوان أو أكثر منذ بداية 2011م.

تشكلت أيضًا حالة من تبادل المنافسة بين الكثير من العناصر الاقتصادية، ومجمل القول إن هيكل إدارة المؤسسات قد تحسن، وارتفعت كفاءة الاقتصاد الجزئي ارتفاعًا ملحوظًا.

نلاحظ أيضا أن مقولة "تقدم القطاع العام وتراجع القطاع الخاص" السائدة في المجتمع الصيني، غير حقيقية، ولا تتمسك بجذر المشكلة. تكمن المشكلة في أن الاقتصاد المملوك للدولة لم يتقيد مطلقًا بالصناعات الخدمية العامة والمجالات غير التنافسية، ومُنحت في الغالب سلطة الاحتكار في تحديد الأسعار، ودخل الموظفين، والتمويل الميسر الممنوح امتيازا، ورفض المنافسة، وغيرها من المجالات. الربح المكتسب اعتمادًا على هذه السلطة الاحتكارية لم تُدفع لأنها مملوكة للدولة وتستخدم في القضايا الاجتماعية والشؤون ذات المنفعة العامة، بل على العكس استُثمرت في الصناعات التنافسية التي تتعارض مع مصالح الشعب، ونتج الربح الاحتكاري والدخل المرتفع عن الحد. يتضح من ذلك أن مشكلة المؤسسات المملوكة للدولة قد تمثلت في كيفية إدارة الأصول المملوكة للدولة، وكيفية إتاحة الظروف للمنافسة المتكافئة بين مختلف المؤسسات.

الفصل الثالث

بيئة المنافسة في السوق

في ظل اكتساب حق الإدارة المستقلة في وحدات الإنتاج الجزئي، واتخاذ الربح نقطة انطلاق، حددت صحة إشارات الأسعار من عدمها ما إذا كانت المؤسسات تنتج للسوق فعلا أم لا، وتحقق أرباحا بالاعتماد على إدارة جيدة أم لا، وتجمدت قيود ميزانيتها أم لا. الأهم من ذلك أن آلية تشكيل الأسعار في الواقع حددت ما إذا كان تخصيص الموارد أساسه السوق أم لا. مثلما تم إصلاح المؤسسات بإصلاح نموذج الإدارة وآليات التحفيز الذاتية للمؤسسات المملوكة للدولة وخطيّ المنافسة الناتجَين عن تطور الاقتصاد غير العام، سار إصلاح آلية تشكيل الأسعار أيضا على طريق الانتقال بالنظام مزدوج المسار.

في ظل اكتساب المؤسسات المملوكة للدولة حق التصرف الذاتي في جزء من المنتجات التي تبيعها بنفسها والمدخلات التي تشتريها بنفسها، وفي ظل مشاركة المؤسسات غير العامة في المنافسة، ظهرت ثغرة في النموذج الذي يجمع موارد الإنتاج التي تخططها وتوزعها الدولة ومنتجات البيع الموحد، وظهرت بعض عمليات البيع والشراء في السوق خارج التخطيط والتوزيع، ومن ثم خارج الأسعار التي تحددها الخطة، وظهرت أسعار خارج الخطة تحدد وفقا للعرض والطلب في السوق وآلية تشكلها. وتزامنا مع الانخفاض المستمر في حصة الإنتاج داخل الخطة وارتفاع نسبة الاقتصاد غير العام، تزايدت أيضا حصة السوق في تحديد الأسعار.

نفذت دول عديدة من دول الاقتصاد المخطط في أوروبا الشرقية سابقا والاتحاد السوفيتي السابق طريقة العلاج بالصدمة بتحرير الأسعار المفاجئ خلال عملية التحول الاقتصادي، فتسببت في تضخم مالي شديد، وأدت إلى ركود، بل

تراجع، النمو الاقتصادي. وقد حاولت أيضا في أواخر ثمانينيات القرن العشرين تصحيح إشارات الأسعار المنحرفة بحزمة من الإصلاحات بين عشية وضحاها، لكنها تعرضت سريعا إلى تهديد التضخم، وارتفع مؤشر أسعار مبيعات التجزئة بنسبة 18.5%، فوصلت إلى أعلى معدل تضخم مالي خلال فترتي الاقتصاد المخطط والإصلاح والانفتاح، ما أدى إلى وقف تنفيذ هذا الأسلوب الإصلاحي في الحال، وبدأ الإصلاح والتنمية فترة التصحيح والتحسين. في الوقت نفسه، لم تتوقف خطوات انتقال نظام التسعير مزدوج المسار، بل في خلال عدة سنوات لاحقة، أي في منتصف التسعينيات، مبيعات التجزئة (السلع الاستهلاكية المباعة بالتجزئة) تكاد تكون قد انعدمت بالتسعير الحكومي والتوجيه الحكومي للأسعار. أثناء تشكل أسعار المنتجات الزراعية وموارد الإنتاج، ارتفعت كذلك نسبة آليات السوق كثيرا. بعد ذلك اكتسبت آلية تشكيل الأسعار في سوق المنتجات أخيرا الطابع السوقي.

يُعتقد أن نمو سوق عناصر الإنتاج في الصين قد تخلف عن الإنتاج، ولم تكتسب آلية تشكيل أسعار عناصر الإنتاج، خاصة رأس المال والعمالة والأرض، الطابع السوقي بالكامل بعد. ومع أن هذا الحكم الواضح المتعلق بالإصلاح في مجالات مختلفة لا يفتقر إلى الأدلة، فلا ينبغي لنا إنكار مستوى نمو سوق عناصر الإنتاج، وكذلك إنجازات الإصلاح في آليات تشكيل أسعار عناصر الإنتاج.

يمكن رصد نمو سوق رأس المال من ثلاث جهات: إصلاح نظام البنوك، ونمو سوق رأس المال، وتحرير سعر الفائدة. بدأ إصلاح البنوك خطواته بداية منطقية في الوقت المناسب بتنفيذ "تحويل اعتمادات الحكومة إلى قروض (استبدال القروض باعتمادات الحكومة)"[1]. هناك طريق تقدم مهم للإصلاح في هذا الجانب، وهو الفصل بين المصارف التجارية والمصرف المركزي، والفصل بين المصارف التجارية والمصارف السياسية، وأيضا الفصل بين قطاع الأوراق المالية وصناعة التأمين

(1) بي قانغ: "المنطق الداخلي في الإصلاح المصرفي الصيني"، نقلا من "ثلاثون عاما من التحول الاقتصادي في الصين (1978- 2008)"، رئيس التحرير تساي فانغ، مطبعة العلوم الاجتماعية الأكاديمية، طبعة 2009، صفحة 101- 120.

والأعمال المصرفية، وذلك من خلال توحيد بنك الصين الشعبي للصين بكاملها، وممارسته مختلف الأعمال المصرفية. وفي الوقت نفسه أدى دخول المصارف الائتمانية والمصارف التجارية المحلية ومصارف الاستثمار الأجنبي تدريجيا إلى زيادة كبيرة في عوامل المنافسة. وبعد الانضمام إلى WTO وفقا لمبادئ إنشاء "المؤسسات المالية الحديثة"، تحقق إصلاح نظام المساهمة في المصارف التجارية المملوكة للدولة الأساسية.

كُسر قفص "رأسمالية أم اشتراكية؟" الأيديولوجي في أوائل تسعينيات القرن العشرين، وكان تأسيس سوقَي الأوراق المالية في شانغهاي وشنجن علامة مميزة لذلك، ومع ذلك لم يكن دور الأسهم في تمويل الشركات بارزا، وظل التمويل غير المباشر الشكل الرئيس في السوق المالية. بالنظر إلى مصدر الاستثمارات في الأصول الثابتة نجد أن التمويل الذاتي لا يزال هو الأساسي. ارتفعت نسبة القروض المختلفة إلى 74% من إجمالي الأموال التي حصل عليها الاقتصاد الحقيقي من المنظومة المالية في 2011، أي من إجمالي حجم التمويل الاجتماعي البالغ 12.8 مليار يوان، وبلغ حجم تمويل سوق الأسهم المحلية 3% فقط.

هناك بالطبع علاقة نسبية منطقية محددة بين اتخاذ التمويل المباشر وغير المباشر، وتعكس هذه العلاقة النسبية الواقعية بدرجة ما مستوى نمو السوق المالية. لكن في ظل هيمنة التمويل غير المباشر، فإن درجة التطبع بطابع السوق التي تحددها سعر الفائدة هي معيار مهم يعكس مستوى نمو السوق المالية بدرجة أكبر. اتخذ تحرير سعر الفائدة بين المصارف من عام 1996م أول خطوة في تطبع سعر الفائدة بطابع السوق، وحررت الصين تباعا سعر الفائدة في السوق للدين الوطني، وأسست تدريجيا آلية تشكيل أسعار الفائدة في سوق الدين الوطني وسوق الأوراق المالية، وتحديد سعر فائدة معياري تضبط به الحكومة سعر الفائدة هو خطوة مهمة أخرى لدفع تطبع سعر الفائدة بطابع السوق. لغى البنك الشعبي بعد ذلك بالتدريج الحد الأقصى لسعر الفائدة على القروض بالعملة الصينية رنمينبي، وتساهلت في تحديد الحد الأقصى لسعر الفائدة على الودائع والحد الأدنى لسعر الفائدة على القروض، ولم تحرر سعر الفائدة على قروض المؤسسات المالية بالكامل

إلا في يوليو 2013م. وفي ذلك الوقت كان مستوى تطبع سعر الفائدة بطابع السوق قد ارتفع ارتفاعا هائلا.

نما سوق العمل باتباع طريقين؛ الأول: انتقال العمالة الريفية الضخمة منذ أواخر ثمانينيات القرن العشرين من مناطق إلى أخرى ومن صناعات إلى أخرى ومن الريف إلى المدينة. التوظيف الذي يستوعب هذه العمالة المنتقلة يشمل جزء إنتاج السوق من الاقتصاد العام ومؤسسات الاقتصاد غير العام، لذلك تم توظيف هذه العمالة منذ البداية وفقا للسوق، وقاربت أجورهم مستوى التوازن في السوق.

يرى كثيرون أن تحديد أجور العمال الريفيين المهاجرين إلى المدينة يتأثر بعوامل مؤسسية، ومن ثم تعد أجور تمييزية غير محددة وفقا للسوق. وبطبيعة الحال فبسبب نظام تسجيل الأسر القائم يتقيد توظيف العمالة الريفية في المدن دائما بالسياسات، كما أن الأجور في ظل الاقتصاد الثنائي لا تعكس على الإطلاق إنتاجية العمالة الحدية بالكامل. لكن بالمقارنة مع تحديد المؤسسات المملوكة للدولة لأجور الموظفين فإن أجور العمالة المهاجرة من الريف إلى المدينة تتأثر أساسا بالعرض والطلب للعمالة، ومن ثم يرتفع مستوى التطبع بطابع السوق. والطريق الآخر لنمو سوق العمل هو في ظل ضغط المنافسة بين العمال المهاجرين بالمؤسسات المملوكة للدولة بتقليل العمالة ورفع الكفاءة، وإصلاح نظام التوظيف بكسر وعاء الأرز الحديدي، تغير عن طريق آلية توزيع العمالة وآلية تشكيل الأجور.

في ظل ركود الاقتصاد الكلي في الصين والأزمة المالية في جنوب شرق آسيا والخسارة الشاملة التي تعرضت لها المؤسسات المملوكة للدولة في أواخر تسعينيات القرن العشرين، قامت المؤسسات المملوكة للدولة بتسريحات عمال جماعية، ما أدى إلى بطالة عشرات الآلاف من الموظفين. اضطر العمال المُسرَّحون والعاطلون عن العمل إلى البحث عن وظيفة في سوق العمل كل بطريقته الخاصة، فأخذ توزيع العمالة طابع السوق.

وببداية القرن الحادي العشرين، خاصة مع انضمام الصين إلى WTO، زادت سرعة النمو الاقتصادي، وعندما استوعبت جميع المجالات عملية التوظيف من

جديد، وساعدت المؤسسات المملوكة للدولة العمال المسرحين على إيجاد وظيفة مرة أخرى، ولم يعد يعتمد عمل الجميع حاليا، سواء العمال الريفيين المهاجرين إلى المدينة والعمالة الحضرية أو الخريجين، على توزيع الحكومة، بل يبحث كل منهم بنفسه على عمل في سوق العمل، ويتفاوض على أجره ومكافآته، ويوقع عقد عمل.

حينما أسس الريف في مطلع ثمانينيات القرن العشرين نموذج نظام ملكية الأرض الجماعية والإدارة الأسرية، نص الدستور المعدل في 1982م على ملكية أراضي المدن للدولة. ويعتمد إضفاء طابع السوق على توزيع الأراضي على هذين الشكلين من الملكية، والالتزام بنظام الإدارة الزراعية الأساسي، وكذلك على مبدأ حق الانتفاع من قانون حق الملكية.

أولا: وضّح نظام المسؤولية الأسرية، خاصة بعد الدورة الثانية من التعاقدات، حق الفلاحين في التعاقد على الأراضي، وثبت توقعات الإدارة، كما شجع على إعادة توزيع الأراضي الزراعية، فظهر "تأثير سوتو"[(1)]. فعلى سبيل المثال في الشكل الحالي من حق ملكية الأرض الزراعية نجد التعاقد والتأجير من الباطن (التعاقد على المتعاقد عليه وتأجير المستأجَر) قائمَين على نطاق واسع بين الفلاحين في التعاقد على الأراضي، لدعم العمالة للانتقال إلى القطاعات الحضرية، وسلمت الأسر الريفية ما تعاقدت عليه من أراضٍ للشركات لإدارتها ببيع أسهم لها، وحصلت على وفورات الحجم الزراعية، كما استغلت حق إدارة الأراضي المتعاقد عليها للقرض برهن، ورفعت قدرة التمويل. وملخص القول إن كفاءة توزيع الأراضي قد ارتفعت في الوقت الذي ضُمن فيه حق الانتفاع بالأرض الزراعية.

ثانيا: استخدمت الأرض الزراعية -في إطار القوانين واللوائح والخطط- استخداما غير زراعي، ما دعم بقوة مسيرة التصنيع والتحضر. وفي ثمانينيات وتسعينيات القرن العشرين، برزت قوة مؤسسات البلدات فجأة اعتمادا على أراضي البناء الجماعي في الريف، وتطورت كذلك المدن الصغيرة تطورا فائق

---

(1) أشار عالم الاقتصاد بيرو هيرناندو دي سوتو إلى أن الأراضي التي ينتفع بها الفقراء دون حقوق ملكية واضحة، راجع "لغز رأس المال" لسوتو، مطبعة هواشيا طبعة 2007.

السرعة، وأصبحت قوة دافعة مهمة للتصنيع والتحضر في تلك الفترة. وفقا للخطة وبعد التدقيق الصارم، أُقر تحويل جميع الأراضي الجماعية في الريف إلى ملك الدولة، واستخدامها بما في صالح المنفعة العامة أو استغلالها تجاريا هو ضمان أرض مهم لتطور الصناعات غير الزراعية وتأسيس البنية التحتية سريعا، بالإضافة إلى دفع عملية التحضر، طوال فترة الإصلاح.

يواجه أيضا نظام الأراضي الحالي انتقادات من العديد من الأطراف المعنية والمراقبين. تشمل المشكلة القائمة: الحكومات المحلية تعتمد اعتمادا زائدا عن الحد على نمو GDP والدخل المالي الناتجَين عن تطوير الأراضي، والتعويضات التي حصل عليها الفلاحون من تطوير الأراضي ضئيلة للغاية، وحقق المطورون والمستثمرون أرباحا هائلة، وتخلفت سرعة تداول الأراضي عن الحاجة إلى انتقال العمالة وما زالت هناك عوائق قانونية أمام الرهن وشراء الأسهم بحق إدارة الأراضي، ولم يتم الوصول حتى الآن إلى تفاهم مشترك بشأن ما إذا كان الحد الأدنى من الأراضي الصالحة للزراعة الذي يضمن الأمن الغذائي معقولا أم لا، وبشأن كيفية الحفاظ عليه، وغيرها من المسائل.

في السنوات الأخيرة، أجرت جميع المناطق سلسلة من التجارب المحلية في إصلاح نظام الأراضي. أولا: التسجيل في تأكيد حق استغلال الأراضي الزراعية الجماعية بجميع أنحاء الصين، يهدف إلى حل النزاعات على ملكية الأراضي، وحماية الحقوق والمصالح المتعلقة بالأرض الزراعيه، وتأكيد وضمان الحق العيني للفلاحين في الأراضي وفقا للقانون، وتوفير الظروف المناسبة لبناء سوق أراضي موحدة في الحضر والريف. ثانيا: تجربة نظام تداول بطاقات الأرض التي أجرتها بعض المناطق. ثالثا: محاولة بعض المناطق القرض برهن باستخدام حق إدارة الأراضي الريفية المتعاقد عليها. لم تحدد نتائج هذه التجارب بعد، لكن لا شك في أنها تعد محاولات ناجعة تهدف إلى حل المشكلات السابق ذكرها.

الفصل الرابع

حكومة تنموية

طوال مسيرة الإصلاح الاقتصادي، تغيرت الوظائف الاقتصادية للحكومة تغيرا مهما، إذ تحولت من الالتزام بالقيام بجميع الأعمال الاقتصادية، كتوزيع الموارد وعناصر الإنتاج، وتحديد أسعار المنتجات والعناصر، والسيطرة المركزية على إيرادات المؤسسات ونفقاتها أي تسيطر الدولة على أرباح الشركات وتدفع نفقاتها، والإحلال المباشر محل المؤسسات لصنع القرار الإداري، إلى إدارة الاقتصاد إدارة غير مباشرة بوسائل التحكم في الاقتصاد الكلي والسياسة الصناعية واستراتيجيات التنمية الإقليمية، وتشكيل علاقة تكامل وتوزيع عمل مع السوق. يعتمد توزيع العناصر والمنتجات حاليا اعتمادا أساسيا على آليات السوق وعلى صنع المؤسسات قرارها الإداري المستقل، وبذلك تشكلت المنظومة التي توفر فيها الحكومة الخدمات العامة.

وفي الوقت نفسه لوحظ أن أثناء النمو الاقتصادي الصيني السريع حجم الدور الذي لعبته الحكومة المحلية والحكومات المركزية يختلف بوضوح عن قواعد الوظائف الاقتصادية للحكومة المذكورة بكتاب النصوص المعياري. كان هذا الدور ذو الخصائص الصينية الذي لعبته الحكومة إيجابيا للغاية، وما زال حتى يومنا هذا يدفع نمو الاقتصاد بقوة، لكنه سبب مشكلات عديدة. ومن ثم يعد تمثيل الحكومة الصينية في النمو الاقتصادي نتاج الإصلاح، كما يجب إلى حد كبير أن يتحول إلى هدف مقابل للإصلاح المتقدم.

كانت الرغبة الملحة لتنمية الاقتصاد وتحسين حياة الشعب، بالإضافة إلى اللامركزية المالية في الحكومات المحلية ونظام تقييم الكوادر، سببا في تشجيع نمو GDP القوي وزيادة ضريبة الدخل للحكومات المحلية، وفي إثارة المنافسة بين جميع الحكومات سعيا إلى تنمية سريعة. تلعب الحكومات المحلية عادة -مثلما يمكن لأي

مراقب أن يرى- دور رجال الأعمال، وتتدخل مباشرة في جذب الاستثمار والتخطيط و"المضي قدمًا نحو الوزارات طلبا للمال". يحدث هذا الأمر في بلدان كثيرة، لكنه أصبح مشكلة في الصين لأنه غالبا ما ينطوي على فساد، بل إن بعض الدارسين أطلق صراحةً على هذا النوع من الحكومة: الحكومة التنموية، وحكومة رجال الأعمال، أو الحكومة التنافسية(1).

وفي هذا الصدد، تعجب بعض المراقبين من قدرة الحكومة الصينية على تعبئة الموارد، كما كان لبعضهم موقف انتقادي، ورفضوا تماما تصرفات الحكومة في سعيها المجرد إلى نمو GDP. يرى السيد تشانغ وتشانغ أن المنظومة التي تثير المنافسة بين الحكومات المحلية قد أنتجت "نموا اقتصاديا أقرب إلى المعجزات"، ومن ثم فهو "النظام الأكثر فعالية في النمو الاقتصادي في تاريخ البشرية"(2). الحكومات التنافسية -سواء قبلت استنتاج أي بحث أم لا- هي بالفعل عامل مهم من عوامل النمو الاقتصادي السريع في الصين. لذلك حتى لو كان بها انحراف يتطلب تصحيحا، فبها أيضا أساس عقلاني يجب تقصي حدوثه بعدل

أولا: لا سبيل إلى زيادة حجم الاقتصاد الكلي ومتوسط دخل الفرد إلا بالنمو الاقتصادي، ولا سبيل إلى بيان أداء الحكومات المحلية بمؤشرات قوية وثابتة إلا بالنمو الاقتصادي. ومهما كان الجدل القائم حول هذا الأمر كثيرا، فما زال GDP أكثر ما يقيس النمو الاقتصادي. وبالإضافة إلى ذلك، فالتنمية لدى دولة أو منطقة نقاط انطلاقها منخفضة هي أولوية قصوى. لذلك أصبح السعي إلى GDP هدف الحكومة التنافسية المباشر، وفي حدود المعقول.

ثانيا: يرى الكثير من موظفي الحكومة أن هناك علاقة مقابلة صريحة بين النمو الاقتصادي والتوظيف ومن ثم دخل الأسر، لذا يعد تعزيز النمو ضمانا لمعيشة

---

(1) مثل: Carsten Herrmann Pillath and Xingyuan Feng, Competitive Governments, Fiscal Arrangements, and the Provision of Local Public Infrastructure in China: A Theory driven Study of Gujiao Municipality, China Information, 2004, vol.18, No.3, pp. 373-428.

(2) تشانغ وتشانغ: "النظام الاقتصاد الصيني"، دار نشر سيتيك، طبعة 2009، صفحتي 146، و165.

جيدة للشعب. آمنت جميع الحكومات بمختلف مستوياتها خلال فترة ليست بالقصيرة بأن النمو الاقتصادي يمكن أن يؤدي إلى زيادة التوظيف، ومن ثم تحسين حياة الشعب. لذلك كلما حدث اضطراب اقتصادي أدى إلى تدهور، بل حتى عندما تعمدت الحكومة المركزية تعديل الاقتصاد التضخمي والتحكم فيه، كانت الحكومات المحلية دوما -بحجة ضمان التوظيف- تتمسك بالحق بقوة وشجاعة وتبذل قصارى جهدها في الخفاء للحفاظ على نمو اقتصادي سريع طويل الأمد.

وأخيرا: بلا نمو في GDP فلن تكون هناك زيادة في الدخل الضريبي، ولن تنفذ السياسات الاجتماعية كالضمان الاجتماعي الأساسي وضمان حد الكفاف، وتوفير خدمات عامة أفضل في مجالات مثل التعليم الإلزامي والإسكان التعويضي، ومن ثم تحقيق تنمية منسقة بين الاقتصاد والمجتمع. ذلك هو سبب طرح اللجنة المركزية للحزب الشيوعي الصيني مفهوم التنمية العلمية القائم على مبدأ "الإنسان هو الأساس"، خاصة بعد تأكيد متطلبات التنمية المنسقة بين الاقتصاد والمجتمع، لا أدنى سبب في خفض حماسة المنافسة في GDP بين الأقاليم. يتضح -ظاهريًّا على الأقل- أن السعي غير الواقعي إلى نمو اقتصادي سريع بالنسبة للحكومات المحلية وموظفيها هو أسلوب يُرضي الحكومة المركزية وعامة الشعب، فلمَ لا يُنفذ؟

إذا كُسر القالب النمطي للاقتصاد الكلاسيكي الحديث سوف تلعب الحكومة دورا إيجابيا في الإصلاح والانفتاح وفي التنمية الاقتصادية، وهناك ما يكفي من المبررات. فعلى سبيل المثال، دفع الإصلاح يتطلب من الحكومة تكثيف التفاهم المشترك، وتصميم وتنفيذ خطط محددة، خلال عملية التحول التدريجي من الاقتصاد المخطط إلى اقتصاد السوق، آليات السوق لتوزيع الموارد لن تنفذ في خطوة واحدة، بل يلزمها دور حكومي محدد لملء المراكز الشاغرة في السوق، وفي ظل عدم اكتمال نظام الائتمان اللازم لاقتصاد السوق، وخاصة في ظل تشكل بعض الفراغ المؤسسي (يعني نقص في وظائف النظام ناتج عن عدم توافر ترتيبات مؤسسية لازمة لبعض الأعمال، فيمارس الناس أعمالهم بلا قيود بما يضر مصالح الآخرين والمجتمع) خلال عملية وصل آليات السوق بوسائل التخطيط، ويجب على الحكومة القيام بدور تعويضي يتناسب مع عدم نزاهة جميع الأطراف في صفقات

السوق، وعندما يكون رجال الأعمال -بالمعنى المجرد للكلمة- غير مستعدين بعد، تكون هناك ضرورة للاستعانة برأس المال البشري للمسؤولين الحكوميين، للتمسك بفرص التنمية الاقتصادية.

لكن دور الحكومة في دفع التنمية الاقتصادية هو أيضا مجال يسهل فيه نشوء مشكلة "الإفراط كالتفريط" تماما، لهذا ظهر في علم الاقتصاد موضوع أزلي عن العلاقة بين الحكومة والسوق. تدخلت الحكومة خلال فترة الإصلاح والانفتاح في الصين تدخلا مفرطا في بعض الإجراءات التي تدفع النمو الاقتصادي السريع في مجالات مثل السياسة الصناعية والسياسة الإقليمية وسياسة التحكم الكلي، ومن ثم منعت آليات السوق من توزيع الموارد بكفاءة، بل أعاقت نتائج الإصلاح المتقدم في المنظومة الاقتصادية.

أولا: إن المبادرات السياسية التي تهدف إلى دعم الصناعات الاستراتيجية، والاستراتيجيات السياسية التي تحقق تنمية إقليمية متوازنة، تعتمد عادة في تنفيذها على مشاريع ضخمة، وعلى "نفوذ" المؤسسات المملوكة للدولة والدور القيادي الذي تقوم به. بالإضافة إلى ذلك، تؤكد سياسات تنظيم الاقتصاد الكلي والتحكم فيه غالبا مبدأ "تشجيع نمو بعض القطاعات وتثبيط نمو أخرى واتخاذ تدابير وقائية أو قمعية وفق الظروف"، ويعني حماية تلك الاستثمارات التي تصب في صالح التوظيف وتحسين الهيكل الصناعي، وقمع تلك الاستثمارات التي تستهلك قدرا عاليا من الطاقه، وتسبب تلوثا كبيرا، وذات طاقة إنتاجية فائضة، لكن في ظل استخدام الوسائل إدارية المفرطة، يسهل الوقوع في مأزق حماية المشاريع الضخمة والمؤسسات المملوكة للدولة وقمع الاستثمارات الشعبية غير الحكومية والاقتصاد غير العام.

وبالمقابل، فقد سببت هذه الصناعات "الاستراتيجية" والمؤسسات المملوكة للدولة والمشاريع الإنشائية الضخمة المحمية فعليًّا تبعيةً سياسية، وبالعكس هيمنت بتأثيرها في نمو الدخل الضريبي وGDP على صياغة السياسات واتجاهها، وحافظت على امتيازاتها بالحصول على الإعانات المالية والمكانة الاحتكارية وقيود الميزانية الناعمة، وكانت النتيجة كبح حرية تطور المؤسسات المتوسطة والصغيرة

والاقتصاد الشعبي غير المملوك للدولة، وإعاقة دخول الصناعات وخروجها بحرية، وخفض كفاءة توزيع عناصر الإنتاج، والإضرار بآلية المنافسة واختيار المتفوق ونبذ الخاسر.

ثانيا: تحولت تدريجيا السياسة الصناعية والسياسة الإقليمية المعبرتان عن هيمنة الحكومة وإدارة الاستثمار إلى استراتيجية اللحاق بركب الدول المتقدمة والتفوق عليها. هناك نقطة مشتركة بين هذه الاستراتيجية واستراتيجية أولوية الصناعات الثقيلة في التنمية خلال فترة الاقتصاد المخطط، أي منح حق الأفضلية للمشاريع الضخمة والمؤسسات الكبيرة المملوكة للدولة في الدعم المالي، ما عرّض المؤسسات الصغيرة ومتناهية الصغر إلى قمع مالي، وعرقل إصلاح النظام النقدي. فمثلا في نفس الوقت الذي مُنحت فيه المؤسسات الكبيرة المملوكة للدولة قروض كافية ومنخفضة التكلفة، كان لا بد للبنوك المملوكة للدولة لتحافظ على أرباحها من خفض أسعار الفائدة على الودائع، وهكذا أصبح المودعون في الواقع يقدمون الدعم المالي للمؤسسات، وشوّه هذا الوضع منظومة توزيع الدخل القومي.

ثالثا: لأن الاعتمادات المالية الحكومية التي تلعب دورا مهما في هذا النوع من الاستثمارات لا تهتم في توزيعها بتقييم وتسعير السوق، بالإضافة إلى أن قيود الميزانية ناعمة، لهذا تحولت إلى شكل من أشكال الإيجار، وحفزت منافسة الحكومات المحلية والمستثمرين والمؤسسات على كسب أرباح احتكارية، فأدت إلى تفشي الفساد يوما بعد يوم. فمثلا ذلك الوضع الذي تعرض لانتقادات كثيرة والذي ظل بلا تغيير فترة طويلة، المتمثل في قلة تنفيذ نظام التحويلات المالية للمشاريع العادية وتنفيذه بكثرة للمشاريع المتخصصة، كان نتيجة لقيام بعض القطاعات باستغلال سلطاتها للحصول على دخل غير مشروع باحتكار الموارد. لم يؤدِ هذا الوضع فقط إلى تثبيط النشاط الإبداعي الكامن بسبب حيد تخصيص الموارد عن مبدأ الكفاءة، بل أيضا إلى إعاقة اتجاه الإصلاح بتحول النظام المالي إلى تمويل عام، حتى تباطأ الإصلاح.

بالإضافة إلى ذلك، فالمنافسة بين الحكومات المحلية على النمو الاقتصادي أثارت بطبيعة الحال حماس المسؤولين الحكوميين للعمل، لكن الربط بين جذب

المستثمرين وبين المصالح الاقتصادية والترقيات والنقل الوظيفي للأفراد قد شوّه آليات التحفيز وتقييم أداء عمل المسؤولين. وجد تشانغ ووتشانغ أن 1-2% من حجم الاستثمار في بعض حكومات المحافظات يمكن عدّه مكافأة للمسؤولين الذين قدموا إسهامات مميزة(1). أفسدت ظاهرة حصول المسؤولين الحكوميين على العمولات -بلا شك- العرف السائد في العمل الحكومي، وفي الوقت نفسه ليس عليهم تحمل مسؤولية نتائج الاستثمار، فسهّل ذلك تدهور الأمر إلى الاستثمار من أجل الاستثمار.

وأخيرا: هذه المنافسة بين الحكومات المحلية على جذب المستثمرين أدت بالضرورة إلى التنافس على خفض أسعار عناصر الإنتاج، ومن ثم ظهر تحريف اصطناعي في كلفة الإنتاج. كان تعويض الفلاحين عن مصادرة أراضيهم ضئيلا للغاية، فكانت هناك مساحة ضخمة بين تكلفة الأراضي وأسعار المزادات. تعهدت مناطق كثيرة من أجل جذب الاستثمار بأسعار أراضي أقل كثيرا من أسعار السوق، ووفرت أراضي بلا مقابل، بل انتشرت ظاهرة الأراضي "بسعر صفر" التي أجري فيها مجانا "ثلاثة إمدادات وتسوية واحدة"، أي الإمداد بالمياه وبالكهرباء ورصف الطرق، وتمهيد الأراضي لتصبح مواقع عمل. وحتى مع ذلك، فما زال مكسب الحكومات المحلية من بيع الأراضي كبيرا، واعتمدت مناطق عديدة على الأراضي لكسب أموال طائلة، ونتجت اتكالية خطيرة على بيع الأراضي في المالية المحلية.

في السنوات الأخيرة، خاصة منذ 2009م، ضمنت الحكومات المحلية الاقتراض الجريء بإيرادات الأراضي. وفقا لاستقصاء مكتب التدقيق الوطني، وصلت ديون الحكومات المحلية في 2010م إلى 10.7 مليار يوان، ثم زادت لاحقا حتى تجاوزت 12 مليار يوان تقريبا في 2012م. زادت الديون الحكومية زيادة سريعة، واعتمدت اعتمادا مفرطا على دخل الأراضي، ومن ثم كان هناك خطر كبير. فمثلا في 2012 بلغ حجم خدمة الدين(2) في بعض المناطق 1.25 ضعف دخلها من الأراضي القابل

---

(1) تشانغ ووتشانغ: "نظام الاقتصاد الصيني"، دار نشر سيتيك، طبعة 2009، صفحة 158.

(2) أي الديون اللازم سدادها (المبلغ الأصلي + الفائدة).

للتصرف، أي أن هناك جزءا كبيرا يعتمد في سداده على الاقتراض الجديد أو الدخل المالي. بالإضافة إلى ذلك، تشتمل إدارة هذا النوع من الديون كذلك على الكثير من ظواهر الفساد ومخالفة القانون[1].

تميل كذلك الحكومات المحلية في منافسة بعضها بعضا على النمو إلى الاستهانة بتكاليف البيئة والموارد، الأمر الذي أدى إلى ما يصعب على النمو الاقتصادي تعويضه من نضوب للموارد وتضرر للبيئة. ومع أن أسعار العمالة تحددها السوق، فبسبب نظام تسجيل الأسر وغيره من العوائق المؤسسية، لم يتمتع العمال المهاجرون من الريف بالخدمات العامة الأساسية بالتكافؤ مع أبناء الحضر، وانخفضت تغطية التأمين الاجتماعي، بالإضافة إلى أن بعض المؤسسات تعمدت التهرب من تنفيذ نظام حد الأجر الأدنى وغيره من قوانين العمل، ما أدى أيضا إلى انخفاض اصطناعي في تكلفة العمالة. أما حماس التنافس بين الحكومات المحلية فقد أصبح أحد الدوافع الكامنة التي تعيق إصلاح نظام تسجيل الأسر.

لا شك في أن الحكومة التنموية ذات الخصائص الصينية التي تشكلت خلال مسيرة الإصلاح قد قدمت حتى يومنا هذا إسهامات مهمة في النمو الاقتصادي السريع، ويمكن للصينيين استخلاص خبرات مفيدة منها حقا. لكن هل يجب تقبل استنتاج البروفيسور تشانغ ووتشانغ أن المنافسة بين الحكومات المحلية هي "النظام الأكثر فعالية" أم لا؟

مع أن علم الاقتصاد يعد علما وضعيا يستند إلى دلائل واقعية، ولا ينبغي لنتائج البحث أن تكون مطلقة للغاية، لكن من الواضح أن تلك المشكلات الناشئة عن نموذج النمو الحكومي الموجه السابق ذكرها لا تدعم أطروحة البروفيسور تشانغ.

إن كيفية التعامل مع هذه المنافسة بين الحكومات المحلية وسعيها إلى نموذج نمو اقتصادي لا تشمل فقط تقييم فعالية الإصلاحات السابقة، بل ترتبط أيضا

---

(1) ليو جيا يي: "تقرير مراجعة الميزانية المركزية وغيرها من النفقات والإيرادات المالية في 2012م لمجلس الدولة"، 2013م، شبكة المجلس الوطني لنواب الشعب الصيني
http://www.npc.gov.cn/npc/cwhhy/12jcwh/2013-06/27/content_1798983.htm.

ارتباطا وثيقا بكيفية تحديد اتجاه الخطوة المتقدمة من الإصلاح. فلنضع كل ما عدا ذلك جانبا، قول البروفيسور تسانغ في إمكانية تقليل ظواهر الفساد في الحكومات التنافسية، وفي عدم وجود ضرورة لأن تحمي عقود العمل العمالة، ليست فقط استنتاجا غير صائب، بل أيضا يضر بتحديد اتجاه وبرنامج صحيحين للإصلاح.

الباب الرابع

العولمة وعناصر الصين

بصرف النظر عن وقت بدء العولمة الاقتصادية، فمنذ الإصلاح والانفتاح في مطلع ثمانينيات القرن العشرين، وخاصة منذ انضمام الصين إلى منظمة التجارة العالمية (WTO) في مطلع القرن الحادي والعشرين، انغمست الصين -بلا شك- في هذه المسيرة التاريخية بعمق، وأصبحت أحد المستفيدين من العولمة باعتراف العالم أجمع. لكن تجربة الصين لا تثبت مطلقا أن العولمة قد تعود بالنفع على جميع الدول المشاركة فيها بلا شروط، بالضبط كما اعترف السياسيون ورجال الأعمال والباحثون، جميعهم من قبيل الصدفة، أن كل دولة لا تستفيد من العولمة بالقدر نفسه، وأن ليس جميع الفئات في الدولة الواحدة تستفيد من مشاركة بلدهم في العولمة استفادة متكافئة. لقد تسببت العولمة -من حيث مختلف الجوانب وفي ظل مختلف الأحوال- في تأثير ماثيو القائل إن "الفقير يزيد فقرًا، والغني يزيد غنًى".

من الواضح أن الصين استطاعت الاستفادة بأكبر قدر من العولمة، والسبب الأساسي هو أن الصين، حينما عمقت مشاركتها في العولمة واستغلت الظروف الخارجية التي وفرتها العولمة الاستغلال الأمثل، استفادت أقصى استفادة من تميزها المؤسسي وظروف التنمية الاقتصادية وغيرها من العناصر النافعة. وبقول آخر؛ فقد انطلقت الصين من وضعها القائم، وأصرت على الإصلاح والانفتاح ودفع التنمية،

واستغلت العناصر الإيجابية لمشاركتها في التقسيم العالمي للعمل الاقتصادي[1]، وتجنبت بأقصى قدر ممكن عناصرها السلبية، وأصبحت مثالا كلاسيكيا على الاستفادة من الأفضلية النسبية ومواكبة الدول المتقدمة بل والتفوق عليها بتقدم اقتصادي خارق.

---

(1) وهو يختلف عن التقسيم الدولي للعمل -وفق التعريف الصيني له- في تركيزه الأكبر على التوزيع العادل للموارد والتكنولوجيا والعمالة، وهو أحد أشكال تقسيم النشاط الاقتصادي ويجنّب التلوث البيئي وإهدار الموارد، فهو النموذج الواقعي الأمثل للتنمية المستدامة.

الفصل الأول

مفهوم العولمة

من المسلّم به عموما أن العولمة قد برزت في خمسينيات القرن العشـــرين. لكـــن هناك أيضا من يرى أن العولمة من المفترض أن يعود تاريخها إلى زمن أقدم، كالمملكـــة المتحدة في أواسط وأواخر القرن التاسع عشر؛ إذ كانت بريطانيا الكيان الاقتصـــادي الأكبر في العالم آنذاك، وبلغ إجمالي GDP بها ما يقارب 10% مـــن GDP العـــالمي، وكانت نسبة الصادرات إلى GDP أكثر من 3/1، وكانت تصدر 60% تقريبـــا مـــن منتجات الغزل والنسيج، وبحلول أواخر القرن التاسع عشر، استثمرت 40% تقريبا من مدخراتها المحلية في الاستثمارات الخارجية. لكن ذلك يشبه أكثر تمثيلية فردية عنوانهـــا "عولمة بلد واحد"، وربما كان اتخاذ ذلك دليلا على وقت ظهور العولمة ليس كافيا.

لكن العولمة التي تؤثر في العالم بحق، ولها سمات عصرية جديـــدة كليـــة، لم تصبح ظاهرة ذات اهتمام مشترك يتابعها العالم باهتمـــام إلا في أواخـــر القـــرن العشرين وأوائل القرن الحادي والعشرين. يرى الغرب أن "نيويورك تـــايمز" تمثـــل نقاط اهتمام الرأي العام العالمي، بل كان هناك فضـــوليون أجـــروا إحصـــاءاتهم، ليجدوا أن هذه الصحيفة نشرت في 2000م أكبر عدد شهده التاريخ من المقالات التي تتناول نقاط الجدل العالمي، وهو ما لم يسبق له مثيل ولن يتكرر بعد ذلـــك. يعتقد الصحافي الشهير توماس فريدمان أن التغير الكبير في خريطة العالم السياســـية ومجموعة التطبيقات والاختراعات التكنولوجية الحديثة في ذلك الوقت قد صيّرت العالم أصغر فأصغر، وأدى إلى تساوي خطوط انطلاق الدول في سباقها التنافسي أكثر فأكثر.

تتباين الآراء ولا يتوقف الجدال حول ما إذا كانت العولمة خـــيرا أو شـــرا. كنت في 30 نوفمبر 1999م في زيارة لجامعة واشنطن في سياتل، وصادفت تجمـــع

عشرات الآلاف من المتظاهرين في سياتل احتجاجا على مؤتمر وزراء التجارة لمنظمة التجارة العالمية. أخبرني أحدهم في صباح ذلك اليوم الباكر أن هناك معارض تسلق سارية العلم ولم ينزل، معلنا -بهذه الطريقة- احتجاجه ضد العولمة. عرفت في وقت لاحق أن المحتجين قد دمروا مطعم ماكدونالدز الذي يعد رمزا للعولمة، ونشب تشابك حاد مع الشرطة. ومنذ تلك اللحظة يكاد لا يوجد مؤتمر أو منتدى عالمي موضوعه العولمة إلا ويلقى مثل هذه المعارضة القوية والعنيفة.

مع أن هذه الحركات الاحتجاجية ضد العولمة يمكن للشرطة قمعها، ومع أن المتظاهرين لا يملكون حق الكلام الحقيقي، فالمؤتمرات التي تهدف إلى التوصل بشكل أو بآخر إلى تفاهم مشترك بشأن العولمة، تُجهض وسط هذا المناخ المعارض. لا الرأي العام ولا النظريات قد وضعت تعريفا مقبولا للعولمة، وأما المشاركون في حركات المعارضة والاحتجاج ضد العولمة، فلكل منهم دافعه الخاص؛ فهناك مثلا من يعارض لرفضه غزو النظام الرأسمالي وأسلوب الحياة الرأسمالية، وهناك من يعارض بدافع قلقه من المنافسين الخارجيين، وهناك أيضا من يعارض من أجل الدفاع عن مصالح العمال وتجنب ضرر تدهور الصناعة، وهناك من يضع العولمة وتدهور البيئة على صعيد واحد، أو ببساطة ينسب كل ما لا يرضيه في الواقع إلى العولمة، ويعدها أصل كل الشرور أو كبش الفداء وما إلى ذلك.

فلنعد سويا للحديث عن تعريف علم الاقتصاد للعولمة. في الماضي عند ظهور علم الاقتصاد لاحظ آدم سميث الفرق بين الدول في معدل الإنتاج، أي ما يسمى بالأفضلية المطلقة أو النقص المطلق في القدرة على الإنتاج. أما ديفيد ريكاردو فقد وجد أن دولة ما حتى لو انخفض معدل إنتاج جميع منتجاتها عن دولة أخرى، فيمكن مع ذلك أن تتميز بأفضلية مقارنة في إنتاج بعض المنتجات. بعد ذلك، علماء الاقتصاد الحديث، بما فيهم هكشر وأولين وساموليسون، أضفوا الطابع النظري على هذا المبدأ ونمذجته، فتشكلت نظرية الأفضلية المقارنة الشهيرة التي لا بد حاليا من دراستها في دروس الاقتصاد.

وهكذا أصبح لدينا أول تعريف اقتصادي للعولمة. إن الوصف ضيق النطاق نسبيا والمقبول عادة هو أن العولمة تشير إلى انتقال السلع والخدمات في نطاق

عالمي. لذلك ما دام لكل دولة ميزة نسبية ويمكنها الاستفادة من التجارة، فوجود عدد متزايد من الدول المشاركة في تجارة السلع والخدمات الدولية وتوسيع نطاقها بدرجة لم يسبق لها مثيل، هو بطبيعة الحال عملية تجلب مصالح عالمية.

تعد سياسة الإصلاح والانفتاح التي بدأتها الصين منذ ثمانينيات القرن العشرين -بلا شك- مشاركة في العولمة. وتشير المشاركة الإيجابية اللاحقة في المفاوضات والتقدم بطلب الانضمام إلى الاتفاقية العامة للتعريفة الجمركية والتجارة (جات)، أي ما يعرف اليوم بمنظمة التجارة العالمية (WTO)، وإن أصبحت أخيرا في 2001م أحد أعضائها، إلا أن الصين بادرت للمشاركة في العولمة بنشاط أكبر. كان انضمام الصين إلى WTO يعني لها انفتاحها على الدول الأعضاء الأخرى، وفي ظل توافر الفترة الانتقالية اللازمة، تمتعت بحق أكبر في الكلام في قوانين التجارة الدولية ومنصة تسوية النزاعات التجارية، والتمكن من الوصول إلى السلع والخدمات، ومن ثم كسب بيئة أفضل لتطوير التجارة.

وبفضل موقعها في شرق آسيا، تتمتع الصين أيضا بعنصر إقليمي إيجابي، وفر لها مزايا العولمة الاقتصادية بصورة ملحوظة، وهو ما يسمى "نموذج الإوز الطائر". بدأ الياباني أكاماتسو كانامي مسيرته في البحث الاقتصادي بجامعة ناغويا في ثلاثينيات القرن العشرين بعد عودته من جولة دراسية في أوروبا وأمريكا، ولم يمر الكثير حتى طرح نظرية "الإوز الطائر" التي لم يذع صيتها إلا لاحقا.

في البداية استُخدم هذا النموذج النظري فقط في وصف كيفية إكمال اليابان -باعتبارها اقتصادا جديدا قادما- مسيرة اللحاق بركب الدول المتقدمة والتفوق عليها إلى النهاية بمبدأ "الاستيراد- إحلال المحلي محل المستورد- التصدير" بالاستعانة بتغير الأفضلية المقارنة. بعد ذلك بفضل إسهامات كيوشي كوجيما وغيره من علماء الاقتصاد راجت هذه النظرية شيئا فشيئا، واستخدمت على نطاق واسع لتفسير وفهم نموذج تنمية اقتصاد شرق آسيا، حيث تقود اليابان السرب، انتقال الصناعات كثيفة العمالة بالترتيب بين النمور الآسيوية الأربعة ودول الآسيان والمقاطعات الساحلية الصينية لاحقا وفقا للتغير الديناميكي في الأفضلية النسبية، لدفع التنمية الاقتصادية في المنطقة بكاملها واللحاق بركب الدول المتقدمة والتفوق عليها.

لهذا يعد العديد من الباحثين الصين جزءا من "نموذج الإوز الطائر" الذي تشكل في شرق آسيا، إذ شاركت في العولمة، وحوّلت العمالة الرخيصة والكثيفة إلى صناعة تحويلية ذات قدرة تنافسية. هكذا اتسع مفهوم العولمة؛ فلم يعد يقتصر على اتساع النطاق العالمي لتجارة السلع والخدمات، بل يشير أيضا إلى اتساع نطاق تداول رأس المال بصورة غير مسبوقة. منذ ثمانينيات القرن العشرين تخلت الكيانات الاقتصادية المتطورة نسبيا في شرق آسيا عن الصناعات كثيفة العمالة تدريجيا، ورفعت مستوى الصناعة لتصبح بدرجة أكبر "كثيفة رأس المال" و"كثيفة التكنولوجيا". وفي الوقت نفسه، الصين منذ بدأت إنشاء مناطق اقتصادية خاصة ومدن ساحلية منفتحة حققت تدريجيا انفتاحا اقتصاديا شاملا، واستقبلت الصناعات كثيفة العمالة، وأدخلت الاستثمارات الأجنبية المباشرة، وأصبحت في النهاية مركز الصناعة التحويلية العالمي، وأطلق عليها "مصنع العالم".

يؤكد بول رومر -المعروف بأبي نظرية النمو الداخلي- ضرورة البحث والتطوير في النمو الاقتصادي بوعي من أجل دفع التقدم التقني، فهو يرى أن العولمة عبارة عن انتقال فكرة خلاقة في نطاق عالمي. هذا التعريف في الواقع لا يتعارض مطلقا مع مبدأ الأفضلية المقارنة.

أولا: من حيث المفهوم فهي امتداد لنظرية الأفضلية المقارنة. كما قال جورج برنارد شو: لو كان لديك تفاحة، ولديّ تفاحة، وتبادلناهما، فسيظل لكل منا تفاحة واحدة، لكن لو كان لديك فكرة، وكان لدي فكرة، وتبادلناهما، فسيصبح لدى كل منا فكرتان.

ثانيا: تداول الأفكار يلزمه دوما الاعتماد على التجارة وتداول العناصر في نطاق عالمي. يمكن للدول النامية عن طريق تجارة السلع والخدمات وإدخال الاستثمارات الأجنبية أن تتعلم الإدارة والتكنولوجيا المتقدمة، ويعد انتقال رأس المال البشري عبر الحدود كما لم يحدث من قبل عن طريق المفاوضات والزيارات والدراسة في الخارج فرصة كبيرة لتبادل الأفكار واستيعابها.

الفصل الثاني

التقارب واللحاق بركب الدول المتقدمة والتفوق عليها

وفقا لتعريف العولمة التقليدي بنطاق تجارة السلع والخدمات، فإن انفتاح الصين على الخارج قد حقق -بلا شك- إنجازات أذهلت العالم. أضف إلى ذلك الاستثمارات الخارجية المباشرة الضخمة التي جذبتها الصين، وتبادل الأفراد والأفكار، فلم يساهم ذلك فقط في تجاوز "عنق زجاجة" العرض الناتج عن نقص رأس المال والفرق بين رأس المال البشري ومستوى التقنيات والإدارة ونقص قدرة تخصيص الموارد وغير ذلك، بل إن طلب الدول الأخرى على منتجات الصين التي تتميز فيها بميزة نسبية قد ساعد الصين على سد فجوة الطلب اللازمة للنمو السريع،

بينت أبحاث عديدة أن مسيرة الدول الناشئة للحاق بركب الدول المتقدمة والتفوق عليها ليست بالسهولة التي تصورتها نظرية النمو الكلاسيكية الجديدة على الإطلاق. نظريا بسبب دور قانون تناقص العائد على رأس المال يمكن للدول الناشئة تحقيق عائد على رأس المال أعلى مما تحققه الدول المتقدمة، ومن ثم بمجرد توافر الشروط المؤسسية والاستعداد السياسي وتوفير العناصر اللازمة للنمو الاقتصادي يمكن تحقيق نمو سريع، وتحقيق هدف التقارب ويعني التطور في اتجاه واحد. لكن مع أن الواقع الحالي يخلو من أي تقارب حدث، فهو في تاريخ الاقتصاد البشري نادر جدا كذلك.

وجدت بعض الدراسات المتعلقة بالنمو أن الوقت اللازم للتقارب محبط جدًّا. حتى لو توافرت للدول المتخلفة اقتصاديًّا ظروف النمو الاقتصادي المتوافرة للدول

المتقدمة، وتمتعت كذلك بمزايا التنمية اللاحقة على صعيد النظام وعلى المستوى التقني حتى تمكنت من اللحاق بركب الدول المتقدمة والتفوق عليها اقتصاديا بنمو سريع، فإن عملية التقارب مع ذلك لا تزال طويلة الأمد. يعود ذلك إلى أن الفروق الضخمة في مستويات التنمية الاقتصادية في العالم الحالي هي نتيجة اختلاف سرعة النمو الاقتصادي في بلد عن آخر منذ زمن طويل. إن تفسير الفروق الشاسعة بين العديد من الدول الفقيرة والدول الغنية -بالوصف النموذجي لها- في حجم الاقتصاد الكلي ومتوسط دخل الفرد وجودة الحياة يحتاج إلى العودة إلى زمن الثورة الصناعية التي وقعت في أواخر القرن الثامن عشر وأوائل القرن التاسع عشر، وإلى "التفاوت الكبير" العالمي الذي سببته.

وبقول آخر، يبدو أن الفروق التي تشكلت خلال مئات الأعوام يلزم للقضاء عليها مئات الأعوام أيضا. أورد عالما الاقتصاد روبرت بارو وخافيير سالا مارتن من قبل، مثالا كهذا، ووضحا الوقت الطويل اللازم للحاق بركب الدول المتقدمة والتفوق عليها. كان متوسط نصيب الفرد من GDP في الولايات المتحدة الأمريكية في 1990م 18 ألف دولار، أي 65 ضعف نصيب الفرد في إثيوبيا البالغ 285 دولارا. تصور العالمان أنه على فرض توقفت الولايات المتحدة عن النمو، ستحتاج إثيوبيا إلى 239 عاما حتى تحقق تقاربا بمعدل النمو السنوي البالغ 1.75% الذي حافظت عليه الولايات المتحدة زمنا طويلا. حتى لو ارتفع معدل النمو نقطة مئوية، أي حاولت إثيوبيا اللحاق بمعدل النمو الياباني خلال فترات طويلة والذي يبلغ 2.75%، فسيلزمها 152 عاما حتى تلحق بركب الولايات المتحدة المتوقفة عن النمو.

إن مضمون النظريات والتجارب السابقة هو أن سرعة نمو كمطر الربيع لا يمكن أن تحقق تقدما اقتصاديا، ولا بد من نمو سريع كعاصفة عاتية، وإلا لن يكون هناك تقارب حقيقي. هناك قاعدة أساسية شهيرة في علم الإحصاء، هي "قاعدة 72"، وتقول لو كان هناك كيان اقتصادي ينمو سنويا بسرعة 1% فسيحتاج 72 عاما حتى يتضاعف النمو، ولو نما سنويا بسرعة 7.2% فسيتضاعف نموه في عشر سنوات، أما لو نما سنويا بنسبة 10%، فسيتضاعف خلال 7 سنوات فقط. في

الصين خلال 1978- 2011م قارب معدل نمو GDP السنوي 10%، ويتوقع استمرار وصولها إلى معدل نمو حوالي 7% خلال أعوام عديدة بعد العقد الأول من القرن الحادي والعشرين. ومن ثم أصبح هناك "تصور سامرز" الشيق.

لورنس سامرز هو نابغة في علم الاقتصاد لا يعبأ بالأمور غير المبدئية، ويحب تصور كيفية نظر المؤرخين في المستقبل إلى عصرنا الحالي. يعتقد سامرز أن الناس بعد ثلاثة قرون عندما يسجلون تاريخنا قد لا يذكرون نهاية الحرب الباردة، ولا أحداث التاسع من سبتمبر، لكنهم -بالتأكيد- سيسجلون بحروف من ذهب أن الصين كانت أول من حقق نموا اقتصاديا بهذه السرعة في تاريخ البشرية، وأن مستوى معيشة الفرد فيها فاق المائة ضعف، وأنها أثرت تأثيرات مهمة على باقي البشر وعلى الاقتصاد العالمي.

كانت الرغبة القوية في اللحاق بركب الدول المتقدمة والتفوق عليها سبب ظهور اقتصادات التنمية، أما ظهور التقارب فكان بدافع تطور نظريات النمو الاقتصادي. إن قصة تقارب الصين اقتصاديا مع الدول المتقدمة والتفوق عليها، وكذلك علاقتها بالعولمة، تقدمان بالضرورة تفسيرات مهمة للعولمة والنظريات المتعلقة بها. خاصة في دولة ناشئة يحاول اقتصادها اللحاق بركب الدول المتقدمة وتواجه قيود العوامل المؤثرة في جانب العرض على النمو، كما تواجه قيود جانب الطلب على النمو. يمكن لفهم كيفية انتفاع الصين من العولمة خلال فترة الإصلاح والانفتاح تركيز النظر على عوامل الجانبين: العرض والطلب.

الفصل الثالث

تجاوز "عنق زجاجة" العرض

لننظر أولا إلى كيفية مساعدة العولمة للصين في تجاوز قيود جانب العرض. تشير عوامل جانب العرض للنمو الاقتصادي إلى القدرة الدائمة على رفع الإنتاجية وتوفير عناصر الإنتاج والعوامل المؤثرة على العرض في النمو الاقتصادي تشير عادة إلى تكوين القدرة لدى الدول المتخلفة على تحسين الإنتاجية بما في ذلك الإمداد برأس المال والتقنيات ورأس المال البشري ورفع إنتاجية العوامل الكلية.

بقول أدق، عندما نضع نمو GDP باعتباره متغيرا تابعا مفسَّرًا على يسار إشارة "التساوي" (=) في صيغة حساب النمو التي تصف عملية النمو الاقتصادي، فإن كل المتغيرات المستقلة المفسِّرة على يمين إشارة "التساوي" التي تشرح أداء النمو هي عوامل جانب العرض للنمو الاقتصادي. معظم الأبحاث التي أجرت هذا التحليل الكمي لحساب النمو تستخدم عادة المتغيرات: تراكم رأس المال، وتوفير العمالة، ورأس المال البشري ومستوى العمالة التعليمي، وإنتاجية العناصر الكلية، في تفسير معدل النمو الاقتصادي. أما المشاركة في دور العولمة الاقتصادية القوي تجاه هذه المتغيرات، أو توفير عناصر الإنتاج واستغلالها ورفع الإنتاجية نتيجة انفتاح العناصر على الخارج، فيعد كل ذلك إسهاما من العولمة في معدل النمو المحتمل.

رأى أوائل علماء اقتصادات التنمية أن عوامل "عنق زجاجة" جانب العرض في الإقلاع الاقتصادي الذي حققته الدول النامية هو تراكم رأس المال. تؤكد النظريات الاقتصادية التقليدية دور تراكم رأس المال الحاسم في مسيرة التنمية الاقتصادية. ولم يهتم نموذج هارولد ودومار -الذي تحكم في نظريات النمو الاقتصادي سنوات طويلة- إلا بعامل معدل الادخار، لكن هناك بعض علماء الاقتصاد يرون ببساطة أن معدل ادخار معين يعد شرطا ضروريا للإقلاع الاقتصادي.

وضع مثلا كل من لويس وروستو معدل تراكم رأس المال اللازم للإقلاع الاقتصادي. يرى لويس أن جوهر التنمية الاقتصادية هو تراكم رأس المال السريع، أو كيفية رفع معدل الادخار ومعدل الاستثمار من 4%- 5% أو أقل ليصل إلى 12%- 15% أو أعلى. ويرى روستو أن نضوج الاقتصاد عادة يتم على خمس مراحل: (1) مرحلة المجتمع التقليدي، (2) مرحلة تهيئة الظروف للإقلاع، (3) مرحلة الإقلاع، (4) مرحلة النضوج، (5) مرحلة الاستهلاك الجماهيري عالي المستوى. لقد اعتبر رفع معدل الادخار ومعدل الاستثمار من 5% إلى 10% أو أعلى شرطا ضروريا لمرحلة الإقلاع الاقتصادي الحاسمة.

تشدد نظرية النمو الكلاسيكية الجديدة أكثر على التقدم التكنولوجي ورفع الإنتاجية. وجد روبرت سولو أن أداء النمو الاقتصادي يشمل جزءا تعجز مدخلات عناصر الإنتاج عن تفسيره، وفي ظل الجهل بماهية عناصر النمو سيُطلق عليه في الإحصاء فائض سولو، وجد علماء الاقتصاد لاحقا أن هذا الفائض يعكس التقدم التكنولوجي وجميع العناصر التي ترفع الإنتاجية غيره، لذلك أطلقوا عليه إنتاجية العناصر الكلية، وأثبت سولو أنه المصدر الوحيد لنمو اقتصادي مستدام في ظل تناقص العائد على رأس المال. وانطلاقا من هذا المبدأ الجامد تشكك العديد من علماء الاقتصاد في "معجزة شرق آسيا"، وتنبأوا بعدم استدامة النمو الاقتصادي في هذه الكيانات الاقتصادية التي تفتقر إلى تقدم الإنتاجية وتعتمد فقط على إدخال رأس المال والعمالة.

وفي هذا الصدد قصة مثيرة للاهتمام. كان البنك الدولي -اعتمادا على سلطته- أول من نشر تقريرا في 1993م وصف فيه النمو الاقتصادي في النمور الآسيوية الأربعة بأنه "معجزة شرق آسيا". بعد نشر هذا التقرير بصرف النظر عن الجدال حول سبب نشوء هذه المعجزة، تعددت الآراء وتناقضت آنذاك حول ما إذا كانت هذه "المعجزة" موجودة بالفعل أم لا. وجد لورانس ليو وغيرهما الكثير من الدارسين الماهرين في تحليل الاقتصاد الكمي أن هذه الدول التي خلقت "معجزة شرق آسيا" قد حققت تنمية اقتصادية سريعة باعتمادها على زيادة المدخلات، وليس بتحسين الإنتاجية؛ وبمجرد إلغاء عامل المدخلات، تختفي

120

"المعجزة" في الحال، "كالانحدار من قمة جبل أوليمبوس إلى سهل ثيساليا". ذلك هو ما ينتج أيضا من عوامل جانب العرض.

لكن بعد نجاح اقتصادات النمور الآسيوية الأربعة وبر الصين الرئيس في اللحاق بركب الدول المتقدمة والتفوق عليها، يمكن القول إن ذلك الرأي بوجهة نظر حالية يعد خطأ. لكن لماذا يخطئ الاقتصاديون في حكمهم على معجزة شرق آسيا؟ وهل بنظرياتهم ودراساتهم التجريبية عناصر معقولة؟ سنناقش هذا في أبواب لاحقة من هذا الكتاب، وسنكتفي هنا برصد أمر واحد: الصين بسبب الاقتران عالي المستوى بين مرحلة التغير الديمغرافي ومرحلة الإقلاع الاقتصادي بها لم تنجح فقط في تجاوز "عنق الزجاجة" تراكم رأس المال، بل أيضا في التغلب على افتراض نظرية النمو الكلاسيكية الجديدة "تناقص العائد على رأس المال".

يشير دخل الفرد المنخفض في الدولة المتخلفة اقتصاديا إلى أن رأس المال المتراكم الذي يمكن استثماره غير كاف. كان هذا المبدأ واضحا في فرضية "حلقة الفقر المفرغة". خرجت هذه الفرضية من رحم نظرية مالتوس "فخ الفقر"، وترى أن ارتفاع الدخل في الدول الفقيرة يؤدي عادة إلى زيادة السكان، والذي يؤدي بدوره إلى العودة بمستوى الدخل إلى حد الكفاف. حينما بدأت الصين الإصلاح والانفتاح، أي في أواخر سبعينيات القرن العشرين ومطلع الثمانينيات، كان نصيب الفرد من GDP أقل من 200 دولار أمريكي، وهو بلا شك المستوى القياسي في الدول المتخلفة. لذلك فوفقا لنظرية "الفجوة المزدوجة" في اقتصادات التنمية، والتي تعني أن الاستثمار المحلي الأكبر من الادخار يؤدي إلى نقص رأس المال والعجز في الميزان التجاري يؤدي إلى نقص العملة الأجنبية، فإن جذب الاستثمارات الأجنبية المباشرة يساعد الصين -بلا شك- على تجاوز "عنق زجاجة" تراكم رأس المال.

لكن ذلك أيضا لا يعد الإسهام الأساسي للعولمة. أو بقول آخر، قبل فهم دور العولمة الإيجابي في تراكم رأس المال، ينبغي أولا فهم كيفية تحويل العولمة لعامل السكان الخاص في الصين إلى عائد ديمغرافي يدفع النمو الاقتصادي مباشرةً. بدأت نسبة إعالة السكان في الصين أي نسبة السكان المعالين إلى من هم في سن

العمل في الانخفاض منذ منتصف ستينيات القرن العشرين، ولهذا أطلق العنان تماما للطاقة الكامنة للعائد الديمغرافي في الصين خلال فترة الإصلاح والانفتاح.

في ظل أوضاع الصين الخاصة يعد العائد الديمغرافي المحتمل هو العامل الأكثر أهمية للمشاركة في العولمة الاقتصادية. وبفضل توافر العمالة الفائضة ضخمة، تم تحويل العمالة الرخيصة لقنوات التجارة الدولية إلى الصناعات كثيفة العمالة كميزة نسبية ومن ثم اكتسبت حصة في السوق وقوة على المنافسة الدولية، حتى تمكنت من تحقيق عائد ديمغرافي. وبمجرد توافر هذا الأمر، كان للدليل على العائد الديمغرافي المتمثل في نمو السكان الذين في سن العمل دور مهم في عامل النمو المتمثل في تراكم رأس المال، أي أن نسبة إعالة السكان المنخفضة والمستمرة في الانخفاض قد ساهمت في تحقيق معدل ادخار عال، وساهم الإمداد غير المحدود بالعمالة إسهاما أكبر في منع تناقص العائد على رأس المال. لذلك يمكن القول أيضا إن العائد الديمغرافي بلا عولمة هو مجرد هبة كامنة وليس عامل نمو، وتراكم رأس المال، الذي هو أحد شروط النمو، لا يمكن حدوثه دونها أيضا.

ومما لا شك فيه بالتأكيد أن لإدخال الاستثمارات الأجنبية المباشرة دورا إيجابيا كذلك. باستثناء الاستثمارات قليلة رأس المال، بالإضافة إلى ندرة استثمار رأس المال، تتمتع الاستثمارات الأجنبية المباشرة بامتيازات سياسية أكثر سهولة وتساهلا، خاصة عدم تدخل الحكومة -إلا قليلا- في عملية الإدارة، أصبحت ميزة مؤسسية، بالإضافة إلى ما تجلبه هذه الاستثمارات من تقنيات وإدارة وسوق، لها عادة كفاءة أعلى في تخصيص الموارد، كما تعد عنصر عولمة أهم من رأس المال نفسه.

في فترة الاقتصاد المخطط، أي في منتصف ستينيات القرن العشرين، بدأت نسبة إعالة السكان في الصين تنخفض، وفي منتصف السبعينيات كان نمو السكان الذين هم في سن العمل أسرع كثيرا من نمو السكان ككل. يعني ذلك أن عنصر السكان توقف على وجود عائد ديمغرافي. لكن المؤسف أن الصين في ذلك الوقت كانت في فترة "الثورة الثقافية الكبرى"، فلم يكن للبناء الاقتصادي أي اعتبار في السياسة، كما أعاقت العوامل المؤسسية النمو الاقتصادي.

لا مكان للفرضيات في التاريخ، لكن الاقتصاديين مع ذلك يصدرون دوما فرضيات يمكن تقبلها نظريا، قاصدين توضيح ما الذي قد يكون مختلفا لولا حدث ما. هناك على سبيل المثال محاكاة أجراها عالمان اقتصاديان بينت أنه لولا "القفزة الكبرى" في أواخر خمسينيات القرن العشرين و"الثورة الثقافية الكبرى" في عشر سنوات لاحقة، لظهرت في النمو الاقتصاد الصيني بعد 1958م أوضاع مختلفة تماما، أي في 1993م متوسط إنتاجية العامل الواحد 2.7 ضعف القيمة الفعلية[1].

يتضح أن عنصر السكان النافع، بسبب عدم توافر الظروف المؤسسية للنمو الاقتصادي، لم يتحول إلى مصدر نمو فحسب، بل أيضا تراكم بسبب العوائق المؤسسية وتوقُّف النمو لينتج عمالة فائضة في الريف والحضر. لكن هذا الوضع بهذه العمالة الفائضة أعيد اكتشافه في ظل الإصلاح والانفتاح، وأصبحت مصدرا للنمو الاقتصادي. حدثت انتقالات مهمة للعمالة في عملية تطوير الصناعات كثيفة العمالة الموجهة للتصدير. ولأن معظم الصناعات القادرة على المشاركة في العولمة موجهة للخارج بالضرورة، فإنها تتركز في المناطق الاقتصادية المتطورة والتي تتميز بأولوية تطبيق سياسة الإصلاح والانفتاح، وتعتمد أساسا على الاقتصاد غير العام، لذلك كان انتقال العمالة الريفية الفائضة من الزراعة إلى الصناعات غير الزراعية، ومن مناطق وسط وغرب الصين إلى المناطق الساحلية، ومن مؤسسات مملوكة للدولة إلى المؤسسات الاقتصادية غير العامة. يشير هذا الأمر إلى أن توزيع الموارد أصبح أكثر كفاءة. وفي فترة الإصلاح والانفتاح في الصين شكلت كفاءة إعادة توزيع الموارد جزءا مهما هو إنتاجية العوامل الكلية.

وقد نقل كروغمان حكاية من كتاب اقتصاد مدرسيّ تقول، إن مؤسسة أمريكية زعمت ابتكارها "تقنية" سرية، وطبقتها عمليا، وحولت هبات الدولة الوفيرة من الخشب والقمح إلى منتجات استهلاكية عليها طلب ضخم في السوق، ومن ثم حققت ثروات طائلة. لكن بالتفكير مليا في الأمر، وجد الناس أن هذه الشركة لم تبتكر في الواقع أي تقنية حقيقية، ولم يكن ذلك إلا نقل الأخشاب

---

(1) YKwan and GChow, Estimating Economic Effects of Political Movements in China, Journal of Comparative Economics, Vol.23, 1996, pp. 192-208.

والقمح إلى آسيا، ثم إعادتها في شكل منتجات جاهزة لازمة للمستهلك. وبقول أكثر صراحة، فإن هذه الشركة لم تقم إلا باستغلال مبدأ الأفضلية المقارنة لممارسة التجارة. كان قصد كروغمان من سرد هذه الحكاية هو أن التجارة ليست لغزا، بل هي مجرد عملية إدارة لا تختلف عن الإنتاج والتصنيع.

لكن يمكننا من ذلك استخراج مفهوم مختلف لكن أكثر نفعا. مثلما أن الشركة المذكورة في المثال السابق لم تعتمد على ابتكار تقني بل على تجارة دولية لإرجاع المنتجات اللازمة للسوق المحلي، ومن ثم حققت ربحا، فأي دولة تشارك في العولمة الاقتصادية باستغلال ميزتها النسبية يمكنها بالتأكيد تحقيق إنجازات في النمو الاقتصادي مماثلة للابتكار التقني أو تحسين الإنتاجية. أو بقول آخر، إن لتطبيق مبدأ الأفضلية النسبية في تقسيم العمل الدولي نتيجة مماثلة للتقدم التكنولوجي، وهي دفع النمو الاقتصادي.

من الواضح أن المشاركة في العولمة الاقتصادية قد ساعدت الصين في تجاوز "عنق زجاجة" تراكم عناصر الإنتاج وعوائق تحسين الإنتاجية، وضمن لها نموا اقتصاديا سريعا غير مسبوق خلال أكثر من ثلاثين عاما من الإصلاح والانفتاح. وعند استعراض كيفية دفع العولمة للتنمية الاقتصادية الصينية يمكننا من خلال الإحصاءات رصد المعجزة التي حققها نمو GDP الفعلي خلال أكثر من الثلاثين سنة الماضية، كما يمكننا بتحليل هذه البيانات التعمق أكثر لرصد الاستغلال الأمثل لعناصر الإنتاج، وما شكله من طاقة إنتاج محتملة أكبر. ويتضح هنا أنه بمجرد أن يلبي عامل زيادة الطلب متطلبات طاقة الإنتاج تلك يمكن تحقيق نمو فعلي متوافق معها.

الفصل الرابع

هل هو "شقاء من أجل الغير"؟

لاقت مشاركة الصين الضخمة في تقسيم العمل الدولي، حتى أصبحت مصنع العالم ومركز الصناعة الإنتاجية، انتقادات الباحثين المحليين على مر العصور؛ فهم يرون أن تصدير المنتجات منخفضة السعر والجودة هو بلا شك عمل من أجل الشركات متعددة الجنسيات، أي إنه "شقاء من أجل الغير". في ظل عدم توافر تحليلات اقتصادية عميقة وموضوعية وعلمية تبدو هذه الانتقادات منطقية تماما، ومتوافقة إلى حد كبير مع شعور الصينيين. لذلك سواء في الوسط الإعلامي أو في الوسط النظري، فوجهة النظر تلك شائعة للغاية. ولنستعرض أولا ثلاث حلقات تشتمل عليها هذه الوجهة.

الأولى: بينت وقائع لا حصر لها أن عملية تصدير منتجات الصناعة الإنتاجية يتحكم في معظمها الشركات متعددة الجنسيات؛ فيكتب فوقها "صنع في الصين"، وهي في الواقع تضع ذلك الجزء الصغير المتمثل في التصنيع فقط في الصين، أما الجزء الأكبر من معدل القيمة المضافة، كالعلامة التجارية والتصميم والتسويق وخدمة ما بعد البيع، تتحكم فيه كله الشركات الأجنبية، ولا تكسب المصانع الصينية إلا جزءا ضئيلا من الأرباح؛ فمثلا -وفقا لتقرير نشرته نيويورك تايمز- أظهرت نتائج تفكيك باحثين في وادي السيليكون الأمريكي لهاتف iPhone4 أن أقل تكلفة لهذا المنتج من شركة آبل كانت لمصنع التجميع في شنتشن، بينما أكثر من 100 قطعة غيار ذات هوامش ربحية عالية ومتوسطة كانت دوائر كهربية دقيقة من ألمانيا وكوريا، ورقائق هواتف محمولة للإنترنت اللاسلكي أو لإشارات الهاتف، وشاشات تعمل باللمس مصنعة في تايوان، وذلك بالطبع فضلا عن الأرباح الهائلة التي تحققها شركة آبل المطور لهذا المنتج.

الثانية: نتج عن حجم التصدير الصيني الضخم الذي تشكله المؤسسات ضئيلة الربح فائض تجاري ضخم للولايات المتحدة وأوروبا، وشكّل أكبر احتياطي نقد أجنبي في العالم. لكن في ظل عدم وجود أغراض استثمارية آمنة وموثوقة، استُثمر هذا الاحتياطي من النقد الأجنبي -على العكس- في الدول المتطورة، خاصة في الدين الوطني الأمريكي ومجالات غيره، حيث معدل العائد المنخفض ولكن المخاطر كبيرة، أي تعد إجمالا عوائد سلبية. تتحمل هذه الاستثمارات أي خسارة في قيمة الدولار الأمريكي، بل إن بعضها في ظل الأزمات المالية يخسر كل رأس المال الأصلي.

الثالثة: مع أن التكامل بين معدل الادخار العالي في الصين ومعدل الدين العالي في الولايات المتحدة ساعد الولايات المتحدة على الحفاظ على نمط الادخار المنخفض والاستهلاك العالي، لكن على عكس المفترض، فالتي تتعرض لانتقادات لا نهاية لها هي الصين، فيتهمونها بالتلاعب بسعر صرف عملتها، وبالمؤسسات المستغلة، وبانبعاثات الكربون العالية، وبأنها مصدر الاختلالات الاقتصادية العالمية وغيرها من الجرائم. وتبعا لذلك، تجعل هذه الاتهامات الأخلاقية، الصين، ذلك المشارك النشط في التجارة العالمية، هدفا مباشرا لمختلف الإجراءات الحمائية التجارية، وتواجه عقبات قوية متزايدة في انفتاحها على الخارج.

يتضح من ذلك أن وصف الصين بمصنع العالم ليس أمرا رائعا على الدوام، إذ تواجه الصين في كل زمان ومكان صعوبات شاقة. سنقدم في الفصل التالي التحليل اللازم لسوء الفهم الدولي والتصرفات الخاطئة من بعض الدول على أسس نظرية وواقعية. أما هنا فنحن بحاجة إلى أن ننظر فيما إذا كانت الصين قادرة منذ البداية على تجنب تيار العولمة الاقتصادية المندفع. أو بعبارة أخرى، إذا ربطنا بين مشاركة الصين في تقسيم العمل الدولي والظروف اللازمة للنمو السريع في فترة الإصلاح والانفتاح، سيصبح الاستنتاج أمامنا صورة حية ناطقة.

لا يزال تحقيق نمو سريع بامتلاك معدل نمو محتمل عالٍ، بحاجة إلى الدعم بعوامل محددة تؤثر في الطلب. فكما هو الحال عندما يتوافر كل ما يلزم لإنتاج منتج ما من ورشات وآلات وعمال وفنيين وغير ذلك، وتكفي أيضا قدرة البنية

التحتية من مواصلات وغيرها لضمان الإمداد بالطاقة ونقل المنتج، وما لا يتوافر فقط هو المشتري، لذا لا يمكن بدء عملية الإنتاج الفعلي، فإنه لا يمكن التحول إلى نمو اقتصادي فعلي بلا قدرة محتملة على الإنتاج تدعم الطلب. تتلخص عموما العوامل المؤثرة على الطلب في عملية النمو الاقتصادي في "الترويكا": طلب المستهلك النهائي، وطلب الاستثمار، وطلب التصدير. يتوقف مستوى طلب المستهلك المذكور على موارد البلد المالية والقوة الشرائية للشعب ورغبته في الاستهلاك.

كانت الصين، ليس فقط في مطلع فترة الإصلاح والانفتاح بل في معظم فترة الثمانينيات والتسعينيات، في مصاف الدول منخفضة الدخل وفقا لتعريف البنك الدولي. ووفقا لإحصاءات البنك الدولي فبعد انتهاء سنوات "الثورة الثقافية" الفوضوية وبالحساب بالسعر الثابت لعام 2000م كان نصيب الفرد من GDP في 1977م 149 دولارا فقط، وكان في 1997م 771 دولارا فقط، ولم يرتفع إلا في 2001م حين تخطى حاجز 1000 دولار. وفقا لمعايير البنك الدولي لتقسيم الدول من حيث الدخل في 1998م كان متوسط نصيب الفرد البالغ 760 دولارا هو الحد الفاصل بين شريحة الدول منخفضة الدخل والشريحة الدنيا من الدول متوسطة الدخل، أما وفقا لمعايير التقسيم في 2010م فكان الحد الفاصل هو 996 دولارا.

لا داعي لقول إن طلب المستهلك النهائي خلال فترة طويلة، بسبب تقيده بمستوى الدخل المنخفض ومن ثم مستوى الاستهلاك، لا يكفي لدعم معدل نمو اقتصادي أعلى من 8%، لذا فإن درجة اعتماد النمو الاقتصادي على الاستثمار والتصدير مرتفعة بالتأكيد. بالنظر من هذه الزاوية نجد أن تصدير المنتجات المصنعة الضخم والسريع النمو لا يساهم فقط في الاستفادة من ميزة العمالة الغنية النسبية، وتحقيق عائد ديمغرافي، وتأخير حدوث ظاهرة تناقص العائد على رأس المال، بل أيضا ساهم في استمرار دفع الاستثمار للنمو الاقتصادي زمنا طويلا، وخلق في الوقت نفسه طلبا خارجيا غير مسبوق. يلاحظ مما حدث لاحقا أن منذ الإصلاح والانفتاح حتى الآن باستثناء "سنوات التطرف/الإفراط/ الحد الأقصى" حافظ إسهام الاستهلاك النهائي على 3- 5 نقاط مئوية من العوامل المؤثرة في الطلب

المحرك للنمو الاقتصادي، أما معدل نمو GDP السنوي الذي يقارب 10% في كل سنة فقد توقف على الطلب على الاستثمار والطلب على التصدير، والارتفاع والانخفاض بينهما. وقد قلّ كثيرا تأرجح معدل إسهام طلب المستهلك في الصين بعد انضمامها إلى WTO في 2001م.

مع أن دور صافي الصادرات من السلع والخدمات في دفع النمو الاقتصادي خلال 2001- 2011م لم يكن كبيرا وفقا للإحصاءات، إذ كان متوسط قيمته 0.56% سنويا فقط، لكن هذا التقدير المبني على GDP لا يعكس إلا النسبة التي يحتلها التصدير من القيمة المضافة، لو قسنا بدرجة التبعية التجارية التقليدية نجد معدل إسهام التصدير في الاقتصاد الصيني أكبر بلا شك، ويعكس ذلك تأثير التصدير المباشر في دفع النشاط الاقتصادي ومن ثم التوظيف. يمكن قياس النشاط الاقتصادي في الواقع بعناصر الإنتاج المدخلة، كحجم العمالة وفرص العمل.

برصد حجم الصادرات المصنعة ونسبة التوظيف المرتبطة بالتصدير يمكننا من زاوية التوظيف ملاحظة أن درجة الاعتماد على محددات الطلب في السوق الدولية أكثر عمقا. مثلا في 2004م كانت نسبة الصادرات من حجم مبيعات الصناعة التحويلية الكامل 23.9%، وكانت نسبة العمالة التي تعمل من أجل التصدير من حجم التوظيف الكامل 26.4%. كانت هاتان النسبتان المتناسبتان في 2008م 18.9% و22.3% على التوالي. ليس هذا فحسب؛ بل في المؤسسات الموجهة التصدير في المناطق الساحلية كمنطقة دلتا نهر اللؤلؤة،، لا يشمل الإحصاء عددا كبيرا من الموظفين الفعليين بسبب استخدام عدد كبير من العمال المهاجرين والعمال الوافدين ذوي القدرة على الانتقال بحرية كبيرة، ومن ثم يكون عدد الموظفين وحجم التوظيف المبلغ عنه أقل كثيرا من العدد الفعلي. لو فكرنا في هذا العامل، سنجد درجة اعتماد الاقتصاد الصيني على التصدير المقاسة بالتوظيف أعلى بلا شك.

ومن ارتفاع حصة الصادرات الصينية من الصادرات العالمية يسهل ملاحظة أن العولمة قد حولت الطلب على الاستيراد في الدول الأخرى عاملا محركا للطلب في النمو الاقتصادي الصيني. إن نسبة تصدير المنتجات المصنعة الصينية من تجارة

السلع النهائية العالمية لم تصل في مطلع الثمانينيات إلى 1%، وارتفعت بعد انضمام الصين إلى WTO في 2001م إلى 5%، وبحلول 2011م تجاوزت 15%. يمكننا أيضا ملاحظة تباطؤ نمو استيراد المنتجات المصنعة الصينية في الفترة نفسها، لذلك لو قسنا بحجم صافي الصادرات من النسبة العالمية نجد سرعة نموه أعلى.

يمكن القول إن الصين التي أطلق عليها مصنع العالم أو مركز الصناعة العالمي عكست منذ الإصلاح والانفتاح، وخاصة بعد انضمامها إلى WTO، الدور بالغ الأهمية والذي لا غنى عنه للعوامل المؤثرة على الطلب الخارجي في تجاوز "عنق زجاجة" الطلب في النمو الاقتصادي. وعلاوة على ذلك، فقد ساهم تطوير قطاع الصناعات التحويلية الموجهة للتصدير عن طريق تأثير العناقيد الصناعية، بالإضافة إلى العوامل المؤثرة في الموقع، في دفع تطوير مصادر الطاقة، والمواد الخام، وصناعة البناء والتشييد، وصناعة الخدمات، والبنية التحتية. وأيضا مع اتساع نطاق التوظيف ومن ثم ارتفاع دخول سكان الحضر والريف، تحقق أخيرا هدف توسيع نطاق الاستهلاك المحلي وتحويله تدريجيا إلى عامل مهم مؤثر في الطلب في عملية النمو الاقتصادي.

الفصل الخامس

تأثير البلد الكبير

في مسيرة التنمية الاقتصادية العالمية مع أن كل الدول تلتزم غالبا بقوانين مشتركة ومن ثم تتشابه مسارات التنمية بها، لكن الفروق بين الدول ما زالت كبيرة جدا، فيظهر العديد من المتغيرات على طريق التنمية. عامل مهم يؤدي إلى فروق جوهرية بين الدول هو الفرق بين اقتصاد البلد الكبير واقتصاد البلد الصغير. بالنظر من زاوية علم الاقتصاد نجد أولا أن حجم الاقتصاد مهم وذو مغزى، ونجده يرتبط ارتباطا وثيقا بصفات فريدة عديدة نهتم بها. ومن ثم يجسد حجم الاقتصاد الكلي وحجم التجارة الكلي حجم وفرة عناصر الإنتاج الكلي، كل ذلك له تأثير ضخم على مشاركتها في العولمة وعلى تقسيم العمل الدولي.

لم يكن هناك بد للصين بوصفها كيانا اقتصاديا ضخما، من إعادة صياغة نظرية الأفضلية المقارنة التقليدية بمجرد انضمامها إلى العولمة الاقتصادية بهوية المنتج والمتاجر. إن لم نفهم هذه النقطة فلن نفهم سبب الاختلافات القائمة دوما لدى الاقتصاديين بين نظرياتهم واقتراحاتهم السياسية، كما لن نفهم لماذا تواجه الصين مثل هذا الكم الكبير من الانتقادات وأصبحت الهدف الأول من الحمائية التجارية.

يقدر العالم الاقتصادي بول ساموليسون الحائز على جائزة نوبل في الاقتصاد، نظرية الأفضلية النسبية لديفيد ريكاردو تقديرا عظيما، وأطلق عليها النظرية الأصح والأهم والأعظم في العلوم الاجتماعية، بل صرح عالم اقتصاد آخر حائز على جائزة نوبل أيضا هو الأمريكي بول كروغمان بأن لو كان للاقتصاديين عقيدة محددة، فلا بد من أن تحوي القسَمين التاليين: "أؤمن بمبدأ الأفضلية النسبية" و"أؤمن بالتجارة الحرة". لكن حينما لم يعد وطنهم الولايات المتحدة المستفيد الوحيد من العولمة، فقد ظهر اختلاف واضح في آرائهم السياسية عن هذه النظرية.

الوضع الجديد الذي انتبه إليه ساමويلسون هو أن تحسين الإنتاجية جعل أفضلية الصين النسبية لم تعد مقتصرة على الصناعات التصديرية السابقة، بل تحولت هذه الميزة النسبية التي تغيرت تغيرا نشطا مرنا إلى منافس قوي ضد الإنتاج الأمريكي ذي الصلة، ولذلك فإن التجارة الحرة -في الواقع- لا تفيد الولايات المتحدة من التجارة بالقدر الذي تفيد به الصين. ومن الواضح أن ساموبلسون، سواء باعتباره شخصية مميزة من الاقتصاديين الأمريكيين، أو باعتباره معمرا على دراية بما تؤدي إليه هذه الميزة النسبية على مر التاريخ من ازدهار وانحطاط بين الدول والمناطق، فلن يتخلى بسهولة عن نظرية الأفضلية النسبية، ولن يقترح أي سياسات حمائية من أي نوع.

لكن لم يكن هناك بد أمامه من الاعتراف بأنه بسبب المستفيدين من العولمة داخل دولة ما، لن يبادروا بتقديم التعويضات اللازمة للمتضررين منها، فذلك العامل الأمريكي الذي حل محله المنافس الصيني قد دفع -بلا شك- ثمن العولمة. أما العالم مايكل سبنس الحائز على نوبل أيضا استنتج من بحثه في تغيرات عملية التوظيف في الولايات المتحدة استنتاجا مذهلا يقول: إن إسناد الإنتاج لشركات خارجية قد دمر الاقتصاد الأمريكي. لقد اعترف الاقتصادي الأمريكي بول رومر بأن التجارة الحرة يمكن أن تقلل -جذريا- عدم التكافؤ بين الدول، لكنه في حيرة كبيرة؛ إذ يعي أن التعاطف مع من يعاني سوء المعيشة من البشر حول العالم هو أمر حميد، لكن للأسف عدم التكافؤ في الولايات المتحدة يزداد حدة يوما بعد يوم. وأمام الصراع بين مصالح الدولة والنظريات الاقتصادية، فالعالم بول كروغمان -الذي تابع باهتمام عدم تكافؤ الدخل في الولايات المتحدة زمنا طويلا- قد صرح -دون اكتراث بالعواقب- بأن الفائض التجاري الهائل للصين ليس نتيجة أفضليتها النسبية تماما، بل هو نتيجة تلاعب الحكومة بسعر صرف الرنمينبي. أدى فهمه هذا إلى طرحه آراء سياسية تجاوزت الخط الأحمر للعلم، بل اقترح أن تتخذ الحكومة الأمريكية إجراءات عقابية ضد الصين.

إن إرجاع سبب التغير النشط في الأفضلية النسبية وانخفاض قدرة البلد التنافسية إلى انحراف سياسة البلد الآخر بما يؤدي إلى اتخاذ إجراءات عقابية وتدخل

صارخ في شؤون هذا البلد الآخر لا يعد أمرا حديثا على الإطلاق. ذهبت في 2010م إلى نيويورك في رحلة عمل، وكان المخطط نزولي بفندق بلازا. شعرت منذ اللحظة الأولى بأني سمعت من قبل عن هذا الفندق، حتى تذكرت فجأة أن هذا المكان شهد حادثا تاريخيا بارزا هو توقيع "اتفاق بلازا". في 22 سبتمبر 1985م ومفاده أن الولايات المتحدة لتتخلص من أزمة "العجز المزدوج" في التجارة والمالية اتفقت الأمم المتحدة وبريطانيا على إجبار اليابان وألمانيا الاتحادية سابقا على الموافقة على الارتفاع الحاد في عملتيهما.

لم يحدث من قبل أن تغير مبدأ الأفضلية النسبية، لكن شموله عاملا مهما لا يمكن تجاهله كمكانة الصين في اقتصاد العالم هو ما يسمى بتأثير البلد الكبير. تفترض نظرية الأفضلية النسبية التقليدية دولتين ومنتجين وعاملي إنتاج *** تثبت أن كل الدول يمكن أن تستفيد من التجارة. لكن لأن اقتصاد الصين عملاق للغاية، فبمجرد انضمامه إلى عملية تقسيم العمل الدولي، تصبح عناصر الإنتاج التي يملكها، كالعمالة والمنتجات المصنعة ضخمة الحجم، في عملية التجارة الدولية في بعض المنتجات سببا في أن يُغرق بعض الاقتصادات الصغيرة من جهة، ولأن يؤدي من جهة أخرى إلى تدهور سريع في بعض صناعات بعض الدول الكبرى.

وبطبيعة الحال فإن الصين بالمثل تحتاج كمّا هائلا من المنتجات المستوردة من الدول الأخرى، كالآلات والمعدات من الدول المتقدمة والمنتجات المعدنية من الدول الغنية بالموارد، لكن بسبب الآراء السياسية المسبقة وبسبب عوامل عديدة أخرى، فلم تعد استفادة كل دولة بالتساوي من تقسيم العمل الدولي أمرا مسلما به. وحتى لو كان الأمر كذلك، فالمشكلة ليست في جانب الصين، كما أنها لا تستطيع بمفردها تحمل عبء حل مشكلة الاختلالات الاقتصادية الثقيل.

أولا: كانت القيود الصارمة التي فرضتها الدول المتطورة، خاصة الولايات المتحدة، على صادرات الصين سببًا في أن تصبح الصين أكبر منتج ومصدر للصناعات كثيفة العمالة في العالم وأن تعجز -في الوقت نفسه- عن أن تصبح أكبر مستورد. تتبع الولايات المتحدة تقاليد حماية تجارية قديمة، ولطالما كان تقييد

133

تصدير منتجاتها التقنية جزءا مهما من سياستها التجارية. امتدت القيود الصارمة لمنتجات التقنية الفائقة الأمريكية على صادرات الصين منذ تأسيس جمهورية الصين الشعبية مرورا بالحرب الباردة وحتى يومنا الحاضر. بعد انضمام الصين إلى WTO في حين زاد حجم التجارة الصينية الأمريكية زيادة ملحوظة واصلت الولايات المتحدة تقييد التصدير على الصين باسم الأمن الوطني، ما أدى إلى اختلال تجاري ضخم في البلدين. تعيش كل من الصين والولايات المتحدة مرحلة مختلفة من التطور العلمي والتقني، والتمادي في فرض القيود على تصدير الصين للمنتجات ذات التقنيات العالية يخالف بوضوح مبدأ الأفضلية النسبية، والعجز التجاري للولايات المتحدة ضد الصين تسببت فيه الولايات المتحدة بنفسها بلا شك.

ثانيا: إن قدرة البلد التنافسية هي في النهاية نتيجة تقدمها التكنولوجي وارتفاع إنتاجيتها. إعاقة التنمية الاقتصادية للشريك التجاري يمنع استفادته من أفضليته النسبية المتغيرة، وتعجزه عن حل مشاكله الخاصة. الاقتصادي الأمريكي روبرت غوردون انطلاقا من الابتكار وتأثيره في دفع النمو الاقتصادي المتجه للانخفاض ذكر بعض العوامل التي تؤدي إلى تباطؤ نمو الاقتصاد الأمريكي واستمراره في المستقبل. هذه العوامل هي اختفاء العائد الديمغرافي، وعدم استقرار تطوير التعليم، واحتداد عدم المساواة، والتفاعل بين العولمة وتكنولوجيا المعلومات، ومصادر الطاقة والبيئة، وحقوق وواجبات الأسرة والحكومة. يتضح للعيان أن إحالة سبب عدم استقرار النمو الاقتصادي المتشكل أساسا بعوامل محلية إلى المنافس التجاري، حتى لو كان بغرض تحويل أنظار الشعب سياسيا، فهو ليس إلا كتسلق شجرة بحثا عن سمكة.

ثالثا: الولايات المتحدة في النهاية هي المستفيد الوحيد من العولمة، لكن الاتجاهات الخاطئة في الاقتصاد المحلي والسياسة الاجتماعية يؤدي إلى افتقار كمية هائلة من العمالة إلى مهارات العمل، وتسير الدولة أبعد فأبعد على طريق عدم التكافؤ في توزيع الدخل. إن إلقاء اللوم على انتقال الصناعات والمنافسة الناتجة عن التعهيد الخارجي للتستر على الأخطاء المحلية ليس -على كل حال- وصفة ناجعة

لعلاج مرض النظام العضال. في هذا الصدد لاحظ كروغمان جوهر المشكلة. في استرجاعه عملية تبادل الحكم بين الحزب الديمقراطي والحزب الجمهوري في الولايات المتحدة كان ما استنتجه بخصوص علاقة الاتجاهات السياسية المختلفة في توزيع الدخل .بمستوى عدم التكافؤ الفعلي أن اتساع فجوة الدخل يرتبط ارتباطا وثيقا بسياسة توزيع الدخل المحلية المتبعة.

الفصل السادس

إوز بري أم تنين عملاق؟

بالإضافة إلى التمييز بين اقتصاد البلد الكبير واقتصاد البلد الصغير انطلاقا من حجم الكيان الاقتصادي، يمكن كذلك النظر من زاوية أخرى. إن السمة الجوهرية لاقتصادات البلاد الصغيرة هي تشابه هياكل الموارد الوفيرة ومن ثم تماثل الهياكل الصناعية. ولأن النظام يخلو مما يعوق انتقال عناصر الإنتاج فليس هناك فروق باقية في هيكل وفرة الموارد، أو اختفت هذه الفروق سريعا خلال عملية التنمية. لذلك فإن الاقتصاد الوطني باعتباره كيانا متكاملا بسبب الوفرة النسبية أو الندرة النسبية في عناصر الإنتاج، لديه أفضلية نسبية في صناعة ما أو في بعض الصناعات، وبمجرد تغير الأفضلية النسبية يدخل الاقتصاد -ككل- مرحلة تنمية جديدة.

أما سمة اقتصادات البلاد الكبيرة فهي عدم التجانس بين المناطق. أعاقت عوامل مؤسسية تداول عناصر الإنتاج، ووجدت فروق ضخمة بين المناطق في هياكل وفرة الموارد، فاختفى الاتجاه نحو النمو الاقتصادي زمنا طويلا. ولهذا ففي ظل بدء مرحلة تنمية جديدة في بعض المناطق، وتغير هيكل وفرة عناصر الإنتاج، ومن ثم تغير الأفضلية النسبية والهيكل الصناعي، قد لا تزال بعض المناطق الأخرى في مرحلة التنمية نفسها، ولم يظهر تغير هيكلي متناسب.

أظهرت اقتصادات الدول الصغيرة واقتصادات الدول الكبيرة، التي نجد بينها وفقا للتجانس أو عدمه بين الأقاليم، اختلافات كبرى في التنمية الاقتصادية على المدى الطويل، خاصة في مرحلة التحول الحاسمة في التنمية الاقتصادية. وفق هذا التعريف فللصين اقتصاد بلد كبير هو الأكثر نموذجية. فضلا عن حجم اقتصادها الإجمالي الذي احتل المرتبة الثانية عالميا، السمة الأكثر توافقا مع هذا التعريف هي ظهور فروق هائلة بين الأقاليم من حيث وفرة الموارد والندرة النسبية في عناصر

الإنتاج، ومن ثم الأسعار النسبية ومستوى التنمية الاقتصادية، بسبب عدم تشكل سوق عناصر إنتاج موحد في الصين كلها زمنا طويلا.

وبرصد تأثير اقتصاد البلد الكبير للصين من هذا المفهوم نجد السمات الإقليمية السابق ذكرها التي أظهرتها عملية تنميتها الاقتصادية أظهرت بالمثل نقاط فريدة بارزة في فترة تغير مرحلة التنمية الاقتصادية؛ ففي ظل تغير هيكل وفرة عناصر الإنتاج في المناطق المتطورة اقتصاديا ومن ثم تغير الميزة النسبية، لم يظهر تغير في المناطق المتخلفة نسبيا بل لم يحدث بعد.

تساهم معرفة تأثير البلد الكبير لاقتصاد الصين "العملاق" وفهمه جيدا في حكمنا على التحول الحاسم في مرحلة التنمية الاقتصادية، وبالنسبة إلى الصين فهو اختفاء العائد الديمغرافي، ومن ثم فالصناعة الصينية، بعد ارتفاع تكلفة العمالة، حرة في اختيار اتجاهها، أو -بقول آخر- اتجاه تحول مركز الصناعة العالمية.

يوضح هذا التأثير الإقليمي الخاص للصين أن نظريات النمو الاقتصادي مع أنها تلخص العديد من مبادئ علم الاقتصاد تكشف أمورا نظامية عديدة، لكن لكل دولة وضعها الخاص، ولهذا قد تكون استثناءً -إلى حد ما قل أو كثر- في نموذجها الاقتصادي. يمكن توضيح هذه النقطة جيدا بالمقارنة بين تأثير البلد الكبير للصين وتأثير البلد الصغير لسنغافورة.

الاقتصادي الأمريكي بول كروغمان اتخذ سنغافورة مثالا لنقد نموذج شرق آسيا. فيرى أن ما مرت به سنغافورة يوضح أن التنمية الاقتصادية السريعة لهذا البلد اعتمدت أساسا على إدخال عناصر الإنتاج، دون دعم للإنتاجية المرتفعة. لذلك تنبأ بأن نمو اقصاد سنغافورة لا يمكن أن يستمر. بعد مرور عدة أعوام على هذا التنبؤ الذي لم يثبت بعد، عرفه أحدهم على لي كوان يو رئيس وزراء سنغافورة في أحد المؤتمرات الدولية. كان لي كوان يو يضيق صدره بانتقاد كروغمان في ذلك العام، وقال له: "تعتقد أن كل ما لدينا هو تراكم العناصر، لكن بلا تقدم تكنولوجي يدعمها، فلأسألك سؤالا إذن، لقد قارب معدل ادخار سنغافورة في الأربعين سنة المنصرمة الـ 50%، وهو ما يعد الأعلى عالميا، لكن معدل العائد على رأس المال لدينا لم ينخفض، فإذا لم يكن لدينا تقدم تكنولوجي،

فكيف لم ينخفض معدل العائد على رأس المال؟![1]

لو كان هذا الحوار قد حدث بالفعل و لم يكن اختلاقا، فأنا أحيي لي كوان يو على هذا السؤال. لقد أساء كروغمان الحكم على نموذج شرق آسيا، وذلك لأنه اعتبر ما تفترضه نظرية النمو الكلاسيكية الجديدة أمرا مسلما به، و لم يفهم العائد الديمغرافي، ورفض الاعتراف بمرحلة الاقتصاد الثنائي التنموية. وسنوضح هذه النقطة بالتفصيل في أبواب لاحقة. لكن ما أريد قوله هنا هو أن قول لي كوان يو قد جانبه الصواب قليلا. أولا: لقد خلط لي كوان يو بين معدل العائد الحدي لرأس المال ومعدل عائد الاستثمار. يشير تناقص العائد على رأس المال في تحليل نمو اقتصادي عادي أو في تحليل اقتصاد قياسي معين إلا أن العائد الحدي لرأس المال سينخفض بتزايد الاستثمار. بالنسبة إلى كيان اقتصادي لديه التقدم التكنولوجي والإنتاجية المرتفعة فإن إسهام رأس المال في النمو الاقتصادي سيحل محله ارتفاع إنتاجية العوامل الكلية، لذلك سيستمر النمو الاقتصادي. لا يزال للاستثمار في هذا الوقت فائدة ترجى في العملية الاقتصادية. جملة "معدل العائد على رأس المال لم ينخفض" التي قالها لي كوان يو تشير في الواقع إلى وضع لاحق. مع تحول سنغافورة إلى كيان اقتصادي أكثر نضجا واكتمالا، ظاهرة تناقص العائد على رأس المال بالمعنى السابق ستحدث بالضرورة، وستتوافق مع تنبؤات نظرية النمو الكلاسيكية الجديدة، ولن تكون استثناء.

ثانيا: تعد سنغافورة حالة خاصة. لم يذكر لي كوان يو ذلك لكروغمان، ولا داعي لذلك في الحقيقة، إذ إن كروغمان لا يفهم مغزاها. يقصد بذلك أن سنغافورة، بسبب إدخال كمية ضخمة من العمالة الأجنبية، قد أخرت نقطة التحول اللويسية ومن ثم مددت فترة جني ثمار العائد الديمغرافي. استغلت دول ومناطق عديدة في اقتصادات شرق آسيا العمالَ الأجانب لبقاء الإمداد بالعمالة، وأخرت نقطة التحول اللويسية، لذلك هناك من الباحثين من يعد نقص العمالة في

(1) هذه القصة مأخوذة عن كلمة للين يي فو، راجع "محادثات اقتصادية"، نقلا عن "تسجيلات البحث والمناقشة"، تحرير صندوق أبحاث التنمية بشانغهاي، العدد 36 لعام 2013م، صفحة 33.

نطاق دولي أو إقليمي وليس داخل الدولة الواحدة علامةً مميزة لنقطة تحول لويس. لكن سنغافورة حالة خاصة إذ استغلت عمال أجانب منذ البداية، لدرجة أن 40% تقريبا من إجمالي ناتجها المحلي حتى يومنا الحاضر أنتجته العمالة الأجنبية. لا شك في أن ذلك عامل مهم في أن يكون الإمداد بالعمالة في سنغافورة أكثر اكتمالا، وأن تتأخر ظاهرة تناقص العائد على رأس المال.

يعد الاعتماد الكبير على العمالة الخارجية للحفاظ على الإمداد بالعمالة لدى اقتصاد بلد صغير كسنغافورة طريقة مجدية. لكن بالنسبة إلى اقتصاد بلد كبير كالصين فهو أمر غير واقعي. على فرض أدخلت الصين في 2010م عمالة في سن 20-29 سنة من الدول النامية الأخرى لزيادة نسبة الموظفين من السكان 40%، أظهرت عملية حسابية تقريبية أن حجم الطلب الكلي سيحتل ما يقارب 40% من سكان الدول النامية الأخرى الذين في هذه السن، لكن بوصفه اقتصاد بلد كبير، فإن الصين لها ميزتها الفريدة، ويمكنها مثل سنغافورة الاستفادة جيدا من العمالة الوفيرة لديها، وهو ما يعني أن تشكيل نسخة محلية من "نموذج الإوز" ما زال يستفيد من العولمة.

وبنظرة سطحية، نجد انتشار ظاهرة نقص العمال المهاجرين الناتجة عن اختفاء العائد الديمغرافي، وأيضا الارتفاع السريع في أجور العمال غير المهرة، وكأنهما ينذران بنهاية ميزة الصين النسبية المتمثلة في الصناعات كثيفة العمالة، أي في ظل الارتفاع المستمر في تكلفة العمالة، ووفقا لتجربة نموذج الإوز السابقة يبدو تحول الصناعات الصينية كثيفة العمالة إلى الدول النامية الأخرى أمرا منطقيا.

هذا الاستنتاج في الواقع لا يتفق والمنطق بالضرورة، كما أنه ليس دقيقا. فما زالت القدرة الكامنة على كفاءة إعادة تخصيص الموارد متوافرة خلال العقد أو العقدين القادمين على الأقل، وتتجسد أساسا في انتقال الصناعات كثيفة العمل بين الأقاليم. بقول آخر، بوصفه اقتصاد بلد كبير، فليست الصين إوزة وحيدة تقود السرب، بل هي تنين عملاق يُرى أوله دون آخره. يمكننا أن نلاحظ عاملين على الأقل سيدعمان بقوة نموذج التنين العملاق الذي تنتقل فيه الصناعات محليا بين الأقاليم.

العامل الأول الذي يسهم في انتقال الصناعات محليا هو أننا لم نرَ حتى الآن أي دولة تتمتع بقوة وحجم كافيين لتحل محل الصين بلد الصناعة العظيم. لاحظ بعض الصحافيين من قبل، نقل بعض المستثمرين استثماراتهم إلى الهند وفيتنام وغيرهما بسبب ارتفاع الأجور في المناطق الساحلية الصينية، فاقتفوا خطواتهم، وتبعوهم إلى تلك الأماكن الاستثمارية الجديدة لإجراء المقابلات الصحافية، وكانت النتيجة أن ذُهلوا باكتشاف أن أجور العمال العاديين في هذه الدول آخذة في الارتفاع أيضا، كما يتناسب تماما مع توقيت ارتفاع الأجور في الصين، وأنه لا فرق تقريبا في نسبة الارتفاع.

ولا عجب من هذا الأمر في الحقيقة، ما دامت عمالة الصين الرخيصة تمكنت خلال 20-30 سنة الماضية من منع ارتفاع الأجور العالمية، فإن ارتفاعها الملحوظ حاليا في الصين يمكن -بطبيعة الحال- أن يحرك الدول النامية الأخرى لاقتفاء أثرها، خاصة تلك الدول التي تتبع الصين وتترقب جني ثمار العائد الديمغرافي.

بوصفه تفكيرا استراتيجيا في الاستثمار، ابتكرت مجموعة غولدمان ساكس مفهوم "بريك"، ثم مفهوم "الإحدى عشرة دولة نامية جديدة". هذه الدول هي كوريا الجنوبية، وإندونيسيا، والمكسيك، وباكستان، والفلبين، وبنغلاديش، ونيجيريا، وإيران، وفيتنام، وتركيا، ومصر. لأن كوريا دولة مرتفعة الدخل والتغير الديمغرافي بها مشابه للصين، فيجب في الواقع ألا تكون ضمن هذه الفئة. الهند التي لا تحويها دول "الإحدى عشرة" على العكس تتناسب أكثر مع معايير المنافسة مع الصين من حيث طاقة الإمداد بالعمالة ومستوى الأجور، لذلك ستحل الهند محل كوريا الجنوبية في المقارنة بالصين. تجاوزت الدول التي يحتمل أن تتابع الصناعة التحويلية هذا النطاق إلى مدى بعيد، وما نفعله هنا ليس إلا اتخاذ هذه الدول مثالا، وسيكون المبدأ المراد توضيحه عاما.

هناك من ضمن الدول المذكورة سابقا بعض الدول التي تتميز بلا شك عن الصين في تكلفة العمالة، كالهند وفيتنام وبنغلاديش، وينخفض فيها نصيب الفرد من GDP ومستوى الأجور انخفاضا بارزا عن الصين، لكن نصيب الفرد من GDP في تركيا والمكسيك أعلى كثيرا منه في الصين، والأجور أيضا أعلى كثيرا،

لذلك لا تتشكل منافسة كبيرة من زاوية تكلفة العمالة. أمر واقع مهم يجب الانتباه إليه هو أن الصين بوصفها بلدا كبيرا كثيف السكان والعمالة لا يمكن أن تحل محلها جميع الدول المذكورة مجتمعة.

على سبيل المثال، من بين الدول العشر التي عقدت بينها المقارنة في 2010م احتلت الصين الأغلبية المطلقة بنسبة 38% من إجمالي حجم السكان ممن في سن العمل (15- 64). ولو لم تشمل المقارنة الهند، ذلك البلد الكبير الذي يحتل المركز الثاني عالميا في عدد السكان، فستصل النسبة إلى 55%. وحتى في 2020م ستظل نسبة السكان الذين في سن العمل في الصين أعلى منها في الدول النامية الأخرى.

حجم العمالة الصينية الضخم والنسبة التي تحتل الأفضلية المطلقة، حددت احتمالية أن تصبح هذه الدول مركز الصناعة العالمي بدلا من الصين، التي هي حاليا على الأقل احتمالية ضئيلة. وهو ما يعني أنه حتى لو انتقلت نسبة صغيرة من الصناعات كثيفة العمالة في الصين إلى دولة أو عدة دول أخرى فسيسبب ذلك ارتفاعا حادا في الطلب على العمالة في تلك الدول، ما يؤدي إلى نقص الإمداد بالعمالة، ومن ثم انخفاض قدرتها التنافسية بفعل ارتفاع الأجور.

وجد مؤخرا أن اتجاه ندرة العمالة وارتفاع الأجور واضح للغاية في بعض الدول التي تحاول استقبال الصناعات الصينية كثيفة العمالة. فالهند مثلا تتميز بكثافة سكانية ضخمة وبكمية هائلة من السكان ممن في سن العمل، لكن بسبب انخفاض مستوى تعليم العمال كان متوسط سنوات الدراسة للسكان ممن هم فوق 25 سنة في 2010م 4.4 عام فقط، فلم يكن الكثير مؤهلا لمتطلبات الوظائف، لذلك فالإمداد بالعمالة الفعالة في الهند ليس كافيا في الواقع. ومن هنا يمكن تفسير لماذا كانت الهند طوال عشر سنين متتالية على رأس جميع الدول الآسيوية من حيث ارتفاع الأجور وفقا لمعايير معينة.

تتضح من ذلك ضرورة النظر إلى العدد المطلق والعدد النسبي عند رصد الإمداد بالعمالة، كما ينبغي النظر إلى توافق مهارة العامل مع متطلبات الوظيفة من عدمه. أو بعبارة أخرى، يحدد كل من عدد العمال ورأس المال البشري ملاذ الصناعة. فلننظر إلى وضع متوسط سنوات التعليم للسكان ممن هم فوق 25 سنة؛

كانت المكسيك والفلبين فقط أعلى من الصين من بين 11 دولة قورنت بها بمقدار 13- 14 شهرا تقريبا، أما معظم الدول فقد كان متوسط سنوات الدراسة بها أقل منه في الصين كثيرا، كبنغلاديش التي كانت أقل منها في الصين بـ 33 شهرا. لو حسبنا حاصل ضرب إجمالي عدد السكان ممن هم فوق 25 سنة في متوسط سنوات الدراسة للفرد، بوصفه حجم رأس المال البشري الكلي لدولة ما، سنجد الصين في 2010م تحتل من بين هذه الدول الاثنتي عشرة نسبة تفوق 50%.

وحسب التوقعات لسرعة نمو متوسط سنوات الدراسة للفرد الواحد في الفترة بين 2000م و2010م في الدول السابق ذكرها فإن متوسط سنوات الدراسة للسكان ممن هم فوق 25 سنة في الصين سيبلغ في 2020م 8.63 سنة، وحينها سيبلغ حجم رأس المال البشري الإجمالي في الصين 45% من إجمالي حجم رأس المال البشري في الدول الاثنتي عشرة مجتمعة. ولهذا التوقع مغزيان.

أولهما: سيظل حجم رأس المال البشري الكلي في الصين قبل 2020م على الأقل محافظا على أفضلية هائلة. ستنتقل حصة معينة من الصناعات كثيفة العمالة إلى الدول النامية الأخرى، لكن مكانة الصين -بوصفها صانع هذه المنتجات- يستحيل أن تحل محلها أي دولة أخرى نهائيا، بل يستحيل أن تحل محلها أي دولة أخرى بدرجة ما.

وثانيهما: أن العامل الحاسم في حفاظ الصين على مكانة بلد الصناعة الضخم هو تراكم رأس المال البشري أو سرعة تطور التعليم وجودته. التحول الديمغرافي عملية لا رجعة فيها، وسيختفي أول عائد ديمغرافي في النهاية، لكن يمكن تسريع عملية تحسين نوعية العمالة، فيمكن أن يصبح العائد الديمغرافي الثاني غير محدود.

العامل الثاني الذي يساهم في انتقال العمالة في إطار إقليمي هو ما يمكن أن نتنبأ به من أن مستوى الأجور في مناطق وسط الصين وغربها سيظل خلال فترة معينة أقل منه في المناطق الشرقية. ومع نشوء ظاهرة نقص العمالة وتوافر عدد أكبر من فرص العمل نتيجةً لتنمية غرب ووسط الصين، ظهر تقارب في أجور العمال المهاجرين من الريف إلى الحضر في شرق الصين ووسطها وغربها. كان متوسط

أجور العمال المهاجرين بمناطق غرب ووسط الصين في 2003م يساوي 74% فقط منه في شرق الصين، أما في 2009م ارتفعت هذه النسبة لتصل إلى 96%.

لكن لا يزال من الممكن التنبؤ بأن ارتفاع الأجور في المناطق الساحلية سيصبح بالتدريج أسرع منه في مناطق وسط وغرب الصين، فبالنظر من زاوية إجمالي عدد قضايا النزاعات العمالية الحالية ومعدل حدوثها نجد أن الأغلبية الساحقة لمناطق شرق الصين، إذ إن 72% من النزاعات العمالية حول الصين في الوقت الحالي تحدث في شرقها، ومعدل حدوث مثل هذه النزاعات العمالية المحلية في شرق الصين (أي 5.2 قضية نزاع عمالي لكل ألف موظف) أعلى كثيرا منها في وسطها (1.5 قضية) وغربها (2 قضية). ولأن السبب الرئيس في النزاعات العمالية هو الأجر، فمعنى ذلك أن مستوى الأجور الحالي في شرق الصين غير مرضٍ للعمال بدرجة أكبر، وبهذا فإن الارتفاع السريع المتواصل في الأجور من أجل جذب العمالة أمر مرتقب الحدوث.

نجد في المقابل مستوى الأجور الحالي في مناطق وسط الصين وغربها جاذبـا للعمالة المحلية، خاصة تلك العمالة الريفية ذات الأعمار الكبيرة، لذلك في ظل تعبئتهم للعمل في الصناعات غير الزراعية قد يكون ارتفاع الأجور مستقرا نسبيا. هكذا بالنظر من زاوية الفرق في الأجور والإمداد المحتمل بالعمالة نلاحظ الفراغ الهائل في انتقال الصناعات كثيفة العمالة إلى وسط وغرب الصين.

يتحدد توزيع الصناعات إقليميا وفق عامل تكلفة العناصر، كما يرتبط ارتباطا وثيقا بتأثير العناقيد الذي يؤثر في تكاليف الإنتاج وتكاليف المعاملات التجارية. وجدت الأبحاث التي استخدمت بيانات المؤسسات الصناعية فوق الحجم المخصص –أي التي يبلغ إيرادها من التشغيل الرئيس 5 مليون يوان فأكثر– في الصين في 1998– 2008م، وبيانات الضرائب المالية للمحافظات أن تأثير العناقيد الصناعية هيمن قبل 2004م على التوزيع الإقليمي للصناعات كثيفة العمالة، والنتيجة هي تركز أكثرها في مناطق شرق الصين. لكن هذا التأثير انخفض بالتدريج لاحقا، وتدريجيا أصبح ارتفاع تكاليف التشغيل الشامل وارتفاع تكاليف العناصر عاملين مهمين مؤثرين في توزيع الصناعات.

لذلك بدأ انتقال هذه الصناعات كثيفة العمالة منذ 2004م من المناطق الشرقية إلى المناطق الوسطى والغربية وبخاصة في المناطق الوسطى. فنجد مثلا نسبة قيمة إنتاج المناطق الشرقية من الصناعات كثيفة العمالة انخفضت من أعلى نسبة في 2004م (88.9%) إلى 84.7% في 2008م، أي تجاوز انخفاضها 1 نقطة مئوية سنويا. بسبب صعوبة توافر البيانات ولا يمكن إلا أن نرى التغير القائم خلال أربع سنوات فقط، ولكن في الواقع يمكن التنبؤ بأن سرعة انتقال هذه الصناعات بعد 2008م لن تستمر فحسب، بل من المحتمل أن تتزايد كثيرا.

الباب الخامس

مرحلة التنمية ونقطة التحول

هناك علاقة وثيقة بين ظاهرة دورة الأعمال ومسيرة النمو الاقتصادي، ويؤثر كل منهما في الآخر تأثيرا مهما، كما يحدد كل منهما عوامل مختلفة رغم تشابهها. لذلك ينبغي لفهم متطلبات الاقتصاد الصيني النظر من زاويتي المدى القريب والمدى البعيد، حتى يمكن إصدار حكم صحيح على مرحلة التنمية الاقتصادية وعلى وضع الاقتصاد الكلي، وتشكيل فكر موجه واتخاذ تدابير سياسية مناسبة.

لقد حدث تغير جذري في مرحلة التنمية الاقتصادية الصينية؛ فلم تتخطّ نقطة التحول اللويسية فحسب، بل أيضا بدأ العائد الديمغرافي يختفي سريعا، وهو ما تجسد في النهاية في انخفاض سعة الإنتاج المحتملة لجانب العرض. بلا فهم هذه النقطة من حيث المدى البعيد فسيصبح الحكم على وضع الاقتصاد الكلي خاطئًا بالتأكيد. ولو ظننا أن سرعة النمو هي نتيجة لعوامل دورية، واتخذنا سياسات تحفز سرعة النمو من زاوية الطلب، فستنتج حتما نتيجة عكسية تماما. وبالنظر من زاوية الخبرة الدولية نجد أيضا أن لمثل هذه الأخطاء السياسية غالبا عواقب كارثية.

الفصل الأول

مرحلة التنمية الاقتصادية

هناك سمة مشتركة بين العديد من علماء اقتصادات التنمية الأوائل، وهي الميل إلى تقسيم اقتصادات التنمية إلى مراحل مختلفة. ووفقا لهذا المنطق النظري التقليدي، فقد اقتفت الدول اللاحقة خطى الدول التي سارت في الطليعة وقلدت قوانينها تقليدا أعمى. ولهذا السبب تحديدا كان للتنمية الاقتصادية أهمية البحث المقارن. أشهر تقسيم لمراحل التنمية الاقتصادية هو نظرية مراحل التطور الاقتصادي الخمس لوالت روستو القائلة إن الدولة في تحولها من الفقر إلى الثراء ستمر بخمس مراحل تنمية هي: مرحلة المجتمع التقليدي، ومرحلة التهيؤ للانطلاق، ومرحلة الانطلاق، ومرحلة الاتجاه نحو النضج، ومرحلة الاستهلاك الشعبي الوفير.

لكن فضلا عن أن هذا التقسيم قد أثار منذ نشوئه الآراء المختلفة والجدالات الحادة، فمع الارتفاع التدريجي في اقتصاديات التنمية بعد سبعينيات القرن العشرين، أصبحت نظرية النمو الكلاسيكية الجديدة هي التيار السائد، ولم تعد اقتصاديات التنمية تقسم إلى مراحل، وكأنها نوع واحد من البداية إلى النهاية، وهو ما يسمى بالنمو الكلاسيكي الجديد. ووفقا لتحليل روبرت سولو في هذا النوع من النمو، فإن العمالة النادرة واستمرار إدخال رأس المال سيصده تناقص العائد، لذلك فالمصدر الوحيد لنمو اقتصادي طويل الأمد هو التقدم التقني ورفع معدل الإنتاج.

لا يرضي هذا التفسير -في الواقع- علماء الاقتصاد على الإطلاق، لأنه ما من أحد ينكر أن فخ الفقر لدى مالتوس هو الأقدم في تاريخ البشرية. إن فخ التوازن، ذلك المتسم بدوران الفقر والمجاعة في حلقة مفرغة لا يمت إلى النمو الكلاسيكي

الجديد لروستو بصلة. لذلك في النهاية نجد اقتصاديين اعترفوا بوجود حالة توازن على نهج مالتوس قبل حالة النمو الكلاسيكي الجديد على نهج سولو، وحاولوا تحليلهما بإطار نظري موحد.

كان مَن قدم هذا الإسهام، أي الاعتراف بمرحلة مالتوس في التحليل الاقتصادي السائد، والعودة من جديد إلى تقسيم النمو الاقتصادي إلى مراحل، هو إدوارد بريسكوت ومعاونوه[1]. ليس هذا فحسب، بل اعترف هذا الاقتصادي الحائز على جائزة نوبل في الاقتصاد وأحد معاونيه في مقال لهما بوجود مرحلة انتقالية من "مالتوس" إلى "سولو"، والعامل الحاسم لهذا الانتقال هو كيفية إزالة ما يعوق انتقال العمالة[2].

يمكننا دون جهد كبير تصور أن مرحلة التنمية الاقتصادية بين "مالتوس" إلى "سولو" يجب أن تسمى بمرحلة "لويس". نعرف بطبيعة الحال أن هذه المرحلة تسمى أيضا مرحلة تطور الاقتصاد الثنائي، وسمتها استيعاب نمو القطاعات الحديثة لفائض العمالة من الزراعة بالأجر الحدي "حد الكفاف – حد الأجور الأدنى" الثابت، حتى حدثت الظاهرة الجديدة المتمثلة في نقص العمالة وارتفاع الأجور المتواصل، أي بلوغ نقطة التحول اللويسية.

يُعتقد عموما أن حقوق الملكية الفكرية في علم الاقتصاد الحديث – الذي يتضمن نظريات النمو – يجب أن تنتمي إلى الاقتصاديين الغربيين. لكن في تاريخ الاقتصاد الغربي، كان الانتقال من عصر مالتوس الذي يصل إلى آلاف السنين، إلى عصر سولو بطيئا كزحف الحلزون، كما لم تكشف عملية التغير الديمغرافي تغيرا مرحليا، ومن ثم يصعب على الكثيرين ملاحظة عصر لويس الفاصل بينهما بوضوح. ولهذا يتجاهل الاقتصاديون الغربيون غالبا، عملية تطور الاقتصاد الثنائي، ويُعد رصد لويس الصحيح مجرد ظاهرة خاصة بالدول النامية، بل حينما رصد

---

(1) G D Hansen and E.Prescott, Malthus to Solow, American Economic Review, 92: 1205-1217, 2002.

(2) F Hayashi and E Prescott, The Depressing Effect of Agricultural Institutions on the Prewar Japanese Economy, Journal of Political Economy, 116: pp. 573-632, 2008.

مثقفون من دائرة الاقتصاد السائد لاحقا ظواهر مشابهة، ظلوا رافضين رفضًا صريحا عادلا مستحقا. فمثلا بريسكوت ومعاونوه المذكورون سابقا لم يطلقوا اسما على تلك المرحلة الانتقالية المرصودة، ولم يذهبوا أبعد من ذلك. كما رفض ماساهيكو أوكي الذي كان رصده أكثر تعمقا وفقا لتجربة شرق آسيا، تسميتها بمرحلة لويس، وسماها مرحلة كوزنتس. ومن الواضح أنه رفض تأكيد انتقال العمالة الفائضة، ومال أكثر إلى الاهتمام بتغير الهيكل الاقتصادي[1].

لكن أي اقتصادي بمجرد أن يراقب التنمية الاقتصادية الصينية لأجل طويل ينكر وجود مرحلة تطور الاقتصاد الثنائي. ولأن فترة الإصلاح والانفتاح كاملة، فما من لحظة لم يصاحب فيها انتقال كميات هائلة من العمالة من الريف إلى الحضر، إلا وتطورَ الاقتصاد الصيني، وسرعة النمو العالية التي حققها الاقتصاد الصيني كانت بسبب تكثيف عنصر الإنتاج المتمثل في العمالة الكثيرة والرخيصة في الصناعات كثيفة العمالة بإزالة العوائق المؤسسية، ومن ثم تحويلها إلى أفضلية نسبية في السوق الدولي بالمشاركة في تقسيم العمل العالمي.

ليس هذا فحسب؛ فمن لا يفهم نظرية لويس ووضع التنمية الذي تصفه لا تتعدى معرفته عن الاقتصاد الصيني حدود المعرفة السطحية، فليس فقط وجود وانتقال فائض عمالة هائل يؤثر في عملية التنمية الاقتصادية على المدى القريب والمدى البعيد، ويضفي عليهما الخصائص الصينية، بل أيضا انخفاض فائض العمالة حتى اختفاءه في النهاية أدى إلى تغير مرحلة التنمية الاقتصادية، وحدد نمط النمو الاقتصادي الصيني في المستقبل.

هناك ظاهرة صينية مهمة حدثت بالتزامن مع ذلك وارتبطت به ارتباطا وثيقا؛ هي التغير الديمغرافي السريع، والمتمثل في فتح النافذة الديمغرافية على الدوام وما يلحق ذلك من انغلاقها التدريجي. عند الجدل حول ما إذا كانت نقطة التحول اللويسية قد وصلت أم لا، هؤلاء الباحثون المعارضون حتى لو لاحظوا

---

(1) Masahiko Aoki, The Five Phases of Economic Development and Institutional Evolution in China and Japan, in Masahiko Aoki and Jinglian Wu (eds) The Chinese Economy: A New Transition, Basingstoke: Palgrave Macmillan, 2012.

ظاهرة نقص العمالة المهاجرة وارتفاع الأجور فسيظلوا رافضين للاعتراف بوصول نقطة التحول؛ لأن أصعب ما يمكن أن يقنعوا أنفسهم به هو كيفية وصول هذه النقطة مبكرا في الصين. هكذا الأمر بالفعل؛ إن سرعة التغير الديمغرافي في الصين لم يسبق لها مثيل، حتى ظهرت مقولة مختصرة هي "شيخوخة قبل الثراء". لذلك فإن كسر القالب الفكري الجامد لدى الناس، يلزمه نظريا إدخال التغير الديمغرافي في إطار نظرية لويس، أي تشكيل نموذج نظري موسع للاقتصاد الثنائي، أما تطبيقيا فيلزمه إجراء الاستطلاعات بالدمج بين العائد الديمغرافي الذي يكتسبه النمو الاقتصادي الصيني، وعملية انتقال العمالة الريفية.

يحتمل أن يكون لويس نفسه لم يلحظ نظرية التغير الديمغرافي التي ظهرت في عصره، لكنه مع ذلك ظل يعد وجود التغير الديمغرافي في مرحلة "معدل مواليد مرتفع، ومعدل وفيات منخفض، ومعدل نمو مرتفع" شرطا خفيا للاقتصاد الثنائي القائم بالدول النامية. وانطلاقا من هذه النقطة، فقد كان المتبقي عند لويس هو توسع القطاعات الحديثة واستيعابها العمالة الفائضة فحسب، بلا حاجة إلى التفكير في المرحلة التالية للتغير الديمغرافي، وهي التحول إلى "معدل مواليد منخفض، ومعدل وفيات منخفض، ومعدل نمو منخفض". وبالتفكير كذلك في عامل استيعاب النمو الاقتصادي للعمالة الفائضة وعامل تقليل التغير الديمغرافي للإمداد بالعمالة نجد أن أداء الصين الخارق من حيث النمو الاقتصادي والتغير الديمغرافي الذي أدى إلى بلوغ نقطة التحول اللويسية سريعا، أمر متوقع ومنطقي، تماما.

إن معدل الخصوبة في الصين بدأ في الانخفاض السريع منذ سبعينيات القرن العشرين، ولاحقا في الثمانينيات تزامن انخفاض معدل الخصوبة مع تطور الاقتصاد الثنائي الذي بدأه الإصلاح والانفتاح. وفي مطلع التسعينيات انخفض معدل الخصوبة الكلي عن مستوى الإحلال (2.1). ومنذ القرن الحادي والعشرين استقر معدل الخصوبة عند مستوى 1.4 وهناك بلا شك، علاقة منطقية داخلية بين مستوى الخصوبة المنخفض زمنا طويلا وبين بلوغ نقطة التحول اللويسية واختفاء العائد الديمغرافي.

يمكننا عند هذه النقطة أن نلاحظ -وفقا للإطار النظري المعروف- أن الصين قد تخلصت من فخ مالتوس، على الأقل في فترة الإصلاح والانفتاح، تزامنا مع نجاحها في تخفيف وطأة الفقر على نطاق واسع، وبدأت فترة تطور الاقتصاد الثنائي، وحققت أداء نمو غير مسبوق أذهل العالم. ومع بلوغ نقطة التحول اللويسية واختفاء العائد الديمغرافي، فإن التغير الجذري الذي تمر به مرحلة التنمية الاقتصادية الصينية حاليا هو التحول جوهريا من تطور الاقتصاد الثنائي إلى النمو الكلاسيكي الجديد.

تتعلق القدرة على إصدار حكم مرحلي صحيح على التنمية الاقتصادية الصينية وعلى فهم ماهية التحديات التي يواجهها الاقتصاد الصيني، بقدرة معجزة النمو الاقتصادي الصيني على الاستمرار زمنا طويلا. وبدون الإطار النظري القادر على الدمج بين المدى القريب والمدى البعيد فمن المحتمل جدا في مواجهة ذلك التغير الذي لم يسبق له مثال يحتذى به، أن يصدر حكم يبدو صحيحا مع خطئه، بل ستظهر استنتاجات سياسية ملتوية وخاطئة. والمؤسف أن ذلك بالضبط حال الأوساط الاقتصادية والسياسية في الصين حاليا.

الفصل الثاني

نقطة تحول الاقتصاد الصيني

هناك أسلوب تحليلي متبع دوما عند تحديد موقع مرحلة التنمية الاقتصادية الصينية، وهو المقارنة بين الصين وبين دولة ما تمر بمسيرة تنمية مشابهة وهي حاليا في مصاف الكيانات الاقتصادية مرتفعة الدخل. لكن المقارنة بين الصين الحالية وفترة تنمية ما في تلك الدولة خيار دقيق للغاية. ويمكن بطبيعة الحال أن يكون اختيار الباحثين لفترات تنمية مختلفة بوصفها نقاطا مرجعية اختيارا ذاتيا، استنادا إلى ما يرغبون في استخلاصه من استنتاجات يمكن الرجوع إليها والاستفادة منها.

فعلى سبيل المثال تبدو مقارنة مراحل التنمية المتماثلة بين الصين والدول الأخرى وكأنها تشير إلى حجم إمكانية النمو الاقتصادي في الصين بوصفها بلدا ناهضا بعد مرحلة معينة من مستوى الدخل المتوسط، أو تلمح بأي دولة قد تلتزم الصين في المستقبل طريق نجاحها أو تكرر أخطاءها وفشلها. لكن لو لم يكن وقت المقارنة مناسبا فمن المحتمل أن يحدث سوء فهم وتضليل. لذلك ينبغي تجنب الذاتية واتباع الهوى، والاعتماد قدر الإمكان على المنطق الداخلي عند إجراء مقارنات التنمية الاقتصادية.

للمقارنة بين الصين واليابان أهمية بالغة، لكنها تحتاج إلى مواضيع بحثية في غاية الحذر. تعد اليابان، كالصين، بلدا صانعا للمعجزات لتفوقه الاقتصادي، وهناك أيضا العديد من أوجه التشابه بين مسارها التنموي ومسار الصين. تشمل هذه الأوجه انتفاع البلدين خلال مسيرة التنمية الاقتصادية بالعائد الديمغرافي الذي خلفه التغير الديمغرافي، وقامت حكومتاهما بدور بارز وأكثر مباشرة. لكن الأمر الأهم، أن كلا من الصين واليابان قد مر بنقطة التحول اللويسية التي تعني تحول

العمالة من الإمداد غير المحدود إلى الندرة، وكذلك نقطة التحول باختفاء العائد الديمغرافي.

تميل بعض الدراسات إلى المقارنة بين مرحلة التنمية في الصين الحالية واليابان في ستينيات أو سبعينيات القرن العشرين، والمغزى وراء ذلك هو إمكانية المقارنة الكبيرة بين الصين واقتصاد اليابان في هذه الفترة، بالنسبة إلى نقطة تحول مستوى دخل الفرد والعمالة من الفيض إلى الندرة. لكن هذه المقارنة ستسقط المعلومتين الأهم:

الأولى: عند المقارنة بين الصين واليابان في ستينيات وسبعينيات القرن العشرين، نجد مستوى دخل الفرد أكثر تقاربا، ويمكن بلا شك استنتاج أنه وفقا لتجربة اليابان فما زال أمام الصين 20 سنة أو أكثر للنمو السريع. يساهم هذا الاستنتاج بطبيعة الحال في فهم احتمالية نمو الاقتصاد الصيني، لكنه لا يجيب على سؤال مهم: هل ستتمكن الصين من تجنب فخ الدخل المتوسط؟ في الواقع، بالمقارنة مع الكيانات الاقتصادي التي تتخطى مرحلة الدخل المتوسط بنجاح وتدخل في مصاف الدول مرتفعة الدخل، نجد أكثر الدول لا يزال تماما في مرحلة احتمالية النمو بل سقطت في فخ الدخل المتوسط. لذا فإن معرفة الأسباب الجذرية التي تحدد هل يمكن استدامة النمو أم لا أهم وأنسب للصين من الإشارة فقط إلى احتمالية الحفاظ على نمو مستدام.

والثانية: يُعتقد عموما أن اقتصاد اليابان في 1960م وصل إلى نقطة التحول اللويسية التي يظهر فيها نقص العمالة وارتفاع الأجور، لكن نقطة التحول باختفاء العائد الديمغرافي، التي يعد توقف نمو السكان الذين في سن العمل وبدء ارتفاع نسبة إعالة السكان علامة مميزة لها، لم تحدث إلا في مطلع تسعينيات القرن العشرين. وبالحديث عن الفاصل الزمني بين هذين النقطتين ظهرت سمة "شيخوخة قبل الثراء" بأشكال مختلفة؛ أي بعد الوصول إلى نقطة التحول اللويسية في 2004م التي استغرقت عدة أعوام فقط، أي في 2013م حيث انقطع نمو السكان ممن في الفئة العمرية 15- 64. إذا انطلقنا من وضع الصين، واخترنا الفئة العمرية 15- 59 سنة بوصفها فئة السكان ممن هم في سن العمل، فسنجدها بعد الوصول في 2010م إلى قيمة الذروة، قد بدأت انخفاضا ملحوظا.

يتضح من ذلك أن المقارنة بين الصين في 2010م واليابان في 1990م أصابت بدرجة أكبر النقطة المشتركة في التحديات التي يواجهها الاقتصادان، بما يتناسب مع القصد الأصلي من البحث المقارن. انفجرت الفقاعة الاقتصادية في اليابان في 1990م، وبدأ النمو الاقتصادي منذ ذلك الحين ركودا دام أكثر من عشرين سنة. نجد على سبيل المثال أن متوسط معدل نمو GDP السنوي الفعلي في اليابان بلغ 0.85% فقط في الفترة بين 1990م و2010م. إن رصد تلك التغيرات التي حدثت في اليابان آنذاك والشبيهة بتلك التي مرت بها الصين الحالية، وكذلك علاقتها بالسنوات العشرين "المفقودة" في الاقتصاد الياباني، يساهم في فهم التحديات الصارمة التي تواجهها الصين حاليا، ومن ثم يمكن استنتاج مفاهيم سياسية نافعة.

ولأن الإمداد بالعمالة يكون غير محدود تقريبا في عملية تطور اقتصاد ثنائي نموذجي، فإن العمالة اللازمة لنمو اقتصادي مقيد بالقدرة على التراكم الصناعي التي يمكن إرضاؤها بحد أدنى ثابت للأجور. ومن هنا التصنيع في تلك الفترة يصاحبه دوما انتقال كمية كبيرة من العمالة من الريف إلى المدينة. وهناك اختلافات كبيرة من عدة جوانب بين الصين واليابان فيما يخص هذا الأمر.

أولا: كان انتقال العمالة الصينية مقيدا دوما بعوائق مؤسسية أكبر؛ ففي ظل القيود الصارمة التي سببها نظام الكومونات الشعبية ونظام الشراء والبيع المخطط الخاضع لرقابة الدولة ونظام تسجيل الأسر، تعطل انتقال فائض العمالة الريفية في الصين عشرات السنين، بل ظل حتى بعد الإصلاح والانفتاح مقيدا بنظام تسجيل الأسر، في حين كان نطاق انتقال العمالة يتسع بلا توقف. ولذلك لا يعد انتقال العمالة نهائيا، وما زال حتى يومنا هذا غير مستقر، ولم يصبح العمال المنتقلون وأسرهم سكان حضر دائمين بعد.

ثانيا: كانت الصين في كامل فترة الإصلاح والانفتاح في عملية تغير ديمغرافي سريع أيضا، وسرعة هذه العملية أكبر كثيرا مما مرت به أي دولة من قبل، ومن ثم ظهرت سمة "شيخوخة قبل الثراء" الفريدة. لذا فإن ما يختلف في الصين عن الفاصل الزمني بين نقطة التحول اللويسية ونقطة التحول باختفاء العائد الديمغرافي في اليابان الذي يصل إلى 30 سنة هو أن الصين بعد نقطة التحول اللويسية بها،

استقبلت سريعا نقطة التحول باختفاء العائد الديمغرافي.

وعند الجدل حول ما إذا كانت الصين قد استقبلت نقطة التحول اللويسية أم لا، فلأن مرحلة التنمية الاقتصادية تتسم بالأجل الطويل، وتغيرها ينعكس أيضا في نطاق زمني محدد، لذلك هناك من اقترح إحلال مفهوم "نطاق التحول اللويسي" محل "نقطة التحول اللويسية"(1). واستنادا إلى عدم توازن التنمية الاقتصادية بين المناطق حول الصين الشاسعة يعد هذا الاقتراح منطقيا بلا شك. لكن في حين تشكيل مثل هذا "النطاق" الذي يساهم في فهم المسألة، يجب أيضا الانتباه إلى مسألتين؛ الأولى منع امتداده غير المحدود، حتى يفقد مفهوم "التحول" ذاته ومعياريته الكامنة، والثانية ضرورة ضمان تشكيلها صفات يمكن ملاحظتها تجريبيا من أجل مقارنات وأحكام واقعية.

يمكن أن يعد نطاق تحول لويس وفقا لمفهوم نظرية الاقتصاد الثنائي نفسها هو العملية بين نقطة التحول اللويسية التي يظهر فيها نقص العمالة وارتفاع الأجور ونقطة التسويق المتساوية التي تتساوى فيها الإنتاجية الحدية للعمل في الصناعات الزراعية بغير الزراعية. لكن بسبب أن جوهر هذا الشرط يصعب فهمه بالتجربة، فنحن نعتقد وفقا لتجارب اقتصادات شرق آسيا، أن الفاصل الزمني بين نقطة التحول اللويسية ونقطة اختفاء العائد الديمغرافي يسهل رصده، وله مغزى سياسي كبير. وبالنظر من زاوية التجربة الصينية، فقد ظهرت نقطتا التحول السابق ذكرهما، أي نقطة التحول اللويسية ونقطة التحول باختفاء العائد الديمغرافي، واعتبار الفاصل الزمني بينهما هو نطاق التحول اللويسي يكشف بدرجة أكبر المغزى السياسي اللازم لهما.

انتقل السكان الصينيون ممن في سن العمل (15- 95 سنة)، من النمو السريع إلى النمو المنخفض إلى النمو الصفري، ومن ثم فهي عملية نمو سلبي مكتملة. وفي ظل الأوضاع العادية، يحدث بالتزامن مع هذا التغير في السكان ممن في سن

---

(1) مثل قاو روه سو: "مفهوم نقطة التحول اللويسية في الاقتصاد الكلي"، نقلا عن "هل تخطت الصين نقطة التحول اللويسية؟" رؤساء التحرير: تساي فانغ، ويانغ تاو، وهوانغ يي بينغ، المطبعة الأكاديمية للعلوم الاجتماعية SSAP، طبعة 2012م.

العمل عملية انخفاض سريع لنسبة الإعالة حتى تتحول إلى الارتفاع بعدما تصل إلى النقطة الأكثر انخفاضا. لذلك نعد هنا تغير السكان ممن في سن العمل ممثلا لهاتين العمليتين. فإننا نحدد عام 2004م كنقطةَ التحول اللويسية، وعام 2010م كنقطةَ اختفاء العائد الديمغرافي، أما السنوات بينهما فهي نطاق التحول اللويسي. ولا يعد قول إن هذا التحديد دقيق بالضرورة، إذ إنه في الواقع نتاج الدمج بين الجانبين النظري والتطبيقي.

ووفقا لنظرية الاقتصاد الثنائي، فحينما تصبح سرعة نمو الطلب على العمالة أكبر من سرعة نمو الإمداد بالعمالة فتختفي ظاهرة الأجور الثابتة في فترة تطور الاقتصاد الثنائي النموذجي، تصل أول نقطة تحول لويسية. وقد بلغت الصين نقطة تحولها اللويسية في 2004م بدليل نقص العمالة المهاجرة وما لحقها من ارتفاع متواصل في الأجور. وبلغ السكان الذين في العمل قيمة الذروة في 2010م، وبعد ذلك بدأ النمو الصفري، وهكذا بدأت نسبة إعالة السكان الارتفاع بعدما قاربت على الحضيض، ما يعني نفاد العائد الديمغرافي رسميا. ولتقيدها بتأثير سمة "شيخوخة قبل الثراء"، فقد كانت نقطة التحول اللويسية الصينية قصيرة للغاية، إذ كانت 6 أعوام فحسب.

إذا رصدنا الاقتصاد الياباني بهذا الإطار المفاهيمي نفسه، لوجدنا أن نطاق التحول اللويسي الياباني كان بين عامي 1960م و1990م. وخلال تلك الفترة حافظ الاقتصاد الياباني على نمو سريع دام 30 سنة، لكنه عندما مر بهذه النقطة الزمنية توقف فجأة بلا أي قصور ذاتي.

لقد مرت اليابان -ظاهريا- بفقاعة اقتصادية في ثمانينيات القرن العشرين، ولم تنتعش بعد انفجار الفقاعة حتى يومنا الحالي، لكنها لو لم تتعرف العوامل الأكثر جذرية الأخرى فسيصعب عليها إقناع الناس بأن انفجار الفقاعة يؤدي إلى ركود اقتصادي يدوم أكثر من 20 سنة. لذلك ينبغي أن نترك جانبا هذا المحفز المباشر المتمثل في انفجار الفقاعة، لنرى جيدا سبب ركود اقتصاد سريع النمو في مرحلة التنمية الاقتصادية الخاصة تلك حتى انهار وعجز عن النهوض. والأهم هو أن الصين بحاجة إلى فهم الدروس المستفادة من ذلك واستيعابها جيدا.

تحولت اليابان، كجميع الدول المتطورة، فور اختفاء العائد الديمغرافي فيها إلى اقتصاد كلاسيكي جديد بمعناه النموذجي، وتمكنت خلال ذلك الوقت من دعم مصدر النمو الاقتصادي الوحيد، وهو إنتاجية العوامل الكلية التي ترتبط بارتفاع كفاءة تخصيص الموارد والابتكار التقني. إن القدرة على الحفاظ على منافسة ارتفاع إنتاجية العوامل الكلية مع الدول المتقدمة الأخرى هي العامل الحاسم لتحقيق الاقتصاد الياباني نموا سريعا ملائما، وتتوقف على سلسلة من العوامل كمرونة النظام والقدرة على الابتكار ومستوى رأس المال البشري. وأمام اليابان في هذه الجوانب بعض العقبات الجذرية المؤكدة، فمثلا حماية المؤسسات "غير الحية" أعاقت إعادة تخصيص الموارد، والقمع المصطنع لتطوير التعليم العالي أخّر قدرة رأس المال البشري على التكيف مع مرحلة التنمية الجديدة. وركزت الحكومة خاصةً على تنشيط الاستثمار بالسياسة الصناعية لمواجهة معدل النمو المحتمل الذي لا يمكن تجنب انخفاضه، وجعلت سياسات الاقتصاد الكلي التحفيزية طويلة الأجل وطبيعية، محاوِلةً رفع سرعة النمو الاقتصادي بدفع الطلب، وكانت النتيجة عكسية تماما.

مع وصول السكان ممن في سن العمل (15- 59 سنة) إلى قيمة الذروة في 2010م وصلت بالتناسب، نسبة إعالة السكان إلى الحضيض، وكانت العلامة المميزة الأساسية لتحول مرحلة التنمية الذي واجهته الصين كاليابان في ذلك الوقت هو انتهاء نطاق التحول اللويسي أو اختفاء العائد الديمغرافي، ومن ثم انخفاض معدل النمو المحتمل.

أولا: نقص العمالة وما سببه من ارتفاع في الأجور سيقضي على الأفضلية النسبية للصناعات كثيفة العمالة على نحو بارز ومتزايد الخطورة. إن السمتين الأهم لتطور الاقتصاد الثنائي هما الإمداد غير المحدود بالعمالة، وتوقف الأجور عند حد الكفاف زمنا طويلا، لذلك فإن بلوغ نقطة التحول اللويسية يعني الارتفاع المتواصل في الأجور بسبب نقص العمال العاديين.

وقد رصد هذا الاتجاه جميع الباحثين في الاقتصاد الصيني. ويتضح هنا تذبذب أجور العمال المهاجرين قبل 2004م حول حد الكفاف، وحركته الكاملة بسرعة

كبيرة لاحقا. إن دور ارتفاع أجور العمال العاديين في القضاء على الأفضلية النسبية المتمثلة في الصناعات كثيفة العمالة هو -على الصعيد النظري- بدهي غني عن البيان، ورصده الكثيرون في الواقع. وما دام النمو السريع طوال أكثر من 30 سنة ماضية قد اعتمد إلى حد كبير على انخفاض تكلفة العمالة، ذلك العامل المرتبط بالسكان، فإن اختفاء العائد الديمغرافي بلا شك سيؤدي إلى كبح سرعة النمو الاقتصادي.

ثانيا: في ظل ارتفاع الأجور المستمر، لو حاولنا فقط إحلال الآلة محل العمالة بزيادة الاستثمارات ستظهر سريعا ظاهرة تناقص العائد على رأس المال. يرى الكثير من المراقبين أن حل مشكلة ارتفاع تكلفة العمالة يكمن في إحلال رأس المال محل العمالة، وغالبا ما يصبح ذلك واقعا بسبب السياسات الخاطئة. فتتجه الحكومة بسبب انخفاض سرعة النمو نحو اتخاذ سياسات صناعية لتحفيز النمو، وتشمل تشجيع الصناعات الناشئة وتقديم المعونات لها، وكانت النتيجة تشويه سعر عامل رأس المال، الذي لم يسهم فقط في تطور الصناعات كثيفة رأس المال سريعا، بل أدى أيضا إلى إحلال المؤسسات للآلات محل العمالة برأس مال قليل. لكن سمة النمو الكلاسيكي الجديد هي حدوث ظاهرة تناقص العائد على رأس المال بالضرورة في ظل توقف الإمداد غير المحدود بالعمالة، وأن سرعة النمو بلا إنتاجية مرتفعة لن تستمر في النهاية.

وأخيرا: تنخفض سرعة تحول العمالة من القطاع الزراعي مع نقصان عدد السكان العاملين في الريف، كما ستنخفض سرعة ارتفاع كفاءة إعادة تخصيص الموارد، ما يؤدي إلى صعوبة أكبر في ارتفاع إنتاجية العناصر الكلية. ومع أن مصدر ارتفاع إنتاجية العناصر الكلية ما زال متوافرا، فالعوائق المؤسسية القائمة كنظام تسجيل الأسر واحتكار المؤسسات المملوكة للدولة، يعيق التداول الحر لجميع عناصر الإنتاج، والتي تشمل العمالة، بين الريف والحضر وفي المؤسسات ونظام الملكية والقطاعات والمناطق ما يسبب صعوبة أكبر في كسب كفاءة إعادة تخصيص الموارد بدرجة أكبر.

وفي ظل هذا الوضع، وحتى لو لم تكن هناك سياسات مضللة، فتغير مرحلة

التنمية وحده يعني بالتأكيد أن اقتصاد الصين سينمو عند سعة إنتاج محتمل منخفضة. ويمكن لمعدل النمو المحتمل أن يحقق معدل نمو اقتصادي طبيعي في حدود إمداد معين بعناصر الإنتاج وارتفاع إنتاجية العناصر الكلية، بشرط الاستغلال الكامل لرأس المال والعمالة. يرصد الاقتصاديون عادة تأثير هذا التغير في مرحلة التنمية الاقتصادية في سرعة النمو الاقتصادي بتقدير معدل نمو GDP المحتمل. لأن السكان ممن في سن العمل بدأوا النمو الصفري بعد 2010م فإن نتيجة تقديراتنا بعد وضع الافتراضات اللازمة هي أن معدل النمو المحتمل في الصين سينخفض من 10.5% في المتوسط خلال فترة الخطة الخمسية الحادية عشر إلى 7.2% في فترة الخطة الخمسية الثانية عشر و6.1% خلال فترة الخطة الخمسية الثالثة عشر[1].

---

(1) Cai Fang and Lu Yang, Population Change and Resulting Slowdown in Potential GDP. Growth in China, China & WorldEconomy, Vol.21, No.2, 2013, pp. 1-14.

الفصل الثالث

تعرُّف الوضع الاقتصادي الكلي

وبنظرة علمية فإن علم الاقتصاد الكلي يشمل في الأصل منظور المدى القريب، أي النظريات الدورية، ومنظور المدى البعيد، أي نظريات النمو. لكن كل منهما في الأبحاث الفعلية لم يتحد مع الآخر بعد، إذ حصر الاقتصاديون أبحاثهم إما في علم الاقتصاد الكلي -الذي يشير بالمعنى الضيق إلى الأبحاث الدورية- وإما في نظريات النمو الاقتصادي، فقيدوا أنفسهم وانحاز كل منهم إلى جانب واحد. عند الحكم على مرحلة التنمية الاقتصادية وتعرف الوضع الاقتصادي من أجل تحديد سياسة اقتصاد كلي واستراتيجية تنمية، يؤدي هذا الاتجاه دوما إلى مشاكل جمة في التحليل الاقتصادي يصعب التعامل معها.

مع أن الاقتصاد الكلي قد يواجه أيضا صدمة إمداد قصير الأجل، كتأثير أزمة النفط في مطلع سبعينيات القرن العشرين على بعض الاقتصادات المتطورة، ويكون -في المجمل- معدل النمو المحتمل الذي تحدده العوامل المؤثرة في الإمداد مستقرا أجلا طويلا، وكذلك تكون العوامل المؤثرة في الطلب بطبيعة الحال، لكنه يُظهر عادةً، سمة التقلبات قصيرة الأجل. بناء على حكم صحيح على مرحلة التنمية الاقتصادية نحتاج الدمج بين خاصية الأجل الطويل للعوامل المؤثرة في العرض التي يظهرها تغير مرحلة التنمية وخاصية الأجل القصير للعوامل المؤثرة في الطلب في الاقتصاد الكلي حتى يمكن تقييم الوضع الاقتصادي تقييما صحيحا، ومن ثم طرح سياسات موجهة للتحكم في الاتجاهات والأهداف والإشارات.

لا يمكن أن يكون الحكم على وضع الاقتصاد الكلي متسقا نظريا وتطبيقيا، ولا يمكن الوصول إلى استنتاجات صحيحة، وخيارات سياسية موجهة، إلا بالدمج

بين الأجلين القصير والطويل. الدمج الوثيق بينهما لا يساهم فقط في الحكم على وضع الاقتصاد الكلي، بل يشكل أيضا مقدمة ضرورية للتدابير السياسية الصحيحة. يشكل العرض على المدى الطويل والطلب على المدى القصير - باندماجات مختلفة- أربعةَ أوضاع للاقتصاد الكلي.

الوضع الأول هو الجامع بين العرض القوي والطلب القوي، أي التوافق بين سعة ناتج محتمل عالية ومستوى طلب قوي. يحدث ذلك عادة في مرحلة تنمية اقتصادية تتسم بالإمداد الكامل تقريبا بعناصر الإنتاج، ومجال ارتفاع بارز أمام الإنتاجية. يبدو ذلك ظاهرة تجسد اللحاق بركب الدول المتقدمة والتفوق عليها في عملية تطور الاقتصاد الثنائي. ولا تظهر في ظل هذا الوضع المجرد نسبيا ظاهرة البطالة الدورية المتواصلة، كما لا يظهر تضخم حاد.

الوضع الثاني هو الجامع بين العرض القوي والطلب الضعيف، أي عدم التوافق بين سعة الناتج المحتمل العالية ومستوى الطلب الضعيف. والنموذج الأكثر تجسيدا لهذا الوضع هو صدمة الطلب الدوري في ظل عدم قدرة سرعة النمو على الوصول إلى مستوى الإنتاج المحتمل خلال التعرض لتدهور اقتصادي أو أزمة مالية أثناء عملية النمو المرتفع. يؤدي هذا الدمج عادة إلى صدمة حادة في سوق العمل، ويسبب ظاهرة البطالة الدورية.

أما الوضع الثالث فهو الجامع بين الإمداد الضعيف والطلب الضعيف، أي حدوث توافق بين سعة ناتج محتمل منخفضة ومستوى طلب ضعيف. تتدهور عادة مصادر النمو التقليدية عندما تكون مرحلة تطور الاقتصاد الثنائي على وشك الانتهاء، وفي الوقت نفسه يعد ذلك الوضع الذي لم تُكتشف فيه مصادر نمو جديدة بعد وضعا طبيعيا للنمو الكلاسيكي الجديد.

والوضع الرابع هو الجامع بين الإمداد الضعيف والطلب القوي، أي عدم التوافق بين سعة الناتج المحتمل المنخفضة ومستوى الطلب القوي. هذا الوضع في الواقع لا يحدث إلا في ظل تدخل السياسات الاصطناعية، أي تشجيع الاستثمار أو زيادة الصادرات بوسائل سياسية منحرفة. في ظل انخفاض سعة الناتج المحتمل لو تم تحفيز عوامل الطلب القوية اصطناعيا فسيؤدي ذلك إلى تجاوز معدل النمو الحقيقي

معدل النمو المحتمل، ما سيسفر بسهولة عن تضخم مالي، وطاقة إنتاجية فائضة، بل وفقاعة اقتصادية.

هناك في الواقع تناظر مباشر بين الأوضاع النظرية السابق ذكرها والجامعة بين عوامل العرض على المدى الطويل وسمة عوامل الطلب على المدى القصير وبين وضع الاقتصاد الكلي الصيني في الماضي والحاضر. استنادا إلى هذا التجريد النظري، يمكننا فهم الماضي، ويمكننا تعرُّف الحاضر، كما يمكننا التنبؤ بالمستقبل.

أولا: الوضع الأول هو ما قبل 2010م، أي وضع اقتصاد الصين الطبيعي قبل اكتمال التحول اللويسي. في تلك الفترة استفاد الاقتصاد الصيني من العائد الديمغرافي الناتج عن التغير الديمغرافي، وكانت عوامل العرض في صالح النمو الاقتصادي، فكان هناك معدل نمو محتمل عال. أظهرت مثلا التقديرات أن متوسط معدل النمو المحتمل خلال 1978- 1995م كان 10.3%، و9.8% خلال 1995- 2009م. وفي الوقت نفسه، وفر ارتفاع دخل السكان وسرعة الاستثمار وحجم التصدير الهائل عوامل طلب متناسبة. بهذا يمكن القول إجمالا إن توازن الاقتصاد الكلي قد تشكل في طاقة النمو المرتفع خلال تلك الفترة. ومع أن فجوة معدل النمو المتمثلة في الفرق بين معدل النمو المحتمل ومعدل النمو الحقيقي، تتقلب عبر السنين، لكن هذه التقلبات إجمالا ليست كبيرة، بل يظهر فيها اتجاه تقلص تدريجي.

ثانيا: الوضع الثاني هو وضع التعرض لصدمة حادة داخلية أو خارجية في زخم الوضع الأول، كالركود الخطير في الطلب وقلة استغلال القدرة على الإنتاج بسبب تراجع الاقتصاد الكلي المحلي والأزمة المالية الآسيوية على التوالي بعد منتصف تسعينيات القرن العشرين، ومن ثم ظهور البطالة على نطاق واسع. ولم تسترد سرعة النمو الاقتصادي قوتها لتبلغ مستوى الناتج المحتمل ولم يَعُد الاقتصاد الكلي إلى الوضع الطبيعي إلا بالاستعانة بالطلب الخارجي بعد انضمام الصين إلى منظمة التجارة العالمية. وبالإضافة إلى ذلك، فإن مواجهة التضخم المالي وما لحقه من سلسلة إصلاحات تقويمية في 1988- 1989م، وأيضا الأزمة المالية العالمية في 2008- 2009م، قد خفضت معدل النمو الحقيقي عن سعة الناتج المحتمل.

165

ثالثا: كان 2012م العام النموذجي للوضع الثالث. ففي بداية مرحلة الخطة الخمسية الثانية عشرة في 2011م انخفض معدل النمو المحتمل في الصين انخفاضا كبيرا، فقد انخفض -وفقا للتقديرات- من 8.1% في 2011م إلى 7.5% في 2012م. وتصادف في ظل هذا الوضع انخفاض ملحوظ في مستوى الطلب الخارجي، ونتج عنه -بلا قصد- توافق بين العرض والطلب. لذلك لم يحدث تضخم مالي؛ لأن معدل النمو الحقيقي لم يتجاوز معدل النمو المحتمل تجاوزا ملحوظا، ولأنه لم ينخفض عنه، فلم يتسبب أيضا في صدمة توظيف، وعلى العكس توازن النمو الاقتصادي كثيرا.

وأخيرا: الخطر الأساسي الذي يواجهه نمو الاقتصاد الصيني في المستقبل هو ظهور الوضع الرابع. هناك سوء فهم منتشر بين الاقتصاديين، سواء مَن يعمل منهم في الجانب النظري أو من يعمل في الجانب التطبيقي؛ إذ ظنوا أن الطلب هو العامل الحاسم لتحديد النمو الاقتصادي. ولذلك كلما أعيقت سرعة النمو الاقتصادي نجد السياسة المتبعة دوما تهدف إلى اتخاذ وسيلة ما لزيادة الطلب الداخلي والخارجي. وفي الواقع يعد هذا التفكير منطقيا مناسبا للصين بعد منتصف تسعينيات القرن العشرين في الفترة من العجز الاقتصادي إلى الفائض الاقتصادي. لكن بمجرد أن تجاوزت التنمية الاقتصادية نطاق التحول اللويسي، واختفى العائد الديمغرافي، كانت سعة الناتج المحتمل، وليس -خلال فترة ما على الأقل- الطلب، هو العامل الذي يعيق النمو الاقتصادي.

في الواقع في 2012م كان إسهام طلب المستهلك وطلب الاستثمار وطلب التصدير في معدل نمو GDP هو بالترتيب: 4.04 نقطة مئوية، و3.93 نقطة مئوية، و-0.17 نقطة مئوية. وبالنظر إلى المستوى المتوسط خلال 2001-2011م نجد إجمالا أن معدلات إسهام الثلاثة هي بالترتيب: 4.5 نقطة مئوية، و5.4 نقطة مئوية، 0.56 نقطة مئوية. حتى لو خلال فترة ما في المستقبل كان إسهام الطلب الخارجي صفرا، وانخفض الطلب الاستثماري النصف، وحافظ طلب المستهلك على معدله ثابتا بلا تغير، فستكفي أيضا عوامل الطلب لدعم معدل النمو المحتمل.

إن ما يمكن استنتاجه من الجمع بين مرحلة التنمية التي يعيشها الاقتصاد الصيني والوضع على المدى القريب هو أن التحدي الحقيقي الذي يواجهه الاقتصاد الصيني لا يكمن في عوامل الطلب في الاقتصاد الكلي، بل في مسألة استدامة النمو الاقتصادي طويل الأجل. أو بعبارة أخرى، إن التطلع إلى تحفيز الطلب وتجاوز معدل النمو المحتمل هو خيار خاطئ، أما الخيار السياسي الصحيح هو رفع معدل النمو الكامن نفسه. لكن الإصرار نظريا على الاعتقاد أن نقص الطلب يؤدي إلى ضعف النمو، والإصرار تطبيقيا على تحفيز الطلب بمختلف الوسائل، من السهل أن يصبح واقعا غالبا، وقد يسبب في النهاية نتائج كارثية. ولا مانع في هذا الصدد من الاعتبار بما حدث في اليابان.

منذ زمن طويل، ساد بمختلف الأوساط اليابانية الاعتقاد أن النمو الاقتصادي السريع الذي حققته اليابان اعتمد أساسا على الطلب الخارجي، وأن طلب المستهلك كان ضعيفا على الدوام. لذلك بمجرد أن تجاوزت اليابان نقطة التحول اللويسية في 1960م فقدت الصناعات كثيفة العمالة تدريجيا الميزة النسبية، ومن ثم فقدت في 1990م، أي في مرحلة الدخل المرتفع، العائد الديمغرافي، وحينما لم يكن أداء إنتاجية العناصر الكلية كافيا لدعم النمو الاقتصادي الكلاسيكي الجديد، حاولت الحكومة زيادة الطلب الداخلي بمختلف الوسائل، بما فيها السياسة الصناعية التي يعد تدخل الحكومة سمة أساسية لها، وسياسات مالية توسعية، وسياسات نقدية متساهلة.

يعد ذلك المنطق الذي شمل النظريات والسياسات السابق ذكرها خطأ فادحا. أولا. برهنت أبحاث قوية على أن طلب المستهلك في اليابان في فترة النمو السريع لم تسمح بتجاهل القوة الدافعة للنمو، أما أداء التصدير البارز كان نتيجة، وليس سببا، للنمو الاقتصادي[1]. ثانيا، هناك أبحاث أخرى بينت أن الركود الاقتصادي في اليابان بعد 1990م كان نتيجة مباشرة لسوء أداء إنتاجية العناصر الكلية[2]. بسبب تضليل تلك النظريات والسياسات السابق ذكرها، ظهرت

---

(1) راجع لاي جيان تشنغ: "متعة تاريخ الفكر الاقتصادي"، مطبعة جامعة تشجيانغ، طبعة 2010م.

(2) Fumio Hayashi, and Edward C Prescott, The 1990s in Japan: A Lost Decade Review of Economic Dynamics 5 (1): 206-235,2002.

وصفات سياسية غير ناجعة، وعانى الاقتصاد الياباني طوال أكثر من 20 سنة مضت، عواقب وخيمة، إذ مر بفقاعة اقتصادية وانفجارها، وهيمنة المؤسسات والبنوك "الزومبي"، وحتى ركود اقتصادي دام عشرين سنة.

وبصرف النظر الآن عن المخاطر المالية، فالاقتصاد الأمريكي لم يكن أكثر عافية وازدهارا واستدامة من اقتصادات اليابان والدول الأوروبية مرتفعة الدخل، كما لم يكن انتعاشه من الأزمة المالية العالمية أسرع، بسبب تحفيز الطلب بمختلف أشكاله، فضلا عن أن يكون بسبب دور إيجابي لعبته الدولة بوصفها مستثمرا، بل كان بسبب استغلال كل ما تمكن من الحصول عليه من الموارد الرخيصة والعمالة الرخيصة الناتجة عن تمديد العائد الديمغرافي وسوق العمل المرن للغاية، وجذب المستثمرين من جميع أنحاء العالم، حتى تشكلت بجهود المؤسسات والشعب قدرة نمو محتمل عالية.

كانت اليابان في 1990م حينما بدأ النمو الاقتصادي الركود قد وضعت نفسها في مصاف الدول مرتفعة الدخل، ومع أن "السنوات العشرين المفقودة" لاحقا سببت للاقتصاد الياباني مختلف المشكلات، انخفضت مكانة اليابان الدولية من حيث القدرة التنافسية والقدرة على الابتكار، لكن مجمل القول إن الاقتصاد الياباني واصل نموه البطيء بخفض الكربون وبأساليب مستدامة وظلت عامة الشعب تتمتع بجودة حياة عالية. لذلك يمكن القول إن اقتصاد اليابان وقع خلال أكثر من عشرين سنة ماضية في فخ الدخل المرتفع. لكن بسبب سمة "الشيخوخة قبل الثراء" ومرحلة الدخل فوق المتوسط، لو لم يستطع اقتصاد الصين بعد اختفاء العائد الديمغرافي الحفاظ على سرعة النمو اللازمة، وكان تباطؤه بحدة تباطؤ الاقتصاد الياباني، فلا شك من أنه سيواجه خطر الوقوع في فخ الدخل المتوسط.

الفصل الرابع

فخ الدخل المتوسط

عندما عاشت الصين مرحلة الدخل فوق المتوسط، تعرضت إلى اختفاء العائد الديمغرافي، ومن ثم نقطة التحول بنفاد مصادر النمو الاقتصادي التقليدية. إنها مسيرة طبيعية للتنمية الاقتصادية، ولا تشير مطلقا إلى الوقوع في فخ الدخل المتوسط بالضرورة، لكن بالنظر إلى التجارب والدروس المستفادة من الكثير من الدول على مر التاريخ الاقتصادي العالمي، نجد أن هذا الخطر الكامن قائم بالفعل.

على سبيل المثال هناك اقتصاديون عرفوا الدول التي يزيد متوسط نصيب الفرد من GDP على 55% بالدول مرتفعة الدخل، والتي تنحصر بين 20% - 55% بالدول متوسطة الدخل، والأقل من 20% بالدول منخفضة الدخل. ومن بين 132 دولة شملتها المقارنة، كان عدد الدول متوسطة الدخل في 1960م 32 دولة، و24 دولة في 2008م. وبملاحظة تغيرات هذه الفئة نجد احتمالية أن تظل الدول متوسطة الدخل راكدة في مرحلة الدخل المتوسط ما يقرب من نصف قرن تبلغ النصف تقريبا، أما تلك الدول التي تخلصت من هذه المرحلة، فأكثرها انزلق إلى فئة الدخل المنخفض، والقليل منها ترقى إلى فئة الدخل المرتفع(1).

إذا اقتبسنا هاهنا مقولة تولستوي الشهيرة: "كل العائلات السعيدة تتشابه، ولكن لكل عائلة تعيسة طريقتها الخاصة في التعاسة"، فربما يجب أن نقول إن لكل دولة من الدول الواقعة في فخ الدخل المتوسط أسبابها الخاصة، فمثلا بعد إجراء صندوق النقد الدولي (IMF) تحليلاً تجريبيًا عن التباطؤ الاقتصادي في دول آسيا

---

(1) Prema Chandra Athukorala and Wing Thye Woo, Malaysia in the Middle Income Trap, paper prepared for the Asian Economic Panel Meeting at Columbia University, New York City, March, 24-25, 2011.

والمحيط الهادئ والذي أدى إلى وقوعها في خطر فخ الدخل المتوسط، لخص المخاطر التي تواجهها ماليزيا والفلبين والصين في عوامل مؤسسية، ورأى أن فيتنام والهند وإندونيسيا تواجه خطر نقص البنية الأساسية للنقل والاتصالات، وبالمقارنة مع منطقة آسيا والمحيط الهادي فإن الخلل يكون أكثر وضوحًا في دول أمريكا اللاتينية على صعيديّ التجارة والتكامل الإقليمي(1).

ومع ذلك، لا يزال بوسعنا دمج العوامل ذات الصلة معًا وفقا لمنطق التحليل الاقتصادي، وملاحظة العلاقة السببية لكل منها، لمعرفة بعض الأشياء النظامية والعامة، بالإضافة إلى التعلم من الأخطاء السابقة للبلدان الأخرى لتجنب تكرارها، أي بعبارة أخرى، فمع أن التشابه بين فخ الدخل المتوسط وفخ الفقر هو أن كلا منهما يعد فخا متوازنا، ويقع في حالة توازن واستقرار خارق يصعب على القوى المألوفة تحطيمها، ولكن نقاط الاختلاف بينهما واضحة كذلك، فلو قلنا إن فخ الفقر هو امتداد لحالة مالتوس طويلة الأمد، ومن ثم تصعب معرفة السبب المباشر في هذه الحالة، فإن فخ الدخل المتوسط هو دوما نتيجة لبعض الأخطاء السياسية الواضحة.

لذلك يمكننا أن نعد الأخطاء السياسية التي وقعت بها دول مختلفة طوال مسيرة التنمية الاقتصادية قاعدة تجريبية ونشكل حلقة سببية لفخ الدخل المتوسط، لنعرف خطوات الوقوع في فخ الدخل المتوسط، وأسباب عجز دولة ما عن الهروب من هذه الحلقة المفرغة، لنتمكن على الصعيد السياسي من إيجاد الثغرة لكسر هذه السلسلة السببية.

الخطوة الأولى: يتباطأ النمو الاقتصادي السريع في فترة محددة من مرحلة الدخل المتوسط. يسهل غالبا تحقيق سرعة نمو عالية في دولة متخلفة، وذلك بتراكم رأس المال وإدخال العمالة في مرحلة التنمية التي تتخلص فيها من فخ الفقر وتنتقل إلى الدخل المتوسط. لكن ببلوغ مرحلة تنمية معينة، أو باختفاء مصادر النمو السابقة، أو بظهور أخطاء سياسية ما، تتباطأ غالبا سرعة النمو. اكتشف مثلا بعض الباحثين بمقارنة

(1) Shekhar Aiyar, Romain Duval, Damien Puy, Yiqun Wu, and Longmei Zhang, Growth Slowdowns and the Middle Income Trap, IMF Working Paper, Asia and Pacific Department, WP/13/71, International Monetary Fund, March, 2013.

دولية، وبالحساب وفقا لتعادل القدرة الشرائية والـــدولار الأمريكـــي في 2005م، أن الاقتصادات سريعة النمو تتباطأ كثيرا حينما يصل متوسط نصيب الفرد من GDP إلى 17000 دولار أمريكي، ويصل انخفاض سرعة النمو الاقتصادي عادةً إلى 60%[1].

الخطوة الثانية: في ظل الانخفاض الكبير في سرعة النمو الاقتصادي، لــو أســيء فهم طبيعة المشكلة سيكون التعامل السياسي معها عكسيا في الغالـــب، فلــن يثبــت فعاليته، بل قد يسبب انحرافات اصطناعية، وقد يتحــول تبــاطؤ النمــو إلى ركــود اقتصادي. مثلا لو كان سبب التباطؤ انخفاض سعة الإنتاج، وسياسة الحكومة تركــز على جانب الطلب لتحفيز سرعة النمو، فسيؤدي ذلك إلى سلسلة مـــن الانحرافـــات والنتائج السيئة، وأسوأ انحراف قد يحدث هو استخدام الحكومـــة المفـــرط للسياســـة الصناعية بما يؤدي إلى انحراف أسعار عناصر الإنتاج، أما العاقبة السياسية الأخطر فهي التضخم المالي والفقاعات الاقتصادية والطاقة الإنتاجية الفائضة والحماية غـــير اللائقـــة للصناعات والمؤسسات المتخلفة. وعند هذه النقطة التباطؤ الذي قد يبـــدو طبيعيـــا في السابق أو التباطؤ المؤقت يتحول على العكس إلى نمو بطيء أو متوقف طويل الأجل.

الخطوة الثالثة: تواجه الحكومة، مشكلات اجتماعية ناتجة عن توقف النمـــو الاقتصادي بما يزيد الأمر سوءا، ويؤدي إلى تشوه كامـــل في منظومـــة المجتمـــع الاقتصادي. فعلى السبيل المثال في ظل توقف النمو الاقتصادي والعجز عن زيـــادة حجم الكعكة، يحفز إعادة توزيع الكعكة انتشار ظاهرة الريـــع الاحتكـــاري في المجتمع، ويؤدي إلى تكاثر الفساد. ولأن ذوي الامتيازات يكسبون غالبـــا دخـــلا أكبر، وبالنظر إلى تأثير ماثيو في توزيع الدخل، فإن وضع توزيع الدخل يزداد سوءا يوما بعد يوم، ومن ثم تزداد حدة التناقضات الاجتماعيـــة. ولا تـــتمكن غالبـــا الحكومة التي تعاني من قيود مالية إلا من الاستعانة بالسياسة الشعبوية التي يمكـــن فقط التعهد بها ولكن يصعب تنفيذها، وهو ما لا يعود بالنفع مطلقا، بـــل يضـــر بآليات التحفيز في النشاط الاقتصادي.

---

(1) Barry Eichen green, Donghyun Park, and KwanhoShin, When Fast Growing Economies SlowDown: International Evidence and Implications for China, NBER Working Paper No.16919, 2011.

الخطوة الرابعة: عدم التكافؤ البيّن في توزيع الموارد وتوزيع الدخل المتزامن مع توقف النمو الاقتصادي يؤدي إلى ظهور جماعات المصالح المكتسبة، والتي تسعى بكل جهودها إلى الحفاظ على ذلك النمط من التوزيع الذي يعود بالنفع عليها، فثمة عيوب مؤسسية لا تفيد في تجاوز فخ الدخل المتوسط. وبمجرد بدء هذا الوضع ستهيمن جماعات المصالح المكتسبة على السياسات الاقتصادية والاجتماعية ذات الصلة، ما يؤدي ليس فقط إلى توقف النمو الاقتصادي، بل أيضا إلى إعاقة التغيير المؤسسي، والإضرار بمنظومة النمو الاقتصادي ليصل إلى التجمد.

وفي المقابل، لم يعد توزيع جميع عناصر الإنتاج وفقا لمبدأ بلوغ الإنتاجية للحد الأقصى، بل أصبح وفقا لمبدأ بلوغ المصالح المكتسبة للحد الأقصى. وبمجرد أن تقع دولة ما في هذا الإطار، فإن أسوأ ما يحدث ليس فقط عدم القدرة على التخلص من فخ الدخل المتوسط، بل قد تتراجع إلى مستوى الدخل المنخفض. وبما أن الخطوات السابقة تنطوي على علاقة سببية من حيث الترتيب الزمني ومن حيث المنطق كذلك، فإن منع احتمالية انتشارها الضار بانطلاق منطقي هو الإجراء الأكثر فعالية في مجابهة هذا الوضع.

وفي الوقت نفسه فإن الظواهر التي تظهر في كل خطوة يمكن تماما أن تتزامن معا، ومن ثم ينبغي أن تكون السياسات المجابهة شاملة متكاملة. وبالنظر إلى تجارب بعض الدول نجد أن عيوب النظام التي تضر بالنمو المستدام تظهر عادة قبل تباطؤ، بل توقف، النمو الاقتصادي، وأن تدهور وضع توزيع الدخل يسبب ضررا مباشرا بالنمو الاقتصادي نفسه.

ومن هنا فالعلاقة بين توزيع الدخل وفخ الدخل المتوسط هي أن فجوة الدخل تزداد سوءا في ظل توقف النمو الاقتصادي ومن ثم توقف نمو الدخل، ومن جهة أخرى فاتساع فجوة الدخل بالتزامن مع النمو الاقتصادي، لو وصلت خطورتها إلى حد أقصى ولم تكن هناك سياسة فعالة لمنعها، فسيؤدي ذلك إلى عدم استقرار المجتمع وضعف التماسك الاجتماعي، ومن ثم يصبح سببا في إعاقة النمو الاقتصادي وتباطؤه، بل توقفه تماما.

الفصل الخامس

مواجهة على الطراز الصيني

إن انخفاض معدل النمو المحتمل، وعلى فرض عدم تغير الظروف الأخرى، في ظل اختفاء العائد الديمغرافي، لا يعني مطلقا أن الصين ستقع بالضرورة في فخ الدخل المتوسط. وخلاصة القول إن العائد الديمغرافي هو مجرد مصدر نمو اقتصادي في مرحلة تنمية محددة، وإيجاد مصدر جديد لتحسين الإنتاجية، حتى يمكن أن يتحول تطور الاقتصاد الثنائي إلى نمو كلاسيكي جديد، ويتم الانتقال إلى مرحلة الدخل المرتفع. في الواقع، حينما تكون نافذة العائد الديمغرافي مغلقة، يكون باب النمو الاقتصادي الأكثر استدامة موجودا في انتظار القادر على فتحه.

هناك غرض أساسي يقسم لأجله الخبراء الاقتصاديون مرحلة التنمية الاقتصادية، وهو أملهم في أن تتعلم الأجيال القادمة الدروس المستفادة من تجارب السابقين، ومن ثم يمكنهم في أقرب وقت ممكن إيجاد طرق سلسة والابتعاد عن الطرق الوعرة. واستنادًا إلى خطوات الوقوع في فخ الدخل المتوسط ودمجها مع واقع النمو الاقتصادي الصيني، فإننا يجب أن نتخذ الاحتياطات اللازمة من الجوانب التالية.

إن أكثر ما يهم الصين حاليا هو فهم تباطؤ النمو الاقتصادي فهما صحيحا، وإيجاد طريقة علاج حقيقية للمشكلة، والسعي إلى تفاهم مشترك بين علماء الاقتصاد وصناع القرار. حينما بدأ ظهور دلائل انخفاض معدل النمو المحتمل في 2012م، كان الرأي العام والوسط النظري يغصان بالمقولات المضللة. كان الجميع، سواء الصحفيين أو محللي الاقتصاد الكلي، متفقا تقريبا على اختزال المشكلة في عدم كفاية الاستهلاك. وفي هذا العام تحديدا، كان الحديث عن عدم كفاية الاستهلاك لا يختلف عن قول إن ضعف انتعاش الولايات المتحدة وسط الأزمة

المالية، وكذلك أزمة الديون السيادية ببعض الدول الأوروبية وغيرها من العوامل، قد سبب صدمة في الطلب على الصادرات في الصين.

يعد الطلب الخارجي هو ما لا يمكن التحكم فيه في "ترويكا" لعوامل الطلب، كما لا يمكن ارتفاع طلب المستهلك كثيرا في وقت قصير، لذلك المنطق التالي بطبيعة الحال هو زيادة الطلب الاستثماري بزيادة الرغبة في الاستثمار. ظهر فجأة لدى بعض الاقتصاديين اتجاه للسعي إلى "نقاط نمو اقتصادي جديدة". وبالنظر من زاوية الأجل الطويل، فقد اقترح الناس تسريع عملية التحضر، وتقوية الاستثمار في البنية التحتية في وسط الصين وغربها، وتجاوز الظروف للاستثمار في الصناعات الناشئة، وهنا يخلط الناس أحيانا بين المشكلات الهيكلية طويلة الأجل والمشكلات الدورية قصيرة الأجل، ويقترحون سياسة اقتصاد كلي تحفيزية.

كانت هذه الاقتراحات بناء على حكم خاطئ على مرحلة التنمية الاقتصادية ووضع الاقتصاد الكلي، كما اشتملت على مخاطر خاصة، يعني ذلك أن هذه الاقتراحات تتوافق بسهولة مع ما تبرع فيه الحكومة من وسائل سياسية. يجب في الأصل أن يكون الغرض من تشجيع التحضر والسياسة الصناعية واستراتيجية التنمية الإقليمية هو خدمة مجموعة سياسات مؤتلفة لها أغراض محددة، ومفاهيم ومجالات تطبيق خاصة. وللحكومة الصينية في هذا الصدد أدوات سياسية ووسائل تنفيذ مكتملة، حتى يمكن القول إن خبرتها شملت كل أمر، كما حققت في الماضي نتائج ممتازة. ومع ذلك، فبمجرد أن تُستخدم هذه السياسات لتحفيز الطلب على الاستثمار بهدف تجاوز معدل النمو المحتمل، فسوف تنتج نتائج عكسية، تضر باستدامة نمو اقتصاد الصين طويل الأجل.

القصد من السياسة الصناعية مثلا هو أن تساند الحكومة المستثمرين والمؤسسات بإعانات محددة للبحث عن ميزة نسبية جديدة في ظل اختفاء الميزة النسبية التقليدية، وتركز على استدامة النمو طويل الأجل. لكن لو تغيرت هذه السياسة إلى وسيلة لتحفيز الطلب قصير الأجل، فسياسة الحكومة المساندة ستفقد قيودها. لا بد من تزايد السعي إلى الريع الاحتكاري في ظل سياسات الحكومة الميسرة بل وإعاناتها المباشرة، وسيتدفق المستثمرون والمؤسسات، بلا أدنى اهتمام

بالميزة النسبية، سواء أكانت لديهم القدرة على المنافسة أم لا، وسواء كان هناك طلب في السوق أم لا، والنتيجة بطبيعة الحال هي الحيد عن الميزة النسبية، وزيادة الطاقة الإنتاجية الفائضة، ما يؤدي إلى تضخم مالي، بل فقاعة أصول.

لقد كان القصد من استراتيجية التنمية الإقليمية لوسط الصين وغيرها والمناطق ناضبة الموارد، هو دفع التنمية الإقليمية المتوازنة عن طريق سياسات الحكومة المركزية المعاوِنة. ولكن لو تغيرت هذه السياسة إلى وسيلة سياسية تحفز الاستثمار، بما يؤدي إلى تجاوز معدل النمو المحتمل، فحتما ستسبب حيد التنمية الصناعية عن الميزة النسبية، وتناقص قدرتها التنافسية في السوق المحلية والسوق الدولية، فتتضرر -على العكس- قدرة النمو الاقتصادي طويل الأجل.

هكذا الحال أيضا في الاستخدام المفرط لسياسة الاقتصاد الكلي؛ إذ ينبغي أن يكون مجال الاستخدام الطبيعي للسياسات النقدية والمالية هو التحكم في تقلبات الطلب قصير الأجل، لكن السياسات الاقتصادية الهادفة إلى جعل سرعة النمو الاقتصادي أكبر من معدل النمو المحتمل زمنا طويلا عن طريق دفع الطلب تميل إلى جعل السياسات النقدية المتساهلة والسياسات المالية الموسعة طويلة الأجل وطبيعية، ما يساعد بالضرورة على تضخيم الآثار المشوهة للسياسة الصناعية والسياسة الإقليمية. كما تساهم أيضا السيولة الفائضة في نشوء فقاعة اقتصادية، وحماية المؤسسات ذات الطاقة الإنتاجية المتخلفة والقدرة التنافسية الضعيفة، والقطاعات منخفضة الإنتاجية.

إن المعنى الأصلي لمعدل النمو المحتمل هو سرعة النمو الاقتصادي الطبيعية التي يمكن أن تتحقق في ظل الإمداد بعناصر الإنتاج الذي تحدده وفرة الموارد، وعلى أساس ارتفاع الإنتاجية الذي تحدده سلسلة من العوامل الأخرى. لذلك فإن تجاوز معدل النمو المحتمل عن طريق دفع الطلب يشبه محاولة رفع نتيجة لاعب رياضي إلى ما يفوق قوته الفعلية بالأوامر الإدارية والحملات الإعلامية والتحفيز المادي، فهو أمر ربما يكون فعالا بعض الوقت أو صدفةً، لكن في النهاية سيؤدي إلى إصابة اللاعب.

لكننا لسنا، كما لا ينبغي لنا أن نكون، قليلي الحيلة أمام انخفاض معدل النمو المحتمل. فبسبب المرور بنقطة التحول باختفاء العائد الديمغرافي كانت سرعة

انخفاض معدل النمو المحتمل حادة على نحو غريب، وقد تحدث في هذا الوقت ظاهرة البطالة الهيكلية، وتقل فجأة إيرادات الحكومة المالية، ويزعق الاستثماريون "طلبا للغذاء". وفي ظل تفهم الحكومة الوضع جيدا، وإحكامها غلق صنبور النقد، المجال الاقتصادي غير الحقيقي لعدم كفاية الاستثمار، يميل إلى خلق الإمداد النقدي بوسائل غير طبيعية، ويؤدي إلى خطر نقدي محتمل. لذلك لا يعد الوقوف مكتوفي الأيدي الخيار السياسي الأمثل.

ومثلما أن التدريب الرياضي ليس كاملا بلا نقص، فهناك عيوب أيضا في النظام الذي يحدد الإمداد بعناصر الإنتاج وتحسين الإنتاجية، ويترك هذا مساحة هائلة لرفع معدل النمو المحتمل من منظور الإمداد. لذلك حينما يتحدث الناس عن خلق أرباح النظام بالإصلاح، يشير ذلك جوهريا إلى خلق ظروف مناسبة في النظام بالإصلاح من أجل إمداد أفضل بعناصر الإنتاج، وتحسين الإنتاجية، وتحقيق هدف رفع معدل النمو المحتمل.

لم تقم آليات السوق حتى الآن بالدور الأساسي في توزيع الموارد بعد، وما زالت المساحة المتوافرة لتحسين الإنتاجية هائلة، ولذلك فإن تحسين نظام اقتصاد السوق الاشتراكية بإصلاح النظام الاقتصادي المعمق يمكن أن يوفر مصادر جديدة وقوة دافعة جديدة للنمو الاقتصادي الصيني. سنحلل في الأبواب والفصول التالية مختلف العوامل المؤسسية التي تعوق الإمداد بعوامل الإنتاج وتحسين الإنتاجية؛ لترتيب المجالات التي تحتاج إلى الإصلاح بالأسبقية، وتقديم المقترحات السياسية.

الباب السادس

محرك النمو المستدام

بعدما تخطى الاقتصاد الصيني نطاق التحول اللويسي خلال 2004-2010، لم يكن انخفاض سرعة النمو نتيجة لتأثير عوامل الطلب، بل كان نتيجة طبيعية لانخفاض معدل النمو المحتمل. وخلال مراحل تنموية محددة، كان إرجاع تباطؤ النمو الاقتصادي إلى عدم كفاية الطلب خطأً شائعًا من السهل أن يُسفر عن توجهات سياسية منحازة، وأن تتمخض عنه وصفات سياسية غير ناجعة؛ لذا فإن الاستفادة -بعقل متفتح- من النظريات الاقتصادية ذات الصلة، والنظر إلى التجارب والعبر من الدول الأخرى، والإحاطة بواقع الاقتصاد الصيني إحاطة تامة، هي أمور ذات مغزى سياسي بالغ الأهمية في فهم الأسباب الحقيقية لهذا التباطؤ، وتسهم في الابتعاد بالسياسة عن المسالك المضللة، وتوجيه السياسات المتناسبة إلى المسلك الصحيح للبحث عن محركٍ لنموٍ جديد.

الفصل الأول

التركيز على عوامل العرض

يتعلق نجاح اللاعب الرياضي بطبيعة الحال، بالتشجيع والتحفيز النابعين من المجتمع "مثل العاملين بالمجال الرياضي وشركات الإعلانات ورواد الإنترنت وغيرهم"، لكن هذه المؤثرات الخارجية في النهاية، لا تساعد اللاعب إلا على إطلاق العنان لقوته الفعلية، لكنها ليست عاملاً حاسما في نجاحه، فضلاً عن أن تكون شرطا كافيا. وعند المقارنة بين هذا الأمر والظواهر الاقتصادية، نجد التحفيز الخارجي ليس إلا عاملا مؤثرا في الطلب، وأن العامل الحاسم في تحديد نجاح اللاعب الرياضي هو "معدل النمو الداخلي"، وهو عامل مؤثر في جانب العرض.

ليس من الصعب التكهّن برد الفعل الذي سيبديه لاعب رياضي إذا ما كُلّف بما يفوق طاقته الرياضية الكامنة. وما دام تحسين طبيعة الجسد ومستوى التدريبات خلال فترة زمنية قصيرة من أجل رفع مستوى النتائج يُعد أمرًا مخالفًا للقوانين ومن ثم هدفًا يصعب بلوغه؛ فربما لا يتوافر إلا خيارين لا ثالث لهما: إما الاستماتة في تجاوز أقصى الحدود الجسدية بما يسبب إصابات في النهاية، وهذا لمن يقدر على التقيد بالأخلاق، وإما التفكير في طرق غير مشروعة كتناول المنشطات، بإغراء مدرب فاسد أو فريق فاسد، وذلك لمن يعجز عن ضبط نفسه بالقيود الأخلاقية.

إن السياسات الاقتصادية القائمة على عدم تغيير قدرة النمو الكامنة والتركيز فقط على تحفيز الطلب، يمكن أن تؤول بركيزة النشاط الاقتصادي، المتمثلة في المستثمرين ورجال الأعمال، إلى توجهات غير صحيحة. فمثلاً، تنطلق هذه السياسات من تشجيع الاستثمار في مجال الاقتصاد الحقيقي، سواء كان ذلك بتطبيق سياسات نقدية متساهلة أو سياسات مالية توسعية، أو كان بالاعتماد على السياسة الصناعية أو السياسة الإقليمية في تحفيز الطلب، لكن الأنشطة الاستثمارية

تكون في هذا الوقت غير مطابقة لدوافع الاستثمار الداخلية، في حين أن الأنشطة الريعية التي على وشك أن تصير حافزًا للحكومة على تقديم الدعم المالي لا تؤدي عادة إلا إلى طاقة إنتاجية فائضة.

في الوقت ذاته، تنخفض الميزة النسبية والميزة التنافسية للصناعة الإنتاجية بانخفاض معدل النمو المحتمل، ويقل الحماس إلى البنية التحتية وغيرها من الإنشاءات الهندسية مع ضعف الاقتصاد الحقيقي، فعلى سبيل المثال، حين اعتمدت اليابان على الاستثمارات العامة واسعة النطاق في محاولة منها لتحفيز الاقتصاد، وقعت في مأزق صعوبة تشغيل رؤوس الأموال المستثمرة. وقد وجد إسامو ميزاكي رئيس مكتب التخطيط الاقتصادي الياباني الأسبق أنه في ظل تطبيق سياسات التحفيز المالي، تواجه الاستثمارات العامة في بادئ الأمر مشكلة عدم الإنفاق مع توافر الميزانية، تليها مشكلة إنفاق الأموال في غير محلها، ثم مشكلة وضع رؤوس الأموال في موضعها الصحيح مع عدم تشغيلها، وغيرها الكثير من المشكلات[1].

بعد اندلاع الأزمة الاقتصادية العالمية في 2009، بدت الأرباح المنخفضة، بل الصفرية، وكذلك السياسات النقدية المتساهلة، وكأنها أصبحت قشة الإنقاذ الأخيرة التي تشبثت بها أوروبا وأمريكا واليابان محاولين إنعاش النمو الاقتصادي وقد أمضت اليابان بضعة عشر عامًا في هذه الطريق الوعرة. تكمن المشكلة في أن البيئة المالية الميسرة لا يمكن أن تصبح تلقائيا هي رغبة المستثمرين والمؤسسات لو كان ما تواجهه دولة ما هو بالفعل عدم كفاية الطلب، ولو كان ما تواجهه الدولة هو الانخفاض الشديد في معدل النمو المحتمل، فالسياسات المالية المتساهلة التي تحفز الطلب ليست فعالة كذلك في حل مشكلة نقص قدرة الاقتصاد الحقيقي التنافسية.

بالإضافة إلى ذلك، كانت السيولة الفائضة في هذا الوقت تتجه نحو الاستثمارات غير المنتجة أو الاستثمارات القائمة على المضاربة، مثل الأعمال المالية وقطاع العقارات الثابتة والاستثمارات الأجنبية في الأملاك الثابتة وغيرها، وفي

(1) إسامو ميازاكي: "واقع التجارب الشخصية حول السياسات الاقتصادية في اليابان"، إصدار 2009، دار نشر CITIC، صفحة 188-189.

النهاية يحدث مثلما حدث في اليابان في ثمانينيات القرن العشرين وحتى مطلع تسعينياته؛ إذ تكوّن في البداية اقتصاد الفقاعة، ثم انفجرت الفقاعة لاحقا، واندفع النمو الاقتصادي نحو هاوية الركود طويل الأجل. ومثلما لا يمكن البحث عن طريقة حل مشكلة سوء نتائج اللاعب الرياضي في عوامل تحفيزية خارجية، بل ينبغي النظر إلى العوامل الداخلية من حالة صحية وطاقة كامنة ومستوى تدريب، فإننا كذلك في ظل تباطؤ النمو الاقتصادي بسبب انخفاض معدل النمو المحتمل يجب أن نركز على عوامل جانب العرض، ونستكشف مصادر النمو المستدام.

هل تذكر أيها القارئ تلك المناظرة التي تحدثنا عنها في الباب الرابع من هذا الكتاب والتي دارت بين لي كوان يو رئيس وزراء سنغافورة الأسبق والخبير الاقتصادي الأمريكي بول كروغمان؟ يمكننا من خلال هذه المناقشة الحامية أن نستوضح عوامل العرض اللازمة لتحقيق النمو الاقتصادي، كما يمكننا أن نفهم التأثير الذي أحدثته والخيار السياسي الذي طرحته نقطة التحول اللويسية في جانب العرض من النمو الاقتصادي.

وبناء على أعمال اقتصاديين آخرين، اعتبر كروجمان أن نمو الاقتصاد السنغافوري قد اعتمد على إدخال رأس المال والعمالة فحسب، لكنه أيضا من عوامل جانب العرض بلا شك، وبلا ارتفاع في إنتاجية العناصر الكلية "عوامل جانب العرض المستدامة النمو بدرجة أكبر"، وهو ما لا يختلف مطلقا عن نظام الاقتصاد المخطط الذي انتهجه الاتحاد السوفيتي، والذي لم يتمكن في النهاية من الاستمرار.

لم يكن لي كوان يو ليعترف باستنتاجات كروغمان ومؤيديه، فتنبؤهم السيء لم يتحقق يومًا؛ والسبب هو تمتع سنغافورة، كغيرها من اقتصادات شرق آسيا، بالإمداد غير المحدود بالعمالة قبل بلوغ نقطة التحول اللويسية، ما جنّبها ظاهرة تناقص العائد على رأس المال، وبعد بلوغ نقطة التحول اللويسية، لم تسعَ سنغافورة إلى تحفيز الطلب، وإنما ركزت على العرض من خلال رفع معدل النمو المحتمل، واعتمدت على العمال الأجانب في زيادة العائدات الديموغرافية، كما تفادت انخفاض معدل العائد على الاستثمار برفع إنتاجية العمل.

قال لويس: "إن العامل الرئيس في العملية بكاملها -أي تنمية الاقتصاد الثنائي- هو استخدام القطاعات الرأسمالية للفائض"،[1] ووفق هذا النهج في التفكير، يساهم تلخيص تجربة سنغافورة في زيادة معرفتنا بكيفية الحفاظ على النمو الاقتصادي بعد بلوغ نقطة التحول اللويسية. سنستعين تاليا بالرسم التوضيحي رقم 6-1 لنرى كيفية الحفاظ على عائد الاستثمار قبل نقطة التحول اللويسية وبعدها.

(1) Arthur Lewis, Economic Development with Unlimited Supply of Labor, The Manchester School, Vol.22, 1954.

الباب السابع

استمرار العائد الديمغرافي

يأتي العائد الديمغرافي من صفات مميزة للهيكل السكاني، وخاصة الهيكل العمري، ويمكن لهذه الصفات أن توفر بعض العوامل الإضافية الصالحة للنمو الاقتصادي. يمكن في حالات مبسطة أن نلاحظ أن نسبة إعالة السكان هي مؤشر موجز للغاية، ويمكن أن يعكس ذلك المزايا أو العيوب من حيث الإمداد بالعمالة وتراكم رأس المال البشري ومعدل الادخار، ولذلك فإننا نعد نقطة تحول نسبة الإعالة من الانخفاض إلى الارتفاع دليلا على اختفاء العائد الديمغرافي.

إننا في الواقع بحاجة إلى فهم أن العائد الديموغرافي سوف يختفي على كل حال، وأن النمو الاقتصادي طويل الأجل سوف يبحث حتما عن مصدر نمو أكثر استدامة. ولكن، إذا استطعنا الحديث عن عناصر تكوين نسبة الإعالة، أي إثراء إنتاجية السكان ممن في سن العمل متناقصي العدد، من خلال توظيف كامل وتراكم رأسمال بشري أفضل، أو تأخير الشيخوخة خلال فترة طويلة عن طريق تعديل سياسات الإنجاب، فذلك يعد محاولة نافعة لاستمرار العائد الديموغرافي.

الفصل الأول

تحديات التوظيف في المستقبل

خلال سنوات طويلة، بدا حفاظ سرعة النمو الاقتصادي السنوي على نسبة 8%، وهو ما يعني ألا يقل معدل نمو GDP عن 8%، وكأنه قاعدة ثابتة لا تتغير. تأثرت الصين في 1998م بشدة بالأزمة المالية الآسيوية، فطالب تشو رونغ جي - رئيس مجلس الدولة الصيني آنذاك- الحكومة بتنفيذ السياسات اللازمة لضمان ألا يقل معدل النمو عن نسبة 8%. وفي 2009م طرح ون جيا باو رئيس الحكومة الصينية في ذلك الوقت متطلبات خطة "الحفاظ على 8%" لمواجهة الصدمة التي سببتها الأزمة المالية العالمية في اقتصاد الصين الحقيقي، وكانت المعلومات التي تلقاها من الإدارات المعنية في ذلك الحين تفيد بأن الصين بحاجة إلى خلق 24 مليون فرصة عمل في مجالات غير زراعية كل عام حتى تتمكن من تجنب حدوث بطالة حادة.

هناك ظاهرة تستحق الاهتمام، وهي أن معدل النمو الاقتصادي الصيني المرتقب في الخطط الخمسية اللاحقة للخطة الخمسية العاشرة (2001-2005م) لم يكن عاليا على الإطلاق، فكان مثلا في الخطة الخمسية العاشرة 7% تقريبا، وكان في الخطة الحادية عشرة 7.5%، أما في الخطة الثانية عشرة فكان 7%. ولكن بالنظر إلى عملية تنفيذ الخطة الخمسية العاشرة والخطة الخمسية الحادية عشرة، نجد أن الحكومة ما زالت تأمل أن تتخطى هذا الهدف المرتقب، وما يعكس هذا الأمر هو طرحها بصورة خاصة متطلبات خطة "بقاء النمو الاقتصادي أعلى من 8%" خلال سنوات محددة، ومع ذلك فإن توقعات سرعة النمو في الخطة الخمسية الثانية عشرة وُضعت وفقا لهدف أصغر، ولم تصر على خطة "الحفاظ على 8%" عند مواجهة الأزمات.

يجب القول إن هذا التغير في توقع معدل النمو لدى الحكومة المركزية يتفق مع القانون الاقتصادي؛ إذ كان للصين قبل فترة الخطة الخمسية الثانية عشرة معدل نمو محتمل عال، أعلى إجمالا من معدل النمو الذي تهدف إليه الخطة. ولكن في فترة الخطة الخمسية الحادية عشرة، اتجه معدل النمو الحقيقي نحو تجاوز معدل النمو المحتمل. ومنذ بداية فترة الخطة الخمسية الثانية عشرة، انخفض معدل النمو المحتمل انخفاضا ملحوظا، وإذا استمر معدل النمو الحقيقي على سابق عهده، فسوف تنتج حتما فجوة ضخمة. وبعبارة أخرى، ما زال أمام هدف معدل النمو الاقتصادي السابق مجال للاقتراب من قدرة النمو المحتمل، وهدف معدل النمو اللاحق قد اقترب بالفعل من قدرة النمو المحتمل.

وبالحديث عن هدف معدل النمو الاقتصادي الذي تنبأت به الحكومة المركزية لعام 2012، فما كان من قبيل الصدفة أن القيمة المتوقعة لمعدل النمو الاقتصادي المحتمل لنفس العام كانت أيضا 7.5% بالضبط، ولذلك فإن معدل النمو الفعلي 7.8% الذي حُقق في نهاية المطاف، ما زال أعلى من معدل النمو المحتمل، وبطبيعة الحال لن يسبب بطالة دورية. وفي الواقع، لقد ظل المعدل المسجل للبطالة في المناطق الحضرية ومعدل البطالة المحقق فيه ثابتا هذا العام مقارنة بالعام السابق، وكان عدد المناصب في سوق خدمات التوظيف العامة لـ 103 مدينة أعلى من نسبة الباحثين عن عمل مقارنة بالعام السابق، وقد رفعت 23 مقاطعة، وبلدية، ومنطقة حكم ذاتي الحد الأدنى للأجور، واستنادًا إلى الـ 220 مدينة التي رفعت الحد الأدنى للأجور نرى أن متوسط حجم الارتفاع الاسمي 14.4%.

أما التغير الأبرز فهو ظهور نمو سلبي في عدد السكان ممن هم في سن العمل "الذين تتراوح أعمارهم بين 15– 59 سنة" لأول مرة في عام 2012م، فوفقا لمعطيات مكتب الإحصاء الوطني انخفض العدد 3.45 مليون فرد في ذلك العام انخفاضا مطلقا. وفي الواقع، نلاحظ من خلال المسح السكاني العام السادس في 2010م أن هذا الانخفاض في السكان من هذه الأعمار قد بدأ منذ 2011م، ويتوقع أن يقل مجموعهم عن 29.34 مليون فرد في الفترة ما بين 2010م و2020م، وهو

ما يمكن أن يعد انخفاضا في الإمداد بالعمالة في الصين. وفي الوقت نفسه فإن النمو الاقتصادي سوف يحافظ على طلبه القوي على العمالة.

على سبيل المثال، كانت الزيادة الإجمالية في التوظيف الحضري الذي يشمل عمال الحضر والعمال المهاجرين من الريف إلى المدينة في العقد المتوسط بين 2001م و2011م 115 مليون فرد تقريبا. يمكن أن نعد هذا العدد وتغيراته هو الطلب على العمالة. ومن منظور اتجاه تغير العرض، فحتى لو نقص الطلب على العمالة النصف خلال العقد القادم، فهو أيضا أكبر كثيرا من الإمداد بالعمالة الذي يحدده السكان ممن هم في سن العمل.

لطالما قيل إن كبر حجم السكان والعمالة هو أعظم ما تتسم به الصين، وإن سوق العمل ستعيش طويلا حالة من زيادة الإمداد بالعمالة على الطلب. ومن جهة ما، يهدف هذا التأكيد إلى تنبيه الحكومة والمجتمع لعدم تجاهل أولوية التوظيف. وخلال فترة ما، أصبح إنكار التغير في العلاقة بين العرض والطلب في سوق العمل بهدف منع تجاهل مسألة التوظيف وكأنه كذبة بيضاء، لكن هذا الوضع اتخذ من عام 2012م نقطة تحول، ولم يتغير جذريا، إذن هل يمكن الآن الاطمئنان تماما بشأن مسألة التوظيف في الصين؟ إن هذا في الواقع لهو استكمال المنطق السابق.

إننا فقط بحاجة إلى ملاحظة ظاهرة بسيطة لنكتشف أن الفكر المرتبط بالسياسة السابق ذكره غير منطقي؛ فخلال فترة طويلة كانت الأولوية التي تمتعت بها مسألة التوظيف في سياسات الحكومة أعلى كثيرا في تلك الدول ذات اقتصاد السوق المتطور المتسم دوما بنقص العمالة من الصين التي تتمتع بالإمداد غير المحدود بالعمالة. فظلت مثلا غالبية البنوك المركزية في الدول الغربية زمنا طويلا تضع "التوظيف عالي المستوى" على رأس قائمة الأهداف الأساسية للسياسة النقدية، وكانت الأهداف التالية بالترتيب: النمو الاقتصادي، استقرار الأسعار، استقرار سعر الفائدة، استقرار السوق المالية واستقرار سوق الصرف الأجنبية. لكن التوظيف في الصين لم ينعكس خلال وقت طويل في أهداف الاقتصاد الكلي السياسية.

لكن اهتمام سياسة الاقتصاد الكلي بالتوظيف في الصين سار منذ بداية القرن العشرين في طريق معاكس للعديد من الدول الغربية. توقف هدف الاقتصاد الكلي السياسي المتمثل في اقتصاد سوق ناضج على التوظيف، أما الدول النامية فركزت على تعزيز النمو الاقتصادي، ومن ثم نشطت التوظيف بخلق فرص عمل أكثر. ومع ذلك، فبسبب تراجع المدرسة الكينزية وازدهار المدرسة النقدية تغير هذا التقليد السياسي في الاقتصاد الكلي تغيرا هائلا خلال أكثر من ثلاثين سنة ماضية سواء في الدول المتقدمة أو في الدول النامية، وتحول إلى الاهتمام باستقرار الأسعار فقط، بل تقبل ببساطة في بعض الدول نظام استهداف التضخم، أما في دول عديدة تعرضت إلى أزمات ديون تجسدت في تقبل شروط قروض صندوق النقد الدولي والبنك الدولي باعتباره أحد مبادئ "إجماع واشنطن".

الفرضية التي يستند انحراف هذا الهدف السياسي إليها هي أن تحقيق النمو الاقتصادي والتوظيف الكامل نتيجة طبيعية طالما تحقق استقرار الأسعار. لكن هذا الهدف السياسي الأحادي أُثبت أنه قائم على فرضية خاطئة، أي في الواقع التوظيف الكامل والنمو الاقتصادي لن يتحققا تلقائيا بعد استقرار الأسعار. بينت تجارب الدول المتقدمة والدول النامية أن هذا الاتجاه السياسي سبب عواقب وخيمة، وكان ضرره على الدول النامية أكبر [1].

وفي الوقت ذاته لمواجهة وضع التوظيف المتفاقم وضمان سبل المعيشة الأساسية في أواخر تسعينيات القرن العشرين بدأت الحكومة الصينية تنفيذ سياسة توظيف نشطة، وطرحت سلسلة من التدابير السياسية لتعزيز وإعادة التوظيف. كما اقترح تقرير المؤتمر الوطني السادس عشر للحزب الشيوعي الصيني في 2002م تنفيذ استراتيجيات وسياسات طويلة الأمد تنشط التوظيف، وعدَّت تعزيز النمو الاقتصادي، وزيادة التوظيف، واستقرار الأسعار، والحفاظ على توازن ميزان المدفوعات الدولية أهدافًا أساسية لتنظيم الاقتصاد الكلي ومراقبته. وقد ارتفع وصف الحكومة المركزية للتوظيف بالتدريج من المطالبة بوضع زيادة التوظيف في

---

(1) Deepak Nayyar, Rethinking Macroeconomic Policies for Development, Brazilian Journal of Political Economy, Vol.31, No.3, pp. 339-351, 2011.

مكانة أكثر بروزا في التنمية الاقتصادية والاجتماعية إلى تنفيذ استراتيجية التنمية التي تجعل الأولوية للتوظيف. ولم يكن للصين أن تتمكن خلال زمن قصير من بلوغ نقطة التحول اللويسية ثم نقطة التحول باختفاء العائد الديمغرافي، وتحقيق قفزة في مراحل التنمية الاقتصادية، إلا بسبب هذا الاهتمام الكبير بالتوظيف وسياسة التوظيف الفعالة.

لكن ما يجب ملاحظته هو أن طبيعة مشكلة التوظيف تختلف باختلاف مرحلة التنمية الاقتصادية، كما يجب أن تتغير السياسات. بدأ الاقتصاد الصيني بعدما تخطى نقطة التحول اللويسية وفقد العائد الديمغرافي التحول تدريجيا من عملية نموذجية من تطور الاقتصاد الثنائي إلى مرحلة نمو كلاسيكي جديد. وفي المقابل بدأت سوق العمل تسريع الانتقال من الهيكل الثنائي إلى طراز كلاسيكي جديد، ولم تعد مشكلات التوظيف التي يواجهها إجمالية، بل هيكلية واحتكاكية.

يعني ذلك أن مواجهة مشكلة البطالة الهيكلية -الناتجة عن عدم التوافق بين تغير الهيكل الصناعي ومؤهلات العمال- ومشكلة البطالة الاحتكاكية -الناتجة عن طول مدة البحث عن عمل في السوق- في الوقت الذي تتوافر فيه فرص عمل بالحفاظ على سرعة نمو اقتصادي مناسبة، أصبحت نقطة أساسية تتزايد أهميتها في سياسة التوظيف يوما بعد يوم. ووفقا لما يثير اهتمام المجتمع الصيني، فإن مشكلة التوظيف تتركز أساسا على ثلاث جماعات: العمال المهاجرون من الريف إلى المدينة، ومن يجد صعوبة في التوظيف في المدن والمراكز، وخريجو المعاهد العليا. ويمكننا من خلال هذه الجماعات الثلاث معرفة صعوبات التوظيف الهيكلية والاحتكاكية ومشكلة البطالة الطبيعية.

تغطي إحصائيات التوظيف الرسمية الحالية في المدن توظيف السكان ذوي الإقامة الدائمة في المدن والمراكز بصورة أساسية، وتسقط معظم العمال المهاجرين، لكن لو قمنا بمعالجة معينة ومن ثم حسبنا العمال المهاجرين أيضا، لوجدنا أن إجمالي عدد الموظفين في المدن والمراكز في 2011م بلغ 430 مليون فرد، 35% منهم هم عمال مهاجرون منذ 6 شهور أو أكثر. ومن بين الموظفين حديثا في ذلك العام

كان هناك 65% عمال مهاجرون. وهو ما يعني أن العمال المهاجرين قد أصبحوا ركيزة التوظيف في المدن والمراكز، وستتزايد نسبتهم في المستقبل.

كان متوسط سنوات الدراسة للعمال المهاجرين 9.6 سنوات في 2011م، وقد ناسب تماما هذا الوضع القائم عليه رأس المال البشري فرص العمل في الوظائف كثيفة العمالة من القطاع الاقتصادي الثانوي - والتي تتطلب 9.1 سنوات دراسة للعامل- وفي الوظائف كثيفة العمالة من صناعة الخدمات - والتي تتطلب 9.6 سنوات دراسة للعامل - لكن اتجاه اقتصاد الصين المستقبلي هو تباطؤ النمو الاقتصادي وتسارع إعادة الهيكلة الصناعية. وفقا لمتطلبات الوظائف من رأس المال البشري، أي 10.4 سنوات للوظائف كثيفة رأس المال في القطاع الثانوي، و13.3 سنة للوظائف كثيفة التقنيات في القطاع الثالث، فما زال مستوى العمال المهاجرين التعليمي غير كاف لانتقالهم إلى هذه الوظائف الجديدة.

عند بلوغ نقطة التحول اللويسية وظهور نقص العمالة، وفي ظل الارتفاع السريع في أجور العمالة العادية، الجيل الجديد من العمال المهاجرين المولود في ثمانينيات القرن العشرين وكأنهم لم يعوا جيدا مرارة صعوبة التوظيف، وتزايد عدد من يرفض استكمال تعليمه بعد المرحلة الإعدادية، ويشير معدل دوران الموظفين العالي أيضا إلى تخليهم عن العديد من فرص التدريب أثناء الخدمة، بل الأكثر من ذلك أن العديد من الشباب الريفي لا يكمل حتى التعليم الإلزامي ويسارع للخروج إلى العمل. لكن هذا العصر الذهبي في سوق العمل أن يدوم طويلا، وأولئك العمال المهاجرون غير المؤهلين لسوق العمل المستقبلية سيواجهون مشكلة البطالة الهيكلية.

إن نموذج انتقال العمالة "القادمة والمغادرة" بالمعنى التقليدي هو وسيلة لحل مشكلة بطالة العمال المهاجرين. لكن انتقال العمالة يصبح أحادي الاتجاه يوما بعد يوم، ولم تعد هذه الوسيلة فعالة بعد الآن. كانت نسبة الجيل الجديد من العمال المهاجرين قد بلغت في 2011م 61% من العمال المهاجرين، منهم 33% عاشوا قبل بلوغ 16 سنة في المدن والمراكز بمختلف مستوياتها وليس الريف، و38% في التعليم الابتدائي في المدن والمراكز بمختلف مستوياتها. يمكن القول إن معظمهم لم يعمل

في الزراعة من قبل، ولا داعي بالطبع لقول إنهم لا يرغبوا في العودة إلى الريف للعمل في الزراعة. ليس هذا فحسب، فإصلاح أساليب الإنتاج الزراعي تعتمد أكثر فأكثر على انتقال التقنيات التي توفر العمالة، ولم يعد المجال الزراعي خزان العمالة الفائضة.

يتضح من ذلك أن الطريقة الجذرية لوقاية العامل المهاجر في المستقبل من خطر التوظيف هي زيادة رأس ماله البشري. ونظرا لأن العمال المهاجرين من الريف إلى المدينة هم مجموعة تُحدَّث باستمرار بالعمالة الناشئة حديثا، فإن خلق ظروف مؤسسية جيدة لرفع إمكانية تلقي العمالة الناشئة للتعليم العام والتعليم المهني قبل دخول سوق العمل يجب أن يكون نقطة أساسية تعالجها السياسات.

وعلى عكس حال العمالة المهاجرة، فقد ظهر في العمالة التي تملك إقامة دائمة مسجلة في المدن والمراكز اتجاه شيخوخة بدرجة ما. إن سن العمالة الحضرية في الحقيقة سيبدو بلا انتقال كمية هائلة من العمالة الريفية أكبر كثيرا من الواقع. وفقا لمعطيات الإحصاء السكاني السادس مثلا، فمن بين السكان ممن في سن العمال (15- 59 سنة) أصحاب الإقامات الدائمة في الحضر في 2010م احتل السكان القادمون نسبة 35.0%، وكانت نسبة السكان ذوي الإقامة المحلية 21.6% من حجم الفئة العمرية 20- 29 سنة، أما من حجم الفئة العمرية 50- 59 سنة، فقد احتل السكان القادمون نسبة 7.2%، واحتل السكان ذوو الإقامات الدائمة نسبة 19.3%.

لذلك من بين العمال ذوي الإقامة الحضرية هناك مجموعة كبيرة ينقص لديها رأس المال البشري كثيرا، وهو ما يتمثل في كبر السن وانخفاض المستوى التعليمي، وصعوبة توافر المؤهلات الأعلى اللازمة لإعادة الهيكلة الصناعية. تُعرِّف الحكومة هذه العمالة بالأفراد الذين يواجهون صعوبة في العمل في الحضر، وتستهدفهم في تقديم المساعدات. وقد حددت هذه التركيبة السكانية للعمالة في المناطق الحضرية وجود مجموعة مستقرة دوما تعيش حالة بطالة هيكلية واحتكاكية، وتشكل بطالة طبيعية نموذجية.

أظهرت تقديرات، أن معدل البطالة الطبيعية في المناطق الحضرية الصينية 4% - 4.1% تقريبا منذ 2000م، أي مساو تقريبا لمعدل البطالة المسجل في الحضر منذ سنوات طويلة. يعلم الجميع أن المستهدف من إحصاء البطالة المسجلة في الحضر هو سكان المدن أصحاب الإقامات المحلية، أي أن العمالة المحلية لا تتعرض إلا إلى بطالة طبيعية هيكلية واحتكاكية، وبهذا يتضح أن العامل المهاجر هو وحده مَن يتعرض إلى البطالة الدورية. يبرهن هذا الاستنتاج تكرار حل ظاهرة عودة العمال المهاجرين إلى الريف محل ظاهرة نقص العمالة المصاحب للتقلبات الدورية في الاقتصاد الكلي.

يجب عند الحديث عن خطر البطالة الطبيعية الذي تواجهه العمالة الحضرية التطرق إلى إحدى سمات تكوين رأس المال البشري في هذه المجموعة. لأن تطوير التعليم في الصين قد حقق منذ تسعينيات القرن العشرين إنجازات بارزة، فقد زادت سنوات تلقي التعليم لدى العمالة الناشئة بسرعة فائقة، واتسم توزيع رأس المال البشري لدى السكان ممن في سن العمل بسمة هي: كلما زادت السن قلت سنوات الدراسة. ولأن سن العمالة الحضرية كبيرة، فإن حجم المجموعة التي ينقصها رأس المال البشري كبير أيضا. في ظل التغير فائق السرعة في الهيكل الصناعي يصعب على جزء كبير من العمالة التوافق مع المؤهلات اللازمة لسوق العمل، ويسهل وقوعهم في حالة بطالة هيكلية.

أصبحت صعوبة توظيف خريجي الجامعات، ظاهرة يزايد اهتمام عامة المجتمع بها، كما أصبحت دليلا لبعض الناقدين لمسألة قبول عدد أكبر للالتحاق بالجامعات. يجب القول إن التغير الواقع بعد زيادة الالتحاق بالجامعات هو تغير حاد وجذري، وأعجز الناس عن الفهم السليم والمعالجة الصحيحة. هذا التغير الجذري هو دخول الصين مرحلة تعميم التعليم العالي خلال فترة قصيرة للغاية.

طرح الباحث الأمريكي مارتن ترو في 1973م نظرية تعميم التعليم العالي، وأشار إلى أن معدل التسجيل الإجمالي في التعليم العالي في مرحلة التعليم النخبوي أقل من 15%، ومرحلة التعليم العالي الجماهيري بين 15% و50%، ومرحلة التعليم العالي المعمم الشامل بلغت أكثر من 50%. ووفقا لهذه النظرية، ففي 2002م، أي

العام الثالث من زيادة الالتحاق بالجامعات، دخلت الصين مرحلة التعليم العالي الشعبي. ظهرت بالتدريج بعض الأمور النظامية في توظيف خريجي الجامعات بعد تعميم التعليم العالي، وعدم فهمها سيضلل السياسات والرأي العام.

تبين دراسات في اقتصاديات العمل أن مستوى التعليم، خاصة التعليم الأعلى من التعليم الجامعي النظامي، كلما ارتفع، كان الوقت اللازم لتوافق الباحثين عن عمل مع سوق العمل أطول. أو بقول آخر، يبحث خريجو الجامعات عن الوظيفة المثالية، ويحتاجون وقتا طويلا للبحث والتبديل. لذلك فالحكم بمجرد معدل التوظيف بعد عدة أشهر من التخرج في الجامعة ومستوى رواتب خريجي الجامعات الأولية لا يمكن أن يؤدي إلى استنتاج صحيح بخصوص تفوق رأس المال البشري لهذه المجموعة.

تظل -في الواقع- العمالة ذات الدرجات العلمية العالية في مرحلة البحث عن عمل حتى بعد الالتحاق بأول وظيفة بعد فترة بحث طويلة. وبالإضافة إلى ذلك، فإن شرط رأس المال البشري المتميز يمنحها فرصا أكثر للتطوير الوظيفي، ومن ثم تصبح في النهاية في مكانة صالحة في سوق العمل. سيتساءل الناس بالتأكيد: ما الذي يمكن لسياسة التوظيف النشطة التي تنفذها الحكومة وسوق العمل أن تفيد به في مسألة توظيف خريجي الجامعات؟ مما لا شك فيه أن إشارات سوق العمل في غاية الأهمية لتوجيه سلوك جميع الأطراف. تصور لو لم تظهر البطالة وتسريح الموظفين في أواخر تسعينيات القرن العشرين، ومن ثم تحفيز العمالة عن طريق تغيير توقعاتهم بشأن الوظيفة ومؤهلات العمل، لا يمكن لتوزيع مورد العمالة في المدن والمراكز حتى الآن أن يقوم على آلية السوق. ينطبق الأمر نفسه على توظيف خريجي الجامعات، فالبطالة الهيكلية بدرجة ما، لازمة لهذه المجموعة العاملة لضبط توقعاتها وسلوكها في البحث عن عمل.

على سبيل المثال، بدت في العرض والطلب في سوق العمل في 2013م ظاهرة تبدو متناقضة؛ حيث أن العمالة ذات الدرجات العلمية النظامية والمتخصصة غير مرحب بها كالعمالة الحاصلة على تعليم مهني وتعليم فني وتعليم ثانوي. وفي الواقع ما زال توظيف خريجي المعاهد العليا أسوأ حالا من توظيف الحاصلين على

الإعدادية. ومن جهة أخرى، فإن لسوق العمل طلبا قويا على العمالة الحاصلة على شهادات التأهيل المهني المتقدم أو ذوي المناصب المهنية والفنية العليا، والحاصلين فقط على شهادات التأهيل المهني الابتدائي أو ذوي المناصب المهنية والفنية الأدنى غير مرحب بهم [1].

يعني ذلك بلا شك أن رأس المال البشري للعمالة ليس عديم الفائدة، المشكلة فقط أن مستوى التعليم الذي تكشفه الدرجة العلمية لا يمكن أن يتحول إلى المهارات اللازمة لسوق العمل. ويوفر هذا المؤشر لطالبي العلم كيفية الجمع بين الدرجة العلمية والمهارات. يشير ذلك في الوقت نفسه إلى أن مؤشرات سوق العمل لازمة كذلك لأداء الحكومة وظائفها. إن صعوبات العمل الهيكلية التي تواجه خريجي الجامعات والمعاهد العليا تحتاج بطبيعة الحال إلى المساعدات من سوق العمل وسياسة التوظيف، لكن مشكلات مثل عدم ملاءمة التخصصات والمناهج التعليمية، وانخفاض جودة التعليم، قد صعّبت التوظيف الهيكلي أمام خريجي الجامعات، وطرحت قضايا عديدة أمام إصلاح وتعديل منظومة التعليم العالي. وقد طرح كل ذلك تحديات جديدة أمام سياسة التوظيف الحكومية النشطة.

لكن سواء ظاهرة صعوبة توظيف خريجي الجامعات السابق ذكرها، أو المؤشرات، التي يطلقها سوق العمل بخصوص توظيف هذه المجموعة، لا يمكن أن يصبح أي منها عذرا لتباطؤ وتيرة تطوير التعليم العالي، كما أن الخبرات والدروس المستفادة من التنمية الاقتصادية بجميع الدول لا تدعم مقولة إن التعليم قد يزيد على الحد.

---

[1] راجع "تحليل العرض والطلب في السوق لهيئات خدمات التوظيف العامة ببعض المدن في الربع الأول من عام 2013م" الصادر عن مركز رصد معلومات سوق الموارد البشرية الصينية، شبكة التوظيف الصيني:

الفصل الثاني

هل يمكن أن يزيد التعليم على الحد؟

حققت الصين منذ ثمانينيات القرن العشرين إنجازات ملحوظة في عملية تطوير التعليم، فدعمت نتائج التعليم السابقة، كما حققت قفزة واسعة في التعليم بتعميم التعليم الإلزامي مدة تسع سنوات وبزيادة فرص الالتحاق بالجامعات. لقد تحول تطوير التعليم إلى رأس مال بشري لدى العمالة، وأصبح عاملا مساهما مهما في معجزة النمو الاقتصادي الصيني.

يمكن أن نعُدّ بالتقريب الأحداث والشباب الذين لم يكملوا تعليمهم بعد مرحلة دراسية معينة كل عام، عمالة ناشئة على هذا المستوى التعليمي. ومن بين هذه العمالة الناشئة نجد حجم خريجي المرحلة الابتدائية انخفض بعد منتصف ثمانينيات القرن العشرين انخفاضا ملحوظا، ونجد في المقابل حجم خريجي المرحلة الإعدادية قد زاد كثيرا، وبرز لأقصى حد بعد التسعينيات، وبمطلع القرن الحادي والعشرين ازداد حجم خريجي المعاهد العليا سريعا، ومن ثم ازداد أيضا حجم خريجي المرحلة الثانوية. يبين هذا الاتجاه المتغير أن رأس المال البشري المستجد -على العكس- قد زاد زيادة كبيرة بالتزامن مع نقص عدد السكان المستجدين ممن في سن العمل.

لا يمكن لاتجاه تطوير التعليم وتراكم رأس المال البشري في الصين أن يدوم تلقائيا. حتى الآن يستفيد تطوير التعليم أساسا من التأثيرات الإيجابية لسياستين بارزتين؛ هما تعميم التعليم الإلزامي البالغة مدته تسع سنوات، وتوسيع نطاق التسجيل بالجامعات والمعاهد العليا. لكن عدم إمكانية استدامة تطوير التعليم يتمثل من جهة في تلك التحديات الجديدة التي تواجهها هاتان السياستان، ومن جهة أخرى في عدم توافق الآراء بعد بشأن السياسات اللازمة لتحقيق تقدم جديد في عملية تطوير التعليم.

بدأت جهود الحكومة في تعميم التعليم الإلزامي في 1985م. وقد اختلفت الآراء وقام جدال خلال فترة ما بسبب عوامل سلبية محددة نتجت، كالديون المفرطة على الريف من أجل تحقيق الهدف، لكن الواقع أثبت في النهاية أنها سياسة بعيدة النظر، ولها تأثير إيجابي بارز للغاية في تراكم رأس المال البشري في الصين. لكن لأن معدل الالتحاق بالمدارس الابتدائية والإعدادية حاليا مرتفع بالفعل، فقد ظهر اتجاه تناقص المنفعة من هذه السياسة، أي باختصار، لم يعد التعليم الإلزامي قادرا على تقديم إسهامات كبيرة لزيادة سنوات الدراسة لدى السكان.

بدأ توسيع نطاق الالتحاق بالجامعات في 1999م، وكان القصد الأصلي منه تأجيل انضمام الشبان إلى سوق العمل، لتخفيف الضغط على التوظيف آنذاك. لكن ما لم يكن متوقعا هو دخول التعليم العالي في الصين منذ هذه اللحظة مرحلة التعليم الجماهيري. قفز عدد خريجي الجامعات والمعاهد العليا خلال عام واحد من 850 ألف فرد في 1999م إلى 6.8 مليون فرد في 2012م. هناك تأثير إضافي آخر غير متوقع لتوسيع نطاق الالتحاق بالجامعات هو تعزيز ارتفاع معدل الالتحاق بالمدارس الإعدادية، مما عمل على زيادة سنوات الدراسة المحددة لدى العمالة الناشئة.

وكما ظهر في الكثير من الدول والمناطق الأخرى أن تعميم التعليم العالي يرافقه غالبا صعوبة توظيف خريجي الجامعات وانخفاض أجورهم، فقد شهدت الصين الأمر نفسه. أثار ذلك موجة انتقاد عالية رأت أن زيادة عدد المسجلين بالجامعات سياسة عشوائية بشكل ما، لهذا بدأت تتغير وأصبحت سياسة حذرة، وانخفضت سرعة نمو عدد الملتحقين بالجامعات بعد 2008م. وفي ظل تناقص المنفعة الحدية في السياسة المذكورة أعلاه، يعلق الناس آمالهم على إنفاق المالية الحكومية مبالغ أكبر على التعليم. لقد طرح "منهاج إصلاح وتطوير التعليم في الصين" الصادر في 1993م هدف وصول النفقات الحكومية على التعليم إلى 4% من GDP، ولم يتحقق إلا في 2012م. لكن هل يكفي هذا الرقم لحل مسألة استدامة تطوير التعليم؟ لإجابة هذا السؤال ينبغي أن نعي جيدا العوامل الآخذة في الظهور، والتي قد تعرقل في المستقبل مواصلة تطوير التعليم في الصين.

يشغل بال الكثيرين مسألة تطوير التعليم الزائد عن الحاجة، وبسبب صعوبة توظيف خريجي الجامعات في سوق العمل، أُثير بالطبع لدى الصينيين هذا السؤال: ألسنا في غنى أصلا عن توسيع نطاق الالتحاق بالجامعات بهذا الشكل؟ من منظور علم الاقتصاد، وهو ما يعني الحكم على عشوائية هذه السياسة من عدمه وفقا لمعدل العائد على رأس المال البشري، أو الإجابة على السؤال عن التعليم المفرط الذي أثارته مسيرة تعميم التعليم العالي خلال أكثر من عشر سنوات منصرمة، فهو بسيط وصريح يتمثل فيما بيّنته أبحاث الاقتصاد القياسي، سواء بالاعتماد على معطيات ما قبل تنفيذ هذه السياسة أو بعدها، من أن معدل العائد على التعليم العالي أكبر من معدل العائد على التعليم المنخفض.

إن لاستخدام معطيات ما بعد تنفيذ هذه السياسة أهمية أكبر في هذه الأبحاث؛ إذ إن نسبة خريجي الجامعات قبل زيادة عدد الملتحقين بالجامعات كانت منخفضة، ولأن النادر ثمين، فإن تحقيق عائد عال من سوق العمل أمر معقول، أما إذا حقق التعليم العالي معدل عائد أعلى بعد زيادة عدد الملتحقين بالجامعات، فذلك يعني أن هذه السياسة تتماشى مع متطلبات سوق العمل. وجد مثلا لي هونغ بين، أن متوسط أجور الموظفين ذوي الشهادات الأعلى من الثانوية واصل ارتفاعه بعد زيادة عدد الملتحقين بالجامعات في 1999م، وينبغي لنا ألا نفكر الآن في كسب هذا العائد الفوري، ونجيب بمنظور أبعد على هذا السؤال: لماذا نحتاج إلى تطوير التعليم العالي بقوة؟ قالت مارغريت تاتشر رئيسة الوزراء البريطانية سابقا: "لا ينبغي لنا القلق من الصين، لأنها قادرة فقط على صنع الغسالات والثلاجات، ولا يمكنها إبداع فكر جديد". لم يقتنع الصينيون بهذه المقولة، ورأوا أنها لا تتوافق مع التراث الثقافي المشرق والازدهار الثقافي الذي واصلت تحقيقه أثناء الإصلاح والانفتاح.

لا يمكن لنا، نحن الصينيون، أن نستخف بأنفسنا ونشعر بالنقص، أو أن نتخذ موقفا عدميا تجاه إنجازاتنا وتراثنا الثقافي الذي أبدعه أجدادنا، فكيف وقد أذهلت افتتاحية أوليمبياد بكين العالم، وفاز طلاب الثانوية من شانغهاي بالمراكز الأولى من البرنامج الدولي لتقييم الطلبة، وحاز الكاتب مو يان على جائزة نوبل في

الآداب؟! لا يجسد ذلك إلا غيض من فيض إبداع الأمة الصينية، ويستحق الفخر حقا. لكن لا مانع من أن نفكر من عدة جوانب تالية الذكر في الموقف الواجب اتخاذها للتعامل مع انتقادات كتلك التي قالتها مارغريت.

أولا: انتقدت مارغريت تاتشر الصين بعدم قدرتها على ابتكار "فكر"، وتقصد الافتقار إلى القوة الإبداعية. الكلمة الإنجليزية التي نترجمها هاهنا إلى "فكر" هي idea، والتي يمكن فهمها كفكرة خلاقة، ولا تشير مطلقا إلى الثقافة، بل تشمل العلوم الطبيعية، والتقنيات الهندسية، وفنون الإنتاج، والعلوم الإنسانية، والعلوم الاجتماعية، والفنون والثقافة إلخ، وتشير أكثر إلى رأس المال البشري المرتبط بالقوة الإبداعية. وقد قالها مثلا لي كوان يو رئيس وزراء سنغافورة الأسبق بطريقة أكثر مباشرة؛ إذ جزم بأن إجمالي GDP الصين سيتفوق في النهاية على إجمالي GDP الولايات المتحدة، ولكن لا سبيل أبدا إلى تعادلهما في القوة الإبداعية؛ إذ إن ثقافة الصين لا تسمح بالتبادل الحر والمنافسة الفكرية.

ثانيا: ينبغي أن يشمل الأجانب أيضا ذلك المثل الصيني القديم القائل "إن تصغ إلى الطرفين تستنر، وإن تسمع من طرف واحد تضل"؛ فآراء الأجانب، حتى وإن كانت سطحية، تعد إطارا مرجعيا في المقارنة الدولية. لا تليق السخرية والاستهزاء دوما بالمكانة التي يجب أن تتمتع بها الصين بوصفها قوة عظمى. سنغافورة بلد صغير، وقد شعر قادتها بالخجل فعلا حينما انتقد بعض أشهر الاقتصاديين قبل عشرين سنة نموذج نموها الاقتصادي، واعتقدوا أن النمو السريع هو نتيجة تراكم عناصر الإنتاج فحسب، وأنها تفتقر إلى تحسين إنتاجية العناصر الكلية الناتج عن التقدم التكنولوجي. لكنهم مع ذلك رأوا أن "من الأفضل أن نثق بها"، ووضعوا لبلدهم هدف رفع إنتاجية العناصر الكلية. احتلت سنغافورة سنين منذ طويلة، المركز الأول في مؤشر التنافسية العالمية، وازدادت تفوقا عاما بعد عام، ولا يمكن ألا يتعلق هذا بالاستماع إلى الطرف الآخر.

ثالثا: يبين "تساؤل تشيان شيويه سن" الشهير، أن واقع الصين هو نقص القوة الإبداعية بسبب قيود النظام. ظل العالم الشهير تشيان شيويه سن، حتى قبل وفاته على فراش المرض يفكر، "لماذا تعجز جامعاتنا عن التربية والتعليم وفقا

لنموذج تنشئة مواهب وكفاءات تخترع تقنيات علمية، ولا تملك ابتكارا فريدا خاصا بها، وتعجز دوما عن أن "تطلق" كفاءات فذة؟". وقد أجاب المعمر البريطاني رونالد كوس الحائز على جائزة نوبل في الاقتصاد على تساؤل "شيويه"، ورأى أن السبب هو افتقار الصين إلى سوق أفكار.

تشير "السوق" هنا إلى مسرح أو منصة، ينشأ خلالها الفكر والقوة الإبداعية، ويتكاثر، وينمو، ويحفَّز، وينضج. لذلك يعد بالطبع تطور الجامعات الصحي والسريع شرطا لازما لنشوء مثل هذه السوق. هناك الكثير من المشكلات في نظام الجامعات الصينية، ولا بد من حلها بالإصلاح، لكن لا ينبغي أبدا أن تصبح حجة لعدم الإصلاح خوفا من بعض المتاعب.

ينجح أي أمر بالتخطيط الجيد له، ولمنع حدوث مشكلة التعليم الزائد عن الحاجة فعلا، هناك طريقة ناجعة، وهي ترك الأسر من الآن وبالتدريج لتتحمل نفقات أكبر على التعليم الجامعي. هناك اكتشاف مهم في اقتصاديات التعليم مفاده أن العوائد الاجتماعية للتعليم إذا رتبت من أعلى إلى أسفل، فالترتيب سيكون التعليم قبل المدرسي، والتعليم الأساسي، والمراحل العليا من التعليم العام، والتعليم المهني والتدريب. وبالطبع، فإن مجال ارتفاع معدل العائد الخاص ينبغي أن يوجه الاستثمارات الأسرية والفردية بدرجة أكبر، أما مجال ارتفاع معدل العائد الاجتماعي، فالأنسب أن تتولى الحكومة تمويله.

وبالحديث عن تمويل الحكومة، يواجهنا سؤال: حينما يصل الاستثمار في التعليم العام إلى 4% من GDP، أي حينما يتجاوز (بالحساب وفقا لإجمالي GDP في 2012م) 2 تريليون يوان، كيف يجب التصرف في هذا المورد الثمين حتى تتحقق أكبر كفاءة؟

فلننظر أولا إلى وضع غير معقول لكنه محتمل. فقد طرحت الحكومة الصينية سياسة رامية إلى استثمار المالية الحكومية 4% من GDP في التعليم بدءا من 2012م. هل تتخيل معنى تنفيذ هذه النسبة من النفقات على التعليم العام على جميع مستويات الحكومة؟ بمقارنة محافظة شيتشنغ ببكين، حيث مقرات العديد من البنوك الكبرى الرئيسة ومن ثم يتركز فيها جزء كبير من GDP الصين، بمدينة

ليوبانشيو أفقر مدينة بمقاطعة قويتشو غير المتطورة، نجد متوسط النفقات على التعليم العام التي يتمتع بها السكان المقيمون إقامة دائمة في الأولى تبلغ على الأقل عشرة أضعاف الثانية. هل يمكن أن يكون مثل هذا الفرق في الاستثمار العام عادلا وفعالا معا؟ يفترض أن الإجابة واضحة بذاتها.

فلنعد ثانيةً للنظريات الأساسية في علم الاقتصاد. إن مصدر النمو الاقتصادي الذي لا ينضب هو ارتفاع معدل الإنتاج، والمسار المهم لتحقيقه هو توزيع الموارد بكفاءة أكبر. أشار الحائز على جائزة نوبل في الاقتصاد جيمس هيكمان في 2003م إلى وجود مشكلة عدم توازن في الصين بين رأس المال المادي ورأس المال البشري وبين المناطق المختلفة من حيث الاستثمار في التعليم، أي أنها تفتقر إلى العدل، كما تتنافى مع مبدأ الكفاءة.

مثلما ناقشنا من قبل، بعد اختفاء العائد الديمغرافي لم يعد الإمداد غير المحدود بالعمالة سمة التنمية الاقتصادية الصينية. وفي المقابل، فظاهرة تناقص العائد على رأس المال تزداد حدة يوما بعد يوم. لكن هناك خبرا سارا، وهو أن رأس المال البشري يظهر تفوقه بتزايد عائده أكثر فأكثر في الوقت الذي ينخفض فيه معدل العائد على رأس المال المادي. لذلك فإن انتقال موارد المجتمع بدرجة أكبر من مجال الاستثمار المادي إلى مجال الاستثمار في رأس المال البشري سيجلب حتما كفاءة توزيع موارد ضخمة، ويدعم استدامة نمو الاقتصاد الصيني.

ومع أن الاستثمار في رأس المال البشري - برؤية بعيدة المدى- يتسم بتناقص العائد، فهناك في الوقت الراهن فروق في الكفاءة في كيفية توزيع الموارد التعليمية المحدودة بين المستويات المختلفة وبين المناطق المختلفة، فنجد على سبيل المثال أن كفاءة الاستثمار في شيتشنغ ببكين أقل كثيرا جدا منها عند تخصيص المبلغ نفسه لليوبانشيو، مع أن النفقات على التعليم العام بهما موزعة بالتساوي. ولهذا، فاستنادا إلى المبادئ الأساسية لتوزيع الموارد، وانطلاقا من المشكلات التي تواجه التعليم بمختلف المستويات، نقدم الاقتراحات السياسية التالية بشأن تطوير التعليم في الصين.

أولا: التعليم الإلزامي هو العامل الحاسم والرئيس لإرساء قاعدة جيدة للتعلم مدى الحياة، ولتكوين خط انطلاق متكافئ بين أطفال الحضر والريف وبين أطفال

الأسر مختلفة الدخول، ولا يمكن للحكومة التنصل من مسؤولية إدخال الموارد المشتركة الكامل. والجدير بالإشارة، أن بناء على تميز التعليم قبل المدرسي بأعلى معدل عائد اجتماعي، فما يعني أن تحمل الحكومة للنفقات هو ما يتناسب مع مبدأ انتفاع المجتمع بكامله بقوانين التعليم ينبغي أن يدخل تدريجيا نطاق التعليم الإلزامي.

منذ تجاوز الصين نقطة التحول اللويسية، ومع زيادة فرص العمل، انتعش الطلب على العمالة متدنية المهارات، وانتشرت ظاهرة ترك أطفال بعض الأسر، خاصة الأسر الريفية الفقيرة، الدراسة في المرحلة الإعدادية. بالنظر من زاوية مصلحة الأسرة على المدى القصير يبدو هذا الخيار منطقيا، لكن خسارة رأس المال البشري سيتحملها في النهاية المجتمع والأسرة معا. لذلك يجب على الحكومة تخفيض نسبة نفقات الأسرة في مرحلة التعليم الإلزامي، وتثبيت ورفع معدل إكمال التعليم الإلزامي، وإدراج التعليم قبل المدرسي في التعليم الإلزامي؛ لئلا يخسر أطفال الأسر الريفية والفقيرة على خط الانطلاق، بالإضافة إلى أنه يساهم كثيرا في رفع معدل إكمالهم المرحلتين الابتدائية والإعدادية، ويزيد فرصهم المتكافئة لاستكمال التعليم.

ثانيا: رفع مستوى الالتحاق بالمدارس الثانوية يعزز معدل تعميم التعليم العالي. هناك علاقة سببية بين معدل الالتحاق بالثانوية ومعدل الالتحاق بالجامعة ويعزز كل منهما الآخر. يزداد عدد الراغبين في الالتحاق بالجامعة بارتفاع معدل تعميم التعليم الثانوي، وزيادة فرص الالتحاق بالجامعة يحفز الحاصلين على الثانوية كثيرا. المدفوعات من ميزانية الحكومة حاليا منخفضة في المرحلة الثانوية، وتتحمل الأسر عبء النفقات الثقيل، بالإضافة إلى ارتفاع تكلفة الفرصة وانخفاض معدل القبول بالجامعة وعوامل أخرى، حوّلت هذه المرحلة التعليمية إلى "عنق زجاجة" في تطوير التعليم في المستقبل. لذلك يجب على الحكومة أن تضع نصب أعينها مواصلة تعميم التعليم سريعا، أن تشجع التعليم المجاني في المرحلة الثانوية. وفي المقابل، يجب أن يطلق التعليم العالي العنان للتربية والتعليم المجتمعيين ومشاركة الأسر.

وأخيرا: تطوير التعليم المهني بقوة بتوجيه سوق العمل. إن الصين بحاجة إلى مجموعات عمالة ماهرة عالية المؤهلات، ويعتمد ذلك على التنشئة والتدريب بالتعليم المهني المتوسط والعالي. تكون عادة نسبة الطلاب الذين في سن التعليم المهني بالدول الأوروبية والأمريكية أعلى من 60%، بل تصل في ألمانيا والسويد وغيرهما إلى 70% -80%، أي أعلى جميعا من الصين كثيرا. يجب على الصين أن تعي ضرورة تطوير جودة العمالة على المدى الطويل، ومن ثم تزيد قوة التعليم المهني والتدريب العملي. ولأن هذا النوع من التعليم يتسم بارتفاع معدل العائد الخاص، وسوق العمل محفز بالكامل، لذا يجب الاعتماد أكثر على استثمار الأسر والمؤسسات، ويجب أن تنخفض قوة استثمار الحكومة عن التعليم الثانوي العام. وينبغي أيضا تأسيس ممر استكمال التعليم المهني بالمرحلة الثانوية والتعليم العالي المهني وبين التعليم العالي العام، لتسريع إصلاح المنظومة التعليمية ونموذج التدريس والمحتوى التعليمي، بما يوفر للطلاب خيارات أكثر للتطوير الشامل.

الفصل الثالث

مواجهة الشيخوخة قبل الثراء

خلال أكثر من ثلاثين سنة منذ بدء الإصلاح وإلى الآن، لم تحقق الصين أسرع نمو اقتصادي فحسب، بل نجحت بسرعة تفوق بقية دول العالم في تحويل نوع السكان من معدل المواليد المرتفع، ومعدل الوفيات المنخفض، ومعدل النمو المرتفع، إلى معدل المواليد المنخفض، ومعدل الوفيات المنخفض، ومعدل النمو المنخفض. انخفض معدل الخصوبة الكلي في الصين في مطلع تسعينيات القرن العشرين إلى 1.4، أي أقل من المستوى المتوسط في الدول النامية والمستوى المتوسط العالمي، وأقل أيضا من المستوى المتوسط في الدول المتقدمة.

وبوصفها نتيجة طبيعية للتحول الديمغرافي الذي يعد انخفاض معدل الخصوبة قوته الدافعة الأساسية، فقد ازدادت شيخوخة السكان، وأصبحت سرعة الشيخوخة أكثر بروزا في الصين التي تمر بأسرع تحول ديمغرافي. ارتفعت نسبة السكان الذين تزيد أعمارهم على 60 سنة من إجمالي السكان ارتفاعا سريعا من 8% في 1980م إل 9.7% في 1990م، و11.2% في 2000م، و13.5% في 2010م. لكن الرصد الرأسي من مجرد الترتيب الزمني لا يكفي لكشف خطورة وخصوصية الشيخوخة في الصين. وبمقارنة مستوى الشيخوخة في الصين بمستوى تنميتها الاقتصادية يمكننا ملاحظة سمة بارزة، وهي وصول الصين إلى مستوى شيخوخة عال بمستوى دخل منخفض، أي شكلت سمة يطلق عليها "شيخوخة قبل الثراء". بلغت نسبة السكان الذين تزيد أعمارهم على 60 سنة في 2010م 13.5%، والذين تزيد أعمارهم على 65 سنة 9.4%، وبينما كان متوسط هاتين النسبتين في الدول النامية الأخرى 8.2% و5.7% فقط.

شيخوخة السكان ليست عملية تحول وفق إرادة الإنسان، كما أنها عملية لا رجعة فيها. في عالمنا الحالي دخل معظم الدول المتطورة مرحلة شيخوخة عالية المستوى. كما أن وسائل مواجهة الشيخوخة يتزامن ظهورها عادة مع مستوى التنمية الاقتصادية. تتوافر في الدول مرتفعة الدخل في أوروبا وأمريكا الشمالية الظروف التالية لمواجهة تأثير الشيخوخة. بالمقارنة نجد ظروف الصين في الجوانب ذات الصلة لم تكتمل بعد، ويلزمها التماشي مع الشيخوخة قبل الثراء. أولا: في الدول المتقدمة، اكتملت سلسلة من الأنظمة حتى وصلت إلى مستوى مناسب، تشمل هذه السلسلة نظام المعاشات، والرعاية الصحية، وغيرهما من نظم الرعاية الاجتماعية، بما يكفي لتوفير اللازم للمسنين من رعاية وخدمة طبية وحتى وسائل الراحة النفسية. واجهت جميع الدول المتقدمة أيضا مشكلة استدامة نظام المعاشات، وحاولت إجراء الإصلاح المناسب، ومع ذلك يمكن القول إجمالا إن تأمين كبار السن حاليا قائم على نحو مُرضٍ.

لأن الصين ما زالت في مرحلة تنمية اقتصادية منخفضة، فإن خطوات منظومة الضمان الاجتماعي بطيئة، وما زال الضمان الاجتماعي حاليا غير كافٍ لمواجهة تحدي الشيخوخة. كانت مثلا نسبة المشاركين من الموظفين المحليين في المدن والمراكز في تأمين الشيخوخة الأساسي في 2011م، 60%، ونسبة المشاركين في التأمين الصحي الأساسي 52.8%، بينما كانت نسبة العمالة المنتقلة من الريف للعمل في المدينة المشاركة في الأول 13.9% وفي الثاني 16.7%. وعلاوة على ذلك، لأن تأمين الشيخوخة لموظفي المدن في الصين ما زال على نظام "المحاسبة على أساس نقدي"، ولم يتم التحقق من حسابات التقاعد الشخصية حتى الآن، ومع الارتفاع السريع في نسبة إعالة السكان، ينبغي الانتباه لمشكلة الديون المحتملة ومشكلة استدامة النظام.

ثانيا: تتمتع اقتصادات الدول المتطورة بإنتاجية عمل مرتفعة. إن السبب في أن شيخوخة السكان تمثل عبئا على الاقتصاد والمجتمع هو ارتفاع نسبة الإعالة أكثر فأكثر بزيادة عمر الهيكل السكاني، وارتفاع نسبة السكان المعالين غير المشاركين في عملية الإنتاج، ومن ثم تقل نسبة السكان ممن في سن العمل

المشاركين في الأنشطة الإنتاجية، ومن حيث الإمداد بالعمالة ومعدل الادخار، فإن ذلك يؤثر بالسلب على النمو الاقتصادي، ولا يمكن تغيير هذه العمليـــة، لكـــن ارتفاع إنتاجية العمل يمكن أن يلغي تأثير شيخوخة السكان. ولحسن حظ معظـــم الدول، فإن كلا من إنتاجية العمل الأعلى ومستوى الشيخوخة الأعلى يعد ثمـــرة مستوى التنمية الاقتصادية الأعلى.

ومع ذلك، فالصين التي تتسم بالشيخوخة قبل الثراء ليست محظوظة في هذا الجانب. مع أن نمو إنتاجية العمل في الصين أسرع منـــه في بقيـــة دول العـــالم، فالمستوى المطلق حتى الآن -وفقا لدراسات اتحاد المؤسسات الكـــبرى الـــدولي Conference Board ما زال في آخر الصف. كان GDP (إنتاجية العمل) لكل موظف صيني المحسوب وفقا لتعادل القدرة الشرائية في 2010م أقل كثيرا جدا من جميع الدول المتقدمة الرئيسة، إذ يعادل 17% فقط من الولايات المتحدة. وحـــتى بالمقارنة مع الاقتصادات الناشئة، فإن إنتاجية العمل الصينية أقل بدرجة ملحوظة من روسيا والبرازيل، وأعلى قليلا من الهند وإندونيســـيا. ولـــو حســـبنا GDP بطريقة سعر الصرف المعتادة، فسنجد إنتاجية العمل في الصين أقل منها في الدول المتقدمة.

ثالثا: تتمتع العمالة في الدول المتقدمة برأس مال بشري كبير. يعـــد نقـــص العمالة أحد تحديات الشيخوخة، لذلك رفع معدل المشاركة في العمـــل بضـــبط سياسات سوق العمل هو بالطبع وسيلة مناسبة لمواجهة الشيخوخة. حيث يتراكم رأس المال البشري في الدول المتقدمة منذ سنين طويلة، وتتمتع العمالة الأكبر ســـنا بسنوات دراسة كثيرة، تكفي لإطالة مدة عملهم، وزيادة الإمداد بالعمالة. لكـــن في الصين التي يتطور فيها التعليم سريعا وقد بدأ متأخرا، نجد مســـتوى العمالـــة الأكبر سنا ما زال منخفضا في حين أن مستوى العمالة الناشئة التعليمـــي يرتفـــع سريعا، وحتى في ظل نقص العمالة، فمن الصعب أن توفر هـــذه المجموعـــة الـــتي قاربت على التقاعد إمدادا فعالا بالعمالة.

كنهر سريع الجريان يعبره أحدهم خفيف الحمل بعدما ترك متاعـــه الـــلازم خلفه، فعاد في النهاية ليشيد الجسور ويبني الطرق حتى يتمكن من عبـــور النـــهر

بمتاعه، فالصين التي تتسم بالشيخوخة قبل الثراء ولم تتوافر لها شروط مواجهة تحديات الشيخوخة بعد ينبغي لها تعلم ما فاتها من دروس من حيث بناء الأنظمة وتحسين الإنتاجية وتراكم رأس المال البشري حتى يمكنها الوصول إلى بر المجتمع رغيد الحياة في ظل الشيخوخة، إذ ليس أمامها طريق آخر. لكن لو بحثنا عن مسببات الشيخوخة قبل الثراء، فسنجد بعض الفرص الخاصة بالصين، والتي تدل على عدم فوات الأوان وإمكانية إنقاذ ما يمكن إنقاذه. ومن الواضح أن تنفيذ سياسة تنظيم الأسرة طوال عقود، وخاصة سياسة الطفل الواحد التي طبقت منذ 1980م، قد ساهم بنسبة ما -ارتفعت أو انخفضت- في أن يكون التحول الديمغرافي في الصين أسرع منه في الدول الأخرى، وأن تبدأ شيخوخة السكان بها مبكرا. لذلك فإن استغلال فرصة أن الناس ما زالت لديها رغبة في النسل، وتعديل سياسة النسل في أسرع وقت ممكن، لهو إجراء فعال يخلق للمستقبل هيكلا سكانيا أكثر توازنا.

طبقت منذ أكثر من ثلاثين سنة سياسة الطفل الواحد التي أقرتها اللجنة المركزية للحزب الشيوعي الصيني في 1980م علامة مميزة لها. يختصر الكثيرون سياسة تنظيم الأسرة الصينية في "سياسة الطفل الواحد"، وهو في الواقع ليس دقيقا جدا. ويمكن أن نلخص وضع سياسة تنظيم الأسرة الحالية في الصين كما يلي.

شملت المناطق التي طبقت سياسة الطفل الواحد القاسية سكان الريف في ست مقاطعات وجميع مدن الصين، فغطت تقريبا 35.9% من سكان الصين كلها، وشملت سياسة "طفل ونصف"، التي تشير إلى السماح للأسر الريفية في 19 مقاطعة، والتي يكون أول طفل لها أنثى بإنجاب طفل آخر، فغطت 52.9% من سكان الصين كلها، وشملت المناطق التي نفذت سياسة طفلين في 5 مقاطعات، أي السماح لسكان الريف بإنجاب طفلين، فغطت 9.6% من سكان الصين، أما سياسة ثلاثة أطفال فقد شملت المزارعين والرعاة من الأقليات في بعض المناطق، فغطت 1.6% من سكان الصين كلها.

وعلاوة على ذلك، فقد عممت حول الصين سياسة "طفلين للوحيدين"، أي السماح للزوجين بإنجاب طفلين إذا كان كل منهما وحيد أبويه، وطبقت مناطق

ريفية في 7 مقاطعات سياسة "طفلين للوحيد"، أي السماح للزوجين بإنجاب طفلين إذا كان أحدهما وحيد أبويه، وألغت 12 مقاطعة أو خففت شرط المباعدة بين الولادات، و5 مقاطعات تساهلت في تنفيذ سياسة تنظيم الأسرة مع المتزوجين مرة أخرى. ثم طرحت اللجنة المركزية للحزب "تفعيل سياسة السماح للزوجين بإنجاب طفلين إذا كان أحدهما وحيد أبويه"، ما يعد خطوة مهمة أخرى على طريق تعديل سياسة تنظيم الأسرة.

انطلاقا من وضع تنفيذ السياسات الحالي، ووفقا لمنطق الإصلاح التدريجي، فبعد إطلاق سياسة "طفلين للوحيد"، أصبح تعديل سياسة الطفل الثاني أمرا ممكنا تماما. والتعديل في أفضل الأحوال، يمكنه أولا في ظل تباطؤ نمو إجمالي السكان تأخير وقت بدء نمو السكان السلبي من 2022م إلى 2045م، ويتوقع أن يبلغ السكان قيمة الذروة بمقدار 1.51 مليار نسمة، وثانيا أن يؤدي إلى ارتفاع نسبة السكان ممن في سن العمل من جديد بعد بضع عشرة سنة، ويكون انخفاضها مرة أخرى بطيئا ومتأخرا. وبالمقارنة بحال عدم تغير السياسة، فهذه الخطة قد تزيد عدد السكان ممن في سن العمل 38 مليون نسمة في 2030م، و170 مليون نسمة في 2050م، وثالثا أن يخفض سرعة الشيخوخة. وبالمقارنة بحال عدم تغير السياسة، فقد تنخفض نسبة السكان الذين تزيد أعمارهم على 60 سنة 2.5 نقطة مئوية في 2030م، و7.5 نقطة مئوية في 2050م[1].

إن تطبيق سياسة تنظيم الأسرة زمنا طويلا لا يؤدي فقط إلى جمودها، بل أيضا إلى جمود الفكر، ويسبب قلقا في أوساط صناع القرار بل جميع أوساط المجتمع، من فقدان السيطرة على التناسل فور تعديلها. في الواقع تحاول الجهات الحكومية والأوساط الأكاديمية أيضا استكشاف ما يريد الشعب بشأن الإنجاب، أو بعبارة أخرى، يأمل الناس عند تقييم السياسات أو تعديلها في معرفة ما إذا كان معدل الخصوبة المنخفض حاليا هو نتيجة القيود السياسية أم هو نتيجة التنمية الاقتصادية والاجتماعية.

---

(1) مؤسسة بحوث التنمية الصينية: "تقرير التنمية الصينية ديسمبر 2011م: تغير الوضع السكاني وتعديل السياسة السكانية"، مطبعة التنمية الصينية، طبعة 2012م.

وجدت الاستقصاءات التي أجرتها بعض المناطق أن متوسط عدد الأطفال الذي يريده كل زوجين على فرض غياب القيود السياسية هو 1.7 تقريبا. وبقول أكثر تحديدا، فوفقا لاستقصاءات الرغبة في الإنجاب كان عدد الأطفال المرغوب في 1997م و2001م و2006م هو 1.74 و1.70 و1.73[1]. إن هذا المستوى ليس فقط أقل كثيرا من مستوى الإحلال (2.1)، بل أيضا أقل كثيرا من المستوى المرغوب الرسمي (1.8). حتى وإن أصبح هذا المستوى واقعا بعد تعديل السياسة، فذلك لا يعد أيضا خروجا عن نطاق السيطرة. إن ما يتفق مع المنطق هو أن أهمية تعديل السياسة تكمن في أن الناس ما زالت لديها رغبة في الإنجاب.

ومن جهة أخرى، يجب أن تتغير نقاط اهتمام سياسة تنظيم الأسرة، ويعني ذلك تحديدا أن إجراءات التحكم في تنظيم الأسرة الفعالة السابقة يمكن أن تطبق في حالة إنجاب أكثر من طفلين خلال عدة سنوات قبل تنفيذ سياسة "طفلين للوالد الوحيد" وحتى "سياسة الطفلين الشاملة"، وخلال السنوات اللاحقة يمكن أن تتحول السياسة إلى التركيز على تحسين المنظومة الخدمية المرتبطة بالصحة الإنجابية، وعلاوة على ذلك، فلا بد من أن تتجه السياسة إلى حرية الإنجاب، وقد لا يلزم وقت طويل ليتماثل الوضع السكاني في الصين مع الدول الأخرى، ويحتمل أن يتحول الهدف السياسي من تقييد الإنجاب إلى التشجيع عليه.

وخلاصة القول، إن حفاظ الصين على تنمية اقتصادية مستدامة طويلة الأجل، وإنهاء مسيرة الانتقال إلى مرحلة الدخل المرتفع، لا يمكن أن يعتمد على انعكاس مسيرة التحول الديمغرافي، بل ينبغي أن يعتمد على تغيير طرق التنمية الاقتصادية، وعلى عوائد نظام الإصلاح والتنمية، وعلى استكشاف مصادر نمو جديدة.

---

(1) تشنغ تشن تشن: "أبحاث الرغبة في الإنجاب وأهميتها الواقعية، استقصاءات جيانغسو مثالا"، مجلة "شوييه خاي"، العدد الثاني لعام 2011م.

الباب السابع

تحقيق نمو شامل

إن تخطي نقطة التحول اللازمة للتنمية الاقتصادية لا يؤدي بالضرورة إلى نمو اقتصادي صحي وسريع، لكنه يعني أن نموذج النمو التقليدي قد وصل إلى نهايته. يلزم الحفاظ على نمو مستدام طويل الأجل التنقيب عن مصادر نمو جديدة من حيث رأس المال البشري وإنتاجية العوامل الكلية، كما يلزمه تشكيل نموذج نمو أكثر شمولية. لا يمكن تحقيق هذا المطلب بمجرد الاعتماد على السياسة العامة القائمة على إعادة التوزيع، إذ إن الأهم هو الحث على تغيير أساليب التنمية الاقتصادية، أي بناء النمو الاقتصادي على قاعدة تتمكن بأقصى حد من توفير الفرص المتكافئة لمشاركة العمالة، وتكامل التنمية الاقتصادية والاجتماعية بين الحضر والريف، وزيادة التنسيق بين المؤسسات.

الفصل الأول

رفع معدل المشاركة في القوى العاملة

بدأ عدد السكان ممن في سن العمل نموا سلبيا منذ 2011م، ما يشير إلى أن المسار الوحيد لتجنب الانخفاض السريع عن الحد في الإمداد بالعمالة هو رفع معدل المشاركة في القوى العاملة. يمكن القول إجمالا إن معدل المشاركة في القوى العاملة في الصين من المستويات المرتفعة عالميا، لكن حجم العمالة الريفية ما زال كبيرا، ونظام المسؤولية الأسرية الذي ضمن حصول كل أسرة ريفية على أرض للزراعة عامل مهم. وبقول آخر، إنها الصفات الخاصة بمجال الزراعة التي رفعت معدل المشاركة في القوى العاملة في الصين. وبغير هذا العامل، فالوضع سيختلف تماما.

أظهرت بيانات الإحصاء السكاني السادس في الصين أن معدل مشاركة السكان ممن هم في سن أكثر من 16 سنة في القوى العاملة يبلغ 70.8%، ومعدل مشاركة السكان الذين في سن العمل (16- 64 سنة) في القوى العاملة يبلغ 77.3%. وبالتقسيم وفقا لفئات المناطق، فقد كان معدل مشاركة السكان ممن هم أعلى من 16 سنة في العمالة في المدن والمراكز والريف، بالترتيب 62.2% و67.3% و77.6%، وكان معدل مشاركة السكان الذين في سن العمل (16-64 سنة) فيهم بالترتيب 68.2%، و73.3%، و84.9%. لو حسبنا فقط معدل المشاركة غير الريفية في القوى العاملة، نجد النتيجة تنخفض انخفاضا ملحوظا عن النتيجة المحسوبة وفقا لحجم العمالة بالكامل. بالنظر إلى الفئة العمرية بين 20- 25 سنة، نجد أن معدل المشاركة في القوى العاملة بحساب العمالة كاملةً يبلغ 72.6%، لكنه بعد حذف المجال الزراعي ينخفض إلى 62.8%.

وفقا لمعطيات منظمة العمل الدولية، في الفترة بين 1990م و2011م فقد انخفض معدل مشاركة السكان ممن هم أعلى من 15 سنة في العمل في الصين من

78.7% إلى 74.1%. لكن هذا التغير هو في الأساس تأثير التعليم المعمق، أي بسبب ارتفاع معدل تعميم التعليم الإلزامي ومعدل الالتحاق بالثانوية ومواصلة قبول عدد أكبر في الجامعات، طالت كثيرا فترة الدراسة لدى الشباب، وانخفض معدل مشاركة تلك الفئة العمرية في العمل. فمثلا معدل مشاركة العمالة من الفئتين العمريتين 15- 19 سنة و20- 24 سنة انخفض من 64.8% و91.2% في 1990م إلى 36.2% و83.9% في 2011م. مجمل القول إن معدل المشاركة في العمل في الصين في 2011م بلغ 74.1%، أي أعلى 10 نقاط مئوية من متوسط المستوى العالمي البالغ 64.1%، وأعلى 14.1 نقطة مئوية من متوسط المستوى في الدول المتقدمة البالغ 60%، وأعلى كثيرا من متوسط المستوى في بقية دول العالم غير شرق آسيا.

بالحديث عن رفع معدل المشاركة في العمل في الصناعات غير الزراعية، يجول بفكر الناس عادة طريقان محتملان، أولهما رفع معدل المشاركة النسائية في العمل، والثاني تأخير سن التقاعد. ومن منظور دولي فإنه فكر صحيح وموجه. لكن انطلاقا من وضع الصين الفعلي، فالمسألة ليست بهذه البساطة، ويلزمها شرح مستفيض. وبمقارنة دولية، نجد أن معدل مشاركة المرأة في القوى العاملة الصينية مرتفع نسبيا. لقد بلغ معدل مشاركة الصينيات ممن هم أكثر من 15 سنة في العمل في 2011م 67.7%، أي أعلى من متوسط المستوى العالمي البالغ 51.1%، ومن البالغ 52.8%، وأعلى كثيرا من متوسط المستوى في بقية الدول النامية. وترتفع درجة التكافؤ بين معدل مشاركة الإناث ومعدل مشاركة الذكور عن متوسط المستوى العالمي ومتوسط مستوى الدول المتقدمة، وبالتأكيد أكثر ارتفاعا من متوسط المستوى في بقية الدول النامية.

لكن بالنظر إلى اتجاه التغيرات في الصين نفسها، نجد انخفاض معدل مشاركة الإناث في العمل في الصين الذي وضحته بيانات منظمة العمل الدولية أسرع كثيرا من انخفاض معدل مشاركة الذكور. علاوة على ذلك، بدمج الجنس والسن نجده اتجاها ليس في صالح الإناث في سوق العمل. على سبيل المثال، بالنظر إلى بيانات الإحصاء السكاني لعام 2010م، نجد أن معدل مشاركة النساء ممن في سن العمل

بعد بلوغ سن الأربعين ينخفض بسرعة ملحوظة عن الذكور. ويلاحظ في السنوات الأخيرة ازدياد معاناة العمالة الناشئة من الإناث من التمييز في مسيرة البحث عن عمل، ويحتمل أن يتجسد ذلك في المستقبل في انخفاض معدل مشاركتهم في العمل بسرعة أكبر. لذلك فإن التشديد على تنفيذ قوانين العمل ذات الصلة بصرامة وتقليل التمييز بين الجنسين بأقصى درجة ممكنة يساهم في الحفاظ على معدل المشاركة في العمل في الصين.

وبالحديث عن سن التقاعد، فإن وضع الصين الخاص تكوّن تاريخيا. فقد تميزت سوق العمل الصينية زمنا طويلا بالفصل بين الأنظمة. يتمثل ذلك من جهة في فصل سوق العمل بين الحضر والريف، أي عدم تمتع الموظفين من سكان الريف بالرواتب والمكافآت التي يتمتع بها الموظفون من سكان الحضر، ومن جهة أخرى الفصل بين الأنظمة في سوق العمل في الحضر والريف، ومن أمثلة ذلك اختلاف المعاملة والأجر بين الكوادر والعمال. الأساسان القانونيان الحاليان بشأن سن التقاعد لكل من الكوادر والعمال هما بالترتيب "التدابير المؤقتة لمجلس الدولة بشأن تنظيم أمور الكوادر من المسنين والمرضى والمعاقين"، و"التدابير المؤقتة لمجلس الدولة بشأن تقاعد العمال واستقالاتهم". وبقول أكثر تحديدا، نجد سن التقاعد المعمول به حتى الآن هو 60 سنة للذكور، سواء كان كادرا أو عاملا، و55 سنة للإناث إذا كن من الكوادر، و50 سنة للإناث من العاملات. وما زالت هناك اختلافات في تنفيذ هذا المبدأ في الواقع بسبب اختلاف نوع العمل ومستوى الكادر وهوية الفرد.

لذلك فبالنظر سواء من زاوية سن تقاعد الموظفين الصينيين القانوني الحالي، أو من زاوية الفروق بين الجنسين بهذا المعيار، يبدو منطقيا الاعتقاد أن رفع سن التقاعد وإلغاء الفروق بين الجنسين يمكنه رفع معدل المشاركة في العمل كثيرا. فقد ارتفع متوسط العمر المتوقع للمواليد الصينيين بسبب التنمية الاقتصادية والاجتماعية من 67.8 سنة في 1982م إلى 73.5 سنة في 2010م، وفي ظل تمديد العمر، يعد المسنون موردا بشريا ورأس مال بشريا ثمينا.

من وسائل استخراج الطاقة الكامنة للإمداد بالعمالة في معظم الدول المتقدمة رفع سن التقاعد من أجل رفع معدل مشاركة المسنين في العمل، فنصف دول

منظمة التعاون الاقتصادي والتنمية تقريبا قد رفع أو يخطط لرفع سن التقاعد القانوني، منها 18 دولة تركز على رفع سن تقاعد الإناث، و14 دولة تركز على رفع سن تقاعد الذكور. كان متوسط سن تقاعد الذكور بدول منظمة التعاون الاقتصادي والتنمية في 2010م 62.9 سنة، والإناث 61.8%. وفقا للتقديرات الحالية، فبحلول 2050م سيصل متوسط سن تقاعد الإناث في دول منظمة التعاون الاقتصادي والتنمية إلى 65 سنة، أي على أساس عام 2010م سيرتفع سن تقاعد الذكور إلى ما يقارب 2.5 عام، وسيرتفع سن تقاعد الإناث 4 أعوام تقريبا[1].

ومع ذلك، فلا يمكن القول إن سياسة رفع سن التقاعد لا جدال حولها، والوقائع التي تظهر أثناء تنفيذها الفعلي أعقد كثيرا من غرضها الأصلي. فتبين بعض الأحداث الواقعة في دول أوروبية مؤخرا أن سياسة رفع سن التقاعد تجد معارضة شعبية في بعض الدول. وتختلف التفسيرات بين العمال وصناع القرار بشأن السبب في تصادم هذه الإرادة الشعبية والهدف السياسي.

ترى في الغالب الجماهير الشعبية التي تعارض هذا التعديل السياسي أن دافع الحكومة وراء رفع سن التقاعد هو تخفيف حمل تأمينات التقاعد عن كاهلها. أما التفسير السياسي المقابل هو تمتع العمال زمنا طويلا بنظام التأمين التقاعدي الكريم للغاية، فتزداد معارضتهم تعديل السياسة خوفا من فقد مصالحهم المكتسبة. ومع تسارع عملية شيخوخة السكان، أصبحت فجوة المعاشات مشكلة قائمة أو محتملة، وفي النهاية سيعجز نموذج المحاسبة على أساس نقدي، الذي تشكل حينما كان حجم السكان ممن في سن العمل كبيرا، عن المواجهة بسبب تغير الهيكل العمري للسكان. لذلك ينبغي على الحكومة التفكير جديا في مسألة سن التقاعد انطلاقا من احتمالية استدامة نظام المعاشات التقاعدية. لم يكن هناك بد بسبب هذا التصادم في الفكر وفي المصالح من أن يكون تغيير سن التقاعد وفق قرار سياسي، وأن يتقيد بعوامل أخرى غير شيخوخة السكان. هناك أيضا تفسير رسمي

---

(1) Organization for Economic Cooperation and Development, Pensions at a Glance 2011: Retirement Income Systems in OECD and G20 Countries, Paris: OECD, 2011.

يقول إن نقطة انطلاق الحكومة لتأخير سن التقاعد القانوني هي رفع معدل المشاركة في العمل؛ لمواجهة مشكلة نقص الإمداد بالعمالة الناتج عن تفاقم الشيخوخة، لكن هذا القول لا يمكن أن يقره الشعب في العديد من الدول الأوروبية.

المشكلة الأساسية التي تستحق التفكير، أن رفع سن التقاعد لا يعني بالضرورة أن العمال المسنين سيجدون فرص عمل تلقائيا. حتى في الدول المتقدمة، ما زال في سوق العمل تمييز أدى إلى صعوبة توظيف كبار السن. بل إن صعوبة التوظيف وارتفاع معدل بطالة الشباب في العديد من الدول قد أدى إلى تغاضي بعض سياسات الحكومة عن التقاعد المبكر، بهدف إفساح المجال أمام الشباب. مع أن نتيجة تنفيذ هذا النوع من السياسات توضح أنها حققت بعض أهدافها من حيث انخفاض معدل مشاركة كبار السن في العمل، لكنها لم تجد نفعا في انخفاض معدل بطالة الشباب[1]، ويدل ذلك على أن تأثير السياسات يتوقف في النهاية على جدواها لا على نقطة انطلاقها.

بالمقارنة مع الدول المتقدمة من حيث هذين الشرطين المهمين، نجد في الصين اختلافا بارزا لم يتح لهذا الأسلوب أن يكون خيارا قصير الأجل، وهو اختلاف سمات العمالة الكلية التي تقاس برأس المال البشري بوصفه مقياسا أساسيا. كما أن العمالة التي قاربت على التقاعد في الصين حاليا هي جيل الانتقال والتحول. ولأسباب تاريخية، فإن رأس مالهم البشري قد وضعهم في مكانة غير صالحة للمنافسة في سوق العمل.

إن شرط تنفيذ سياسة تأخير سن التقاعد لزيادة الإمداد بالعمالة هو إلغاء الفرق الواضح بين مستوى للعمالة المسنة التعليمي ومستوى العمالة الشابة التعليمي، وبإضافة خبرة العمالة المسنة في العمل أيضا، كما تتوافر لديها القدرة التنافسية في سوق العمل. هذا الوضع أمر واقع عادة في الدول المتقدمة، فمن بين

---

(1) George Magnus, The Age of Aging: How Demographics Are Changing the Global Economy and Our World, Singapore: John Wiley & Sons, 2009, p. 108.

السكان ممن في سن العمل في الولايات المتحدة مثلا نجد سنوات الدراسة 12.6 سنة لمن هم أكثر من 20 سنة، وكانت -على العكس- أعلى لمن هم أكثر من 60 سنة، إذ بلغت 13.7 سنة، أما لدى السكان ممن في سن العمل في الصين حاليا نجد أن العمر كلما ازداد انخفض المستوى التعليمي؛ فقد انخفضت مثلا سنوات الدراسة من 9 سنوات للبالغين 20 سنة إلى 6 سنوات للبالغين 60 سنة، أي بالمقارنة بالولايات المتحدة انخفض من سن العشرين عن الولايات المتحدة 29%، و56% عند الوصول إلى سن الستين.

وفي ظل هذا الوضع ستصبح العمالة المسنة في مكانة غير صالحة للمنافسة بتأخير سن التقاعد. في الدول الغربية، لأن سوق العمل بحاجة إلى إمداد عمالة إضافية، تأخير سن التقاعد القانوني يمكن أن يكون محفزا أكبر للعمالة على العمل، لكن في حالة الصين، فالسياسة المشابهة تعني تقليص مجال الاختيار أمام العمال، بل قد تؤدي إلى وقوع بعض العمال كبار السن في حالة هشة؛ فيفقدون عملهم ولا يحصلون في الوقت نفسه على رواتبهم التقاعدية. وبحلول نقطة التحول اللويسية يتزايد حدوث ظاهرة نقص العمالة، ويخف ضغط التوظيف كثيرا، لكن التناقض الهيكلي بين العرض والطلب على العمالة يصبح -على العكس- أكثر بروزا، كما تبرز البطالة الهيكلية والبطالة الاحتكاكية المرتبطتان بمهارات العمال وقدرتهم على التكيف يوما بعد يوم. يبين ذلك أن الطلب على العمالة الأكبر سنا في سوق العمل الحالي لم يزد مطلقا مع حلول نقطة التحول اللويسية.

بالحساب وفقا لبيانات مسح عينة سكانية 1% في 2005م فإن معدل مشاركة السكان ممن في سن العمل في الحضر والريف يبدأ في الانخفاض من سن 45 سنة. انخفض مثلا معدل المشاركة في العمل في الحضر من 85.9% لسن 35- 44 سنة إلى 69.3% لسن 45- 54 سنة، ومن ثم انخفض إلى 23.1% لسن 55 سنة فأكثر. إن انخفاض معدل مشاركة هذه العمالة الأكبر سنا هو -كما يبدو- نتيجة لنقص قوتها التنافسية في سوق العمل.

يتضح بالحديث عن ظروف الصين الحالية على الأقل، أن مجرد رفع سن التقاعد ليس المخرج الوحيد لرفع معدل مشاركة كبار السن في العمل. ولا ينبغي

أن يُلقى على عاتق السكان الذين قاربوا على التقاعد حاليا هدف زيادة حجم العمالة الكلي وتخفيف عبء إعالة كبار السن عن كاهل المجتمع، بل يجب تهيئة الظروف المناسبة لتنشئة الجيل الحالي من الشباب ليصبح عمالة ذات رأس مال بشري وفير يتيح لها التكيف مع تغير الهيكل الصناعي، ويجعلها قادرة في المستقبل على إطالة مدة العمل.

وفقا لمتطلبات "دراسة ووضع سياسة تأخير سن التقاعد التدريجية" بالجلسة الكاملة الثالثة للجنة المركزية الثامنة عشرة للحزب الشيوعي الصيني، يجب على الصين في المستقبل القريب تحديد ورفع سن التقاعد الفعلي وليس سن التقاعد القانوني. يجب أن يشكل إطار هذا النظام المحتوى التالي: بوضع قانون وتنفيذه بصرامة، وتطوير التعليم والتدريب، ونظام سوق العمل ونظام التأمين الاجتماعي واسعي النطاق يجب أن يأتي معدل المشاركة في العمل الأكثر تميزا بخصائص صينية تتسم بوفرة الطاقة الكامنة الهائلة من استغلال العمالة المهاجرة من الريف إلى المدينة. يشير عدم امتلاك العمالة المهاجرة إقامة دائمة في المدينة، وانخفاض معدل تغطية التأمين الاجتماعي إلى اعتبارهم العارض الأساسي للعمالة اللازمة للمدن والمراكز

تتمثل هذه القيود المؤسسية التي يتعرض لها معدل مشاركة العمال المهاجرين في العمل في تعرض العمال المهاجرين دوما لصدمة البطالة الدورية بالتزامن مع تقلبات الاقتصاد الكلي، بل يضطر الكثيرون للعودة إلى الريف. في الواقع، إن كل عامل مهاجر من الريف إلى المدينة حينما يعود إلى الريف كل عام لقضاء عيد الربيع يحسم قراره من جديد بشأن السفر بعد انقضاء العيد. لو كان شابا، وكان وضع سوق العمل يدعو للتفاؤل، فالنتيجة معروفة. أما التعرض لصدمات سوق العمل من أزمات مالية وغيرها، فقد يقرر الأكبر سنا عدم الذهاب إلى المدينة مرة أخرى.

ومن جهة أخرى، يبادر من لا يتمتع بالتأمين الاجتماعي والمعونة الاجتماعية، وخاصة مَن لا يتوقع قدرته على عيش أواخر أيامه بسعادة في المدينة، للخروج من سوق عمل المدينة في سن صغيرة. ووفق مسح لمكتب الإحصاء

الوطني ففي 2011م كان هناك من بين العمال المهاجرين المحليين -ومن ضمنهم الكثير من العائدين للريف- 60.4% سنهم فوق 40 سنة، أما من بين العمال المهاجرين الذين غادروا منطقتهم الريفية المحلية فيحتل من يزيد سنه على 40 سنة نسبة 18.2% فقط. لذلك فإن الحث على التمدن الذي يعد جوهره توطين أهل الريف في المدينة يمكن بلا شك أن يؤدي إلى استقرار وضع الإمداد بالعمالة المهاجرة، ورفع معدل مشاركتها الفعلي، ويثمر عن رفع معدل النمو المحتمل.

الفصل الثاني

جوهر التمدن

بينت خريطة ضوئية ليلية لكوكب الأرض، نشرتها الإدارة الوطنية الأمريكية للملاحة الجوية والفضاء (NASA) أن درجة سطوع الضوء ليلا في عالمنا الحالي لا تتوقف مطلقا على مستوى الكثافة السكانية، بل ترتبط ارتباطا وثيقا بمستوى التمدن بمفهومه الأكثر اتساعا. وبالنظر إلى هذه الخريطة ستكتشف أن درجة سطوع الضوء في الصين منخفضة للغاية، بل لن يمكنك التمييز بعينك المجردة ما إذا كانت في الصين أعلى منها في الهند. هذه الخريطة، بالإضافة إلى أنها تعكس مباشرةً مستوى التمدن، فهي دائما تستخدم مجازا، فالسطوع القوي مثلا يعبر عن مستوى التنمية الاقتصادية، أما السطوع الخافت فيرتبط بمتوسط نصيب الفرد من GDP.

منذ زمن طويل يوصف التحضر المتمثل في نزوح سكان الريف إلى المدينة بعملية اللحاق بـ "أضواء المدينة". لا تشير أضواء المدينة هنا فقط إلى الحياة الثقافية الأكثر تنوعا وغنى، بل بدرجة أكبر إلى ما توفره المدينة من فرص عمل وإبداع أكثر، وخدمات عامة أساسية أفضل وأكثر اكتمالا. إن معدل التمدن في الصين، أي نسبة السكان الذين أقاموا في المدينة أكثر من 6 شهور إلى سكان الصين كاملة، قد بلغت في 2012م 53%. لكن هذا الرقم يشمل معلومات معقدة، ويتطلب مزيدا من التحليل.

تعتمد الجهات الرسمية عند إحصاء معدل التمدن على السكان الدائمين، أي مَن استقر في المدينة أكثر من 6 شهور. من هذا المعيار الإحصائي يمكن أن نذكر على الفور مفهوما إحصائيا آخر، وهو تعريف الجهات الرسمية لسكان الريف الذين غادروا بلداتهم منذ أكثر من 6 شهور بالسكان الخارجين للعمل، أي ما

نسميهم عادة بالعمال المهاجرين. يبلغ حاليا عدد سكان الريف الخارجين للعمل 160 مليون نسمة، 96% منهم دخلوا المدن بجميع مستوياتها. يتضح من ذلك أن سكان المدينة الذين تبلغ نسبتهم 53% من سكان الصين بالكامل يشملون في الواقع عمالا مهاجرين.

ومع ذلك، فلم يحصل هؤلاء العمال المهاجرين الذين اعتبرهم الإحصاء سكان مدن دائمين، على إقامات دائمة مسجلة. لو كانت نسبة السكان المالكين إقامات غير ريفية يحتلون وفقا لمعيار إحصائي تقليدي 35% فقط من جميع سكان الصين في 2011م، فما الاختلاف الجوهري بين التمدن الذي يقاس بنسبة السكان ذوي الإقامة الدائمة المسجلة والتمدن الذي يقاس بنسبة السكان الدائمين والفرق شاسع فيما بينهما.

يعد نظام تسجيل الأسر المقيمة، أحد أنظمة الاقتصاد المخطط الذي كان ظهوره حتميا في أواخر خمسينيات القرن العشرين لمنع انتقال سكان الريف إلى المدن، وللفصل بين الحضر والريف من حيث الحاجة إلى توفير الرعاية الاجتماعية. بعد إصلاح بدأ منذ ثمانينيات القرن العشرين ودام أكثر من ثلاثين سنة لم تعد هناك قيود مؤسسية على انتقال العمالة ونزوح السكان، لكن نظام تسجيل الأسر ما زال قائما ومرتبطا بمجموعة من الخدمات العامة. لذلك فالعمال المهاجرون الذين يمكنهم دخول المدينة بحرّية والعمل بها باستقلالية، لعدم امتلاكهم إقامة مدنية مسجلة لا يمكنهم التمتع بالخدمات العامة في المدينة بالتكافؤ، وهو ما يبرز خاصة في انخفاض معدل تغطية برامج التأمين الاجتماعي الأساسي المتنوعة لهم انخفاضا ملحوظا عن معدل تغطية السكان ذوي الإقامة المسجلة في المدينة، ويواجه أبناء النازحين صعوبة تلقي التعليم الإلزامي، ولا يمكنهم التمتع بحد الكفاف الأدنى، وتنعدم أمامهم فرص الحصول على الإسكان التعويضي لمحدودي الدخل.

على سبيل المثال، وفقا لما تنص عليه قوانين ذات صلة، يجب أن تغطي برامج التأمين الاجتماعي الأساسي الخمسة جميع أصحاب العمل لا جميع أصحاب الإقامة، لكن نظام تسجيل الأسر ما زال يعيق تغطية العمال المهاجرين تغطية

شاملة. وقد بلغ معدل تغطية هذه البرامج التأمينية الاجتماعية الأساسية للعمال المهاجرين في 2011م ضد إصابات العمل 47.9%، والتأمين الصحي الأساسي 31.6%، والتأمين ضد البطالة 20.1%، وتأمين الأمومة 14.5%. وبسبب عدم التمتع الكافي بالخدمات العامة الأساسية، فإن دور العمال المهاجرين إلى المدينة بوصفهم مستهلكين وعاملين، لا يمكن أن يكون كاملا وكافيا. أولا، لا يمكن أن يكون استهلاك العمال المهاجرين دون قلق بسبب مخاوفهم بشأن التقاعد والمرض والبطالة وتعليم الأبناء، وبسبب عدم استقرار دخولهم مدى الحياة، لهذا لا يمكن أن يكونوا مستهلكين طبيعيين كسكان المدن والمراكز، فاستهلاكهم لذلك ليس كاملا. فيحتاج العامل المهاجر عادة إلى تحويل ربع دخله تقريبا إلى أسرته في الريف، ليكون ضمانا شخصيا لتوازن استهلاكه. ثانيا، لا يعد العمال المهاجرون سكان مدينة بالمعنى الحقيقي بعد، بل عمالة خارجية تأتي وتذهب، ما يمنع قيامهم بدورهم الكامل كإمداد مهم بالعمالة في المدينة. يتمثل ذلك من جهة في تعرض العمال المهاجرين دوما لصدمة البطالة الدورية مع تقلبات الاقتصاد الكلي، بل يضطر العديد منهم للعودة إلى الريف، ومن جهة أخرى في مبادرتهم للخروج من سوق عمل المدينة في سن صغيرة بسبب عدم تمتعهم بالتأمين الاجتماعي والمعونة الاجتماعية، خاصة مَن لا يتوقع قدرته على عيش أواخر أيامه بسعادة في المدينة.

ووفق مسح لمكتب الإحصاء الوطني، ففي 2011م كان هناك من بين العمال المهاجرين المحليين ومنهم الكثير من العائدين للريف 60.4% سنهم أكثر من 40 سنة، أما من بين العمال المهاجرين الذين غادروا منطقتهم الريفية المحلية فيحتل من يزيد سنه على 40 سنة، نسبة 18.2% فقط. وفي 2011م احتل العمال المهاجرون من بين جميع موظفي المدينة 35.2%، بينما ارتفعت نسبتهم من بين موظفي المدينة الجدد إلى 65.4%، وهو ما يعني أن العمال المهاجرين الذين لا يملكون إقامة مسجلة ولم يتمتعوا بعد بالخدمات العامة الأساسية بالتكافؤ هم الكيان الرئيس للعمالة في المدينة، لكن عدم امتلاكهم إقامات مسجلة أعجزهم عن إبراز أنفسهم. وعلى سبيل المثال، مع أن سكان المدينة الدائمين زادوا 160 مليون نسمة بسبب العمال المهاجرين، فما زال هؤلاء المهاجرون الجدد يسكنون في مواقع البناء

ومساكن العمال الجماعية المتكدسة أو مواقع العمل، فلا يمكن أن يزيدوا أضواء المدينة. لذلك يمكن القول إن هذا هو سبب عدم إضاءة مدن الصين إضاءة حقيقية.

يتضح أن التمدن، الذي يعد مضمونه توطين العمال المهاجرين في المدينة، هو نافذة فرص نموذجية لدفع النمو الاقتصادي بإصلاح النظام. أشار الخبير الاقتصادي بالبنك الدولي وأول من طرح مفهوم "فخ الدخل المتوسط" هومي خاراس إلى أن ثمار الإصلاح في مجالات كتطوير سوق رأس المال وتسريع الابتكار وتطوير التعليم العالي وتحسين إدارة المدن وبناء مدن ملائمة للعيش وتشكيل تأثير التكتل والحكم القانوني الفعال وتقسيم السلطة ومحاربة الفساد، يلزمها على الأقل عشر سنوات بل أكثر حتى تظهر(1). ومع ذلك، فانطلاقا من وضع الصين الخاص، هناك بالتأكيد بعض مجالات الإصلاح التي إذا تقدمت جوهريا لعززت النمو الاقتصادي على الفور. وإصلاح نظام تسجيل الأسر هو أحد تلك المجالات. وبقول أكثر تفصيلا، إن دفع مسيرة توطين العمال المهاجرين في المدينة عن طريق إصلاح نظام تسجيل الأسر يمكن أن يكون كضرب عصفورين بحجر.

إن الصين حاليا في مرحلة تنمية تتسم بتباطؤ النمو الاقتصادي، وتناقص معدل النمو المحتمل المُقاس بالإمداد بعناصر الإنتاج من رأس مال وعمالة وغيرها وبسرعة ارتفاع معدل الإنتاج. تبين القوانين الاقتصادية والتجارب الدولية أن مواجهة تباطؤ النمو الاقتصادي لا ينبغي أن تكون باستخدام وسائل تحفيز الطلب لتجاوز معدل النمو المحتمل، بل باستكشاف قوة النظام الكامنة لرفع معدل النمو المحتمل. إن إصلاح نظام تسجيل الأسر وتوطين العمال المهاجرين في المدينة لا يعود بالنفع فقط على تحقيق التمدن في الصين وفقا للحاجة إلى تغيير أساليب التنمية الاقتصادية، بل كذلك على رفع قدرة النمو الاقتصادي المحتمل.

---

(1) هومي خاراس: "تحول الصين إلى البلدان مرتفعة الدخل، المسار اللازم لتجنب فخ الدخل المتوسط"، نقلا عن "التحول والتطور طويل الأجل في الاقتصاد الصيني: أفكار واقتراحات من منظور دولي" تأليف لين تشونغ قنغ ومايكل سبنسر، مطبعة CITIC، طبعة 2011م، صفحة 470- 501.

وكما شرحنا من قبل، فلا يمكن لذلك الأسلوب الإيجابي في زيادة انتقال العمالة الريفية فقط أن يرفع معدل النمو المحتمل من خلال زيادة الإمداد بالعمالة وخلق كفاءة إعادة توزيع الموارد، بل يمكنه أيضا رفع مستوى استهلاك العمال المهاجرين برفع معدل تغطية التأمين الاجتماعي لهم. لو أمكن وصول معدل تغطية التأمين الاجتماعي لجزء كبير من العمال المهاجرين إلى مستوى سكان المدن عن طريق إصلاح نظام تسجيل الأسر، فحتى في حال عدم ارتفاع الدخل، يمكن على الأقل أن يزيد دخلهم المدرج في ميزانية الاستهلاك بمقدار الثلث، كما يمكن التنبؤ بأن عملية التوطين ستدعم استقرار دخول العمالة المهاجرة من الريف، ورفع معدل مشاركتها في العمل، ومن ثم سيزيد الدخل تلقائيا، وسيُزيد ذلك طلب المستهلك بشكل كبير.